1 MONTH OF
FREE
READING

at

www.ForgottenBooks.com

By purchasing this book you are eligible for one month membership to ForgottenBooks.com, giving you unlimited access to our entire collection of over 1,000,000 titles via our web site and mobile apps.

To claim your free month visit:

www.forgottenbooks.com/free365417

ISBN 978-0-265-30927-8
PIBN 10365417

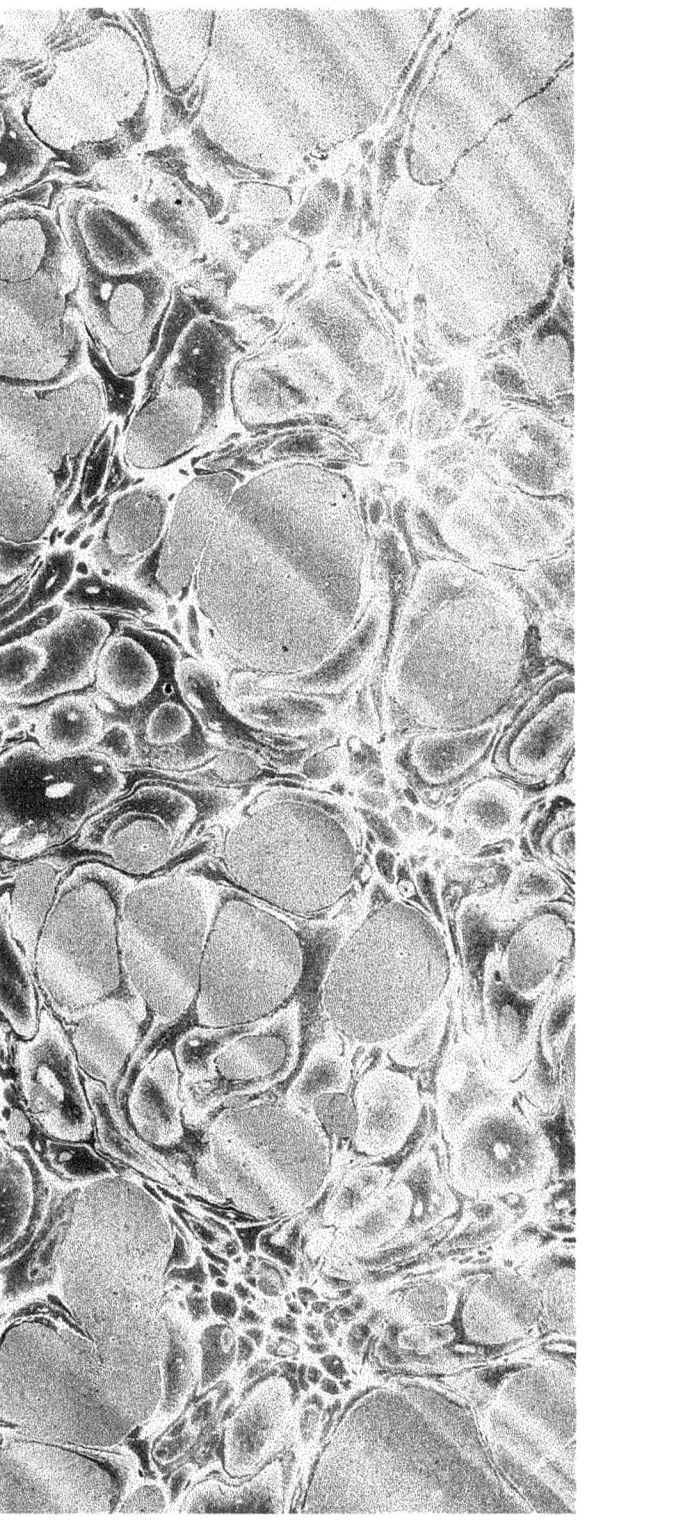

OEUVRES

DE

M. J. CHÉNIER.

DE L'IMPRIMERIE DE FIRMIN DIDOT,

IMPRIMEUR DU ROI ET DE L'INSTITUT, RUE JACOB, N° 24.

ŒUVRES

POSTHUMES

DE M. J. CHÉNIER,

MEMBRE DE L'INSTITUT;

REVUES, CORRIGÉES, ET AUGMENTÉES DE BEAUCOUP DE MORCEAUX INÉDITS;

PRÉCÉDÉES D'UNE NOTICE SUR CHÉNIER

PAR M. DAUNOU, MEMBRE DE L'INSTITUT;

ET ORNÉES

DU PORTRAIT DE L'AUTEUR D'APRÈS M. HORACE VERNET.

———

TOME I.

PARIS,

GUILLAUME, LIBRAIRE, RUE HAUTE-FEUILLE, N° 14.

MDCCCXXIV.

NOTICE

SUR

M.-J. CHÉNIER,

Par M. DAUNOU, de l'Institut.

MARIE-JOSEPH CHÉNIER naquit, le 28 août 1764, à Cons-
tantinople, où son père était consul général. Transporté en
France dès l'âge le plus tendre, il reçut à Paris une éducation
si précoce et si rapide qu'aussitôt qu'elle fut terminée il sentit
le besoin d'étudier tout ce qu'on venait de lui apprendre. Mais
la nature l'avait doué d'une raison forte, d'une vive et brillante imagination, d'une mémoire immense; et il avait puisé
au sein de sa famille, beaucoup plus que dans les écoles, le goût
de toutes les connaissances utiles. Ses parens entretenaient avec
un grand nombre d'artistes et de littérateurs distingués des
relations qui, depuis 1770 jusqu'en 1780, contribuèrent à
développer ses talens, secondèrent les progrès qu'il faisait
déjà, et préparèrent surtout ceux qu'il devait faire. Sa mère,
née en Grèce et digne d'une telle patrie, est connue par quelques lettres insérées dans le Voyage littéraire de Guys; et son
père, après avoir rempli honorablement plusieurs fonctions
diplomatiques, a publié deux ouvrages, l'un sur l'histoire des
Maures, l'autre sur les révolutions de l'empire ottoman.

En 1781, M.-J. Chénier embrassa la profession militaire,
qui, depuis le milieu du dix-huitième siècle, était devenue
compatible avec celle des lettres. Officier dans un régiment de
dragons, alors en garnison à Niort, il a passé dans cette ville
deux années, durant lesquelles il a recommencé toutes ses étu-

des. N'ayant plus de professeurs, il fit en peu de temps des
progrès solides ; mais il était trop avide d'instruction et de
gloire pour se tenir long-temps si loin du centre des lumières
et du théâtre des succès. Il fallut donc quitter le service, revenir à Paris, et se mettre en état de débuter le plus tôt possible dans un des principaux genres de littérature.

Depuis son adolescence il n'avait cessé d'ébaucher des scènes
théâtrales, d'imaginer des canevas dramatiques, et de s'exercer
à les remplir. Parvenu à l'âge de vingt-deux ans, il rougissait
d'être encore inconnu ; et, le 4 novembre 1786, il fit représenter à Fontainebleau une tragédie qui, jouée à Paris le 6 du
même mois, fut imprimée peu de temps après : elle se nommait *Azémire.* Il n'a pas daigné la faire entrer, en 1801, dans
le recueil de ses pièces de théâtre; il ne parlait plus d'*Azémire*
qu'avec cette gaîté satirique qui, dans les dernières années de
sa vie, était devenue l'un de ses talens. Nous oserons être
moins sévères : quoique cet essai ne fût pas heureux, déja
quelques traits éloquens de l'un des principaux rôles, quelques
mouvemens, quelques beaux vers annonçaient un poète tragique. Les premiers efforts d'un talent qui s'est perfectionné
peuvent mériter qu'on les observe : en lisant cette pièce à la
tête du Théâtre de Chénier, les jeunes auteurs dramatiques
apprennent au moins à ne pas se décourager.

Trois années de silence et d'études suivirent une si faible
tentative; et l'on ne se souvenait plus du tout d'*Azémire,* quand
Charles IX parut, le 4 novembre 1789 : l'éclatant succès de
cette tragédie fut considéré comme le début de Chénier. Il
nous serait difficile de dire combien de fois elle a été représentée, reprise, imprimée, traduite ; mais, tandis qu'elle obtenait partout tant de renommée, elle subissait l'inexorable
censure de son propre auteur, qui, jusqu'en 1801, n'a cessé
de la retoucher. Il aimait passionnément la gloire, mais la
gloire durable; et il sut de bonne heure de quels longs travaux
elle est le prix.

Après cette tragédie mémorable, dont le principal ressort est la terreur, et dont l'énergie est le plus sensible caractère, Chénier donna, en 1791, deux tragédies qu'on peut compter au nombre des plus pathétiques qui soient au théâtre : *Henri VIII* et la *Mort de Calas.* Cette dernière même est un spectacle si déchirant que l'auteur a fini par reconnaître qu'il avait passé le but; c'est un monument précieux de son talent plutôt qu'une heureuse production de son art. Plusieurs vers de ce drame sont restés dans la mémoire des hommes de goût : ceux surtout qui offrent une peinture si fidèle des funestes effets de l'édit de 1685. Mais le pathétique est si profond et si vrai dans *Henri VIII* qu'il suffirait à remplacer les autres genres d'intérêt qui pourraient manquer à cette tragédie. Quand on la veut critiquer, il faut commencer par essuyer ses larmes, veiller sans cesse à les retenir, et résister non moins courageusement aux impressions qui résultent des mouvemens et de la beauté du style. Elle a été aussi à diverses reprises retouchée par le poète, qui semblait avoir une sorte de prédilection pour elle. Il en a donné, en 1805, une dernière édition, la seule qui contienne toutes les corrections qu'il a faites à ce poëme.

Caïus Gracchus, mis au théâtre en 1792, continuait d'être représenté en 1794. En vain l'auteur avait dignement exprimé les grandes pensées et les sentimens énergiques des Romains; en vain il avait souvent reproduit les traits et les mouvemens de leur éloquence républicaine; on ne lui pardonna point d'avoir osé emprunter leur voix pour demander des lois et non du sang, au moment même où le sang ruisselait en France sur les ruines de toutes les institutions sociales. La tyrannie répondit : *Du sang et non des lois*, proscrivit la pièce, et résolut la proscription du poète.

Il avait mérité cette honorable haine par plusieurs autres actions généreuses, et principalement par sa tragédie de *Fénélon*, représentée au mois de février 1793. La morale auguste et véritablement religieuse qui règne dans cet ouvrage était une sorte de protestation solennelle contre les crimes publics dont le cours avait commencé. « J'ai cru, disait-il, qu'en nos jours

a

« mêlés de sombres orages, lorsque les mauvais citoyens prê-
« chent impunément le brigandage et l'assassinat, il était plus
« que temps de faire entendre au théâtre cette voix de l'hu-
« manité qui retentit toujours dans le cœur des hommes ras-
« semblés. » La pièce obtint un brillant succès, et demeura sans
influence : l'auteur, qui avait aspiré à se rendre utile, ne
réussit qu'à devenir plus célèbre : il ne recueillit que de la
gloire. Il y a sans doute plus de grandeur dans *Charles IX*,
plus de pathétique dans *Henri VIII*; mais l'éclat plus doux
qui brille dans *Fénélon* est peut-être aussi plus pur : c'est
l'ouvrage d'un homme de bien, habile dans l'art dramatique,
supérieur dans l'art des vers. Après beaucoup de corrections
successives, cette tragédie a été réimprimée avec une préface
nouvelle en 1802.

Il fit encore, en 1793, représenter à l'Opéra un divertisse-
ment en un acte, intitulé le *Camp de Grand-Pré*, mis en musique par Gossec. Il suffit que cette production soit d'un
genre dans lequel l'auteur s'est peu exercé pour qu'on aime
à la retrouver dans la collection de ses œuvres dramatiques.
Elle peut contribuer à faire apprécier la flexibilité de son talent; et l'on est d'ailleurs assez équitable aujourd'hui pour ne
considérer dans les événemens et les circonstances qu'elle
rappelle que l'héroïsme des armées françaises.

À l'égard de *Timoléon*, tragédie en trois actes avec des
chœurs, Chénier n'y trouvait ni assez de mouvemens dramatiques, ni même un style assez animé. Composée en 1794, peu
de mois avant le 9 thermidor, elle n'était destinée qu'à inspirer
l'horreur des forfaits de ces temps affreux :

> La tyrannie altière et de meurtres avide,
> D'un masque révéré couvrant son front livide,
> Usurpant sans pudeur le nom de liberté,
> Roule au sein de Corinthe un char ensanglanté...
> Il est temps d'abjurer ces coupables maximes;
> Il faut des lois, des mœurs, et non pas des victimes.

Mais la tyrannie décemvirale, qui ne pouvait manquer de se

reconnaître à ce portrait, fit rechercher, saisir, brûler tous les manuscrits de ce poëme : une seule copie, échappée à cette recherche, et conservée par madame Vestris, servit, en 1795, à publier la pièce telle qu'on l'a depuis réimprimée plusieurs fois.

Cyrus n'a eu qu'une seule représentation : c'était à la fin de 1804, peu de jours après une cérémonie fameuse. On crut apercevoir quelques rapports entre le couronnement de Cyrus et la bénédiction pontificale qui venait de consacrer une usurpation funeste. Il se pouvait bien qu'en effet Chénier eût conçu l'idée d'adresser des leçons sévères au plus impérieux des despotes, de lui retracer les devoirs de cette puissance suprême qu'il osait envahir, et de réclamer solennellement pour la liberté publique les garanties dont il l'avait déja frustrée. Ce qui est sûr, c'est que le tyran se tint pour offensé ; qu'il employa contre le succès de cette pièce les ressorts et les agens de son pouvoir ; et que cette fois il fut secondé par ses propres ennemis autant que par ses flatteurs. On croyait lui refuser à lui-même les applaudissemens qu'on n'accordait point à *Cyrus;* et, sans examiner si les reproches qu'on faisait au poète étaient mal ou bien fondés, il suffisait qu'ils parussent tenir lieu de ceux qu'on n'osait point adresser au pontife. Les lecteurs ont pu, bien mieux que les spectateurs, juger des intentions, du plan et du style de cette tragédie : elle a été imprimée pour la première fois en 1818, ainsi que toutes celles dont il nous reste à parler.

L'une, intitulée *Philippe II* (ou Don Carlos), est reçue, depuis plus de vingt ans, au théâtre Français : nous n'avons pas besoin d'expliquer les causes qui en ont empêché la représentation. Il n'a plus été permis, sous le régime impérial, de mettre sur la scène aucun des ouvrages de Chénier; et cette prohibition est du nombre de celles qui se sont maintenues comme d'elles-mêmes, depuis 1814. L'auteur, dans les dernières années de sa vie, ne travaillait plus que pour la postérité; son *Tibère* n'a pas même été présenté aux comédiens :

sur le seul titre, l'ouvrage était déja dénoncé comme le portrait d'un autre tyran. On peut le considérer comme une suite du *Germanicus* de M. Arnault : c'est presque le même sujet traité sous deux aspects divers par deux auteurs que rapprochent à la fois leurs talens, leurs malheurs, la noble franchise de leurs caractères, et l'honorable amitié qui les unissait. Mais, indépendamment de toute circonstance, le *Tibère* de Chénier tient, aux yeux des meilleurs juges [1], un rang éminent parmi les chefs-d'œuvre dramatiques.

Les lecteurs éclairés ont distingué aussi dans son théâtre une comédie en vers, intitulée *Nathan-le-Sage ;* sujet traité fort au long par Lessing, et que Chénier a réduit en trois actes, en y répandant beaucoup de grâce et de gaîté. Il a puisé, dans quelques scènes des deux derniers actes du *Jules - César* de Shakespeare l'idée de sa tragédie de *Brutus et Cassius.* C'est un ouvrage de sa jeunesse, qu'il a remis plusieurs fois sur le métier, et qu'il se promettait de perfectionner un jour. On n'a pu recouvrer que des fragmens de deux comédies, dont l'une est imitée de Shéridan [2], et l'autre une nouvelle esquisse d'un sujet sur lequel Voltaire s'était essayé [3]. Mais le théâtre posthume de Chénier renferme des imitations de l'*OEdipe - Roi*, de l'*OEdipe à Colone* [4], et d'une partie de

---

1. Voyez l'analyse du théâtre de Chénier, par M. Lemercier, tome I des OEuvres anciennes, présente édition.

2. L'*École du scandale.*

3 Le *Dépositaire*, comédie de société.

4. « La tragédie d'*OEdipe mourant* n'est point une traduction de la « pièce de Sophocle, mais une pièce sur le même sujet, où j'ai tâché de « rassembler, autant qu'il m'a été possible, toutes les beautés de l'*OEdipe* « *à Colone*, et de ne point le déshonorer par une intrigue oiseuse ou « mesquine. J'ai retranché ce qui m'a semblé ne pouvoir convenir au théâtre « français; mais, dans ce que j'ai ajouté, mon unique dessein a été d'i- « miter la manière dont ces Grecs pensaient, et exprimaient leurs pen- « sées. Aucune nation ne les a égalés dans le style noble et simple, qui

l'*Électre* de Sophocle. Il se proposait de reproduire ainsi tout ce qui nous reste de ce tragique grec, qu'il préférait à tous les autres poètes dramatiques de l'antiquité. L'un de ses plus ardens désirs était de voir un jour les talens de nos plus grands acteurs et de nos plus habiles musiciens concourir à représenter les poëmes de Sophocle sur le plus vaste de nos théâtres. Selon lui, ces spectacles pouvaient seuls nous donner quelque idée de ceux de la Grèce, nous en dévoiler tous les charmes, nous en faire sentir tout le prix. C'était dans les tragédies grecques qu'il avait puisé de bonne heure le système qui a présidé à toutes ses compositions dramatiques, et qui en a déterminé l'extrême simplicité. Il a toujours pensé que l'intérêt devait naître, non de la complication romanesque des incidens, mais de la nature même du sujet; non de l'incertitude du dénouement, mais du caractère pathétique ou terrible des situations; que l'art consistait à représenter les personnages, c'est-à-dire à les animer, à exprimer leurs pensées, leurs passions, leurs vertus, leurs vices; qu'en un mot il s'agissait bien moins d'exciter la curiosité du spectateur, et de le tenir en suspens que de l'émouvoir, de le charmer, de l'attendrir. Il ne nous appartient pas d'examiner si ce système est le plus vrai; il est du moins le plus sévère : mais il se peut que Chénier l'ait quelquefois poussé trop loin. L'expérience la plus hardie et la plus heureuse qu'il en ait faite, c'est dans ce cinquième acte de *Fénélon*, qui intéresse si vivement les spectateurs, quoiqu'il n'ait rien à leur apprendre. En admirant les traits de génie qui éclatent dans les monstrueuses productions de Shakespeare, Chénier ne concevait pas qu'on pût mettre sérieusement en parallèle avec le théâtre classique des Grecs et des Français un prétendu genre romantique, ignoble symp-

---

« n'est point le style prosaïque, mais bien le style de la plus belle poésie, « puisqu'il consiste à peindre toujours par l'expression et par les sons, « sans jamais rien affecter. » (*Note de* CHÉNIER, *trouvée parmi ses manuscrits inédits.*)

tôme de la décrépitude de l'art théâtral, quand il n'en est plus
le premier essai. Il lui semblait impossible que l'esprit humain
rétrogradât en effet de Racine à Schiller, à moins qu'on ne
s'avisât aussi de renoncer à la philosophie de Locke pour celle
de Kant, et de se replonger, après deux siècles de progrès et
de lumières, dans les plus épaisses ténèbres du moyen âge. Il
espérait que les Français, au moins, seraient long-temps pré-
servés de ces travers par le sentiment de la gloire éminente
de leur littérature nationale, et par l'instruction saine et pure
que leurs grands écrivains ont répandue.

Chénier, outre son théâtre, a laissé des poésies diverses,
dont le public possède déja deux principaux recueils : l'un,
imprimé en 1797 [1], composé seulement de poésies lyriques,
et divisé en trois livres, savoir : les odes, les hymnes et les
chants imités d'Ossian; l'autre, beaucoup plus riche, publié
en 1818 [2], et contenant le premier livre de la *Bataviade*, le
chant premier d'un poëme sur les Principes des arts, un Essai
sur la satire, des discours en vers, des épîtres, des élégies,
des contes, des dialogues, des épigrammes, une traduction en
vers de l'Art poétique d'Horace, et quelques autres poésies
diverses. On s'est abstenu d'insérer dans ce second recueil
certaines pièces satiriques qui avaient été imprimées à part
depuis 1796 jusqu'en 1805, et qui ont besoin de devenir plus
anciennes, pour ne réveiller aucune discorde, et ne perpétuer
que les traditions du bon goût. En rappelant ici ces satires de
Chénier, nous ne prétendons point assurément les déclarer
impartiales. Dans la chaleur ou même dans le tumulte des que-
relles politiques et littéraires, comment aurait-il toujours évité
les écueils d'un pareil genre? Trop souvent victime, il n'a pu
se garantir assez d'être injuste; et c'est là le plus grand tort
que lui aient fait ses ennemis. Entraîné par l'essor de son talent
bien plus que par des affections malveillantes, il eut le mal-

---

1. A Paris, chez P. Didot, in-18.
2. A Paris, chez Maradan, in-8°.

heur d'apprécier sans équité quelques hommes de lettres auxquels il a rendu depuis toute son estime. L'une de ses plus chères
habitudes, durant les dernières années de sa vie, était de saisir
et de chercher toutes les occasions de réparer ses propres torts,
toutes les fois qu'il pouvait le faire avec une parfaite liberté.
Il se montrait disposé à toutes les réconciliations qu'on ne lui
rendait pas impossibles. Du reste, nous songerions en vain à
dissimuler l'énergie, la gaîté, le talent qui règnent dans toutes
ses satires. Les traits en sont naturellement si vifs et si purs,
ils tiennent à des idées générales si justes et si précises que
bien souvent ils n'auraient besoin d'être appliqués à aucun nom
propre, et gagneraient, au contraire, à s'en débarrasser.

Fort peu de poëmes, depuis 1800, ont été plus glorieuse-
ment accueillis que l'Épître de Chénier à Voltaire. Il est vrai
que Bonaparte prit soin d'avertir avec fracas le public de l'attention dont elle était digne : sans perdre un instant, il frappa
l'auteur d'un décret de destitution, et le fit, durant quinze
jours, accabler d'invectives dans les feuilles et feuilletons pé-
riodiques. Mais cet éclat inusité de la colère impériale n'était
nullement nécessaire au succès d'un poëme aussi distingué par
la richesse des pensées que par le charme de l'expression, et
qui n'est pas moins admiré, moins reconnu pour l'une des
plus belles productions poétiques du dix-neuvième siècle, depuis qu'on ne se souvient plus de ces bruyans hommages que
la tyrannie s'est empressée de lui rendre. Il a reparu dans le
recueil de 1818, où l'on a omis, nous ne savons par quelle
fatalité, un discours en vers qui aurait pu y disputer le premier rang à cette épître, et qui roule sur la question de savoir
si l'erreur est utile aux hommes. M. Beuchot a réparé cette
omission en insérant ce discours dans le tome XXIII de l'une
des nouvelles éditions de Voltaire [1], ainsi que Voltaire lui-
même avait donné place dans son Dictionnaire philosophi-

_____

1. A Paris, chez la veuve Perroneau, 1818 ; in-12.

que au discours de Rulhière sur les Disputes. Nous croyons
qu'en effet Voltaire eût dit de ces vers de Chénier encore plus
que de ceux de Rulhière : « Voilà des vers comme on en faisait
« dans le bon temps. »

La Hollande affranchie du joug espagnol était le sujet d'un
poëme épique en dix livres, qui, entrepris en 1806, n'aurait
pu être achevé qu'en 1815, et qui demeurait interrompu toutes
les fois que le poète, dont la santé s'affaiblissait de jour en
jour, perdait l'espoir d'atteindre à ce terme. Il se promettait
de finir au moins un poème didactique, qui ne devait avoir que
quatre chants, mais dont il n'a pu terminer que le premier. Il
osait y traiter de la théorie générale des beaux arts, des principes qui leur sont communs à tous, des formes et des mé-
thodes qui doivent demeurer propres à chacun d'eux. Il avait
déjà publié un discours en vers sur les poëmes descriptifs;
et il se proposait d'examiner si la raison et le bon goût ad-
mettent un genre romantique.

C'est, comme on voit, un recueil très-riche et très-varié
que celui des poésies diverses de Chénier : il s'en faut pourtant
que nous indiquions ici tous les morceaux qui le composent,
ni tous ceux qui resteraient à y joindre. Les amis des lettres
et de la liberté y ont distingué l'élégie intitulée la Promenade,
composée en 1805 : peinture fidèle et touchante des sentimens
politiques de l'auteur, de son patriotisme inaltérable, et de
l'horreur que lui inspirait la tyrannie sous laquelle gémissait
alors la France.

Ses écrits en prose peuvent se diviser en trois parties dont
la première est comprise, sauf les morceaux que l'on n'a pu
recouvrer, dans un volume publié en 1818, sous le titre de
Fragments de littérature [1]. On y retrouve un discours, imprimé en 1801, sur les progrès des connaissances en Europe,
et de l'enseignement public en France. Quoique ce discours ait

---

[1] A Paris, chez Maradan ; in-8°.

été prononcé à une distribution de prix, ce n'est ni une harangue de collège, ni un tissu de vaines formules, de complimens académiques et d'exhortations banales : c'est un éloquent morceau d'histoire littéraire, et véritablement un modèle de l'art d'instruire, qui n'est au fond que celui d'agrandir l'esprit des élèves, de l'enrichir d'idées précises, mûres et profondes. Mais l'histoire des lettres avait tant d'attraits pour Chénier que depuis il en voulut faire l'objet d'un travail beaucoup plus étendu. Les discours qu'il a lus à l'Athénée de Paris contenaient la première partie d'un Tableau historique de la littérature française : il y traçait l'histoire de la langue et des divers genres de poésie et de prose depuis le onzième siècle jusqu'à l'avénement de François Ier. Le seizième, le dix-septième et le dix-huitième siècle devaient fournir la matière des trois autres parties. Une excellente introduction expose le plan de tout l'ouvrage, et en indique même les principaux résultats. Les leçons qui concernent les fabliaux et les anciens romans français sont les seules qui aient été imprimées en entier. Celles qui avaient pour objet les chroniques, les histoires, les poëmes, les mystères, et les autres productions dramatiques antérieures à l'année 1515, ne sont point assez complètes dans les copies qu'il a été jusqu'ici possible d'en recouvrer. Toutes ces leçons étaient d'un grand intérêt, malgré quelques inexactitudes ou même quelques erreurs que Chénier n'avait pas eu le temps d'éviter. Il se proposait de vérifier plus à loisir certains détails obscurs et d'une faible importance, auxquels il n'avait guère pu donner que l'attention qu'ils méritent. Il s'était du moins assuré, par beaucoup de lectures et de recherches, de la vérité des résultats essentiels. Nous oserons dire qu'il les a mieux saisis, et surtout mieux présentés que n'ont fait jusqu'à présent ceux qui ont attaché un prix extrême à des particularités aussi indifférentes que problématiques. L'érudition est sans contredit indispensable dans ces matières; mais elles réclament encore plus, pour être utilement traitées, les lumières de la philosophie, les graces de l'esprit et du style. Ce qu'il faut regretter, c'est que Chénier n'ait achevé que la partie la moins attrayante de son ouvrage, et que la littérature française, proprement dite, attende encore un historien, quand la littérature italienne en a trouvé un, et le meilleur qu'elle ait jamais eu, dans un écrivain français [1]. Aux discours ou leçons que nous venons de rappeler, on a joint des articles de littérature insérés par Chénier dans quelques journaux, spécialement dans le Mercure, dont il était, en 1809 et 1810, l'un des rédacteurs, et une traduction du Dialogue sur les orateurs attribué à Tacite ou à Quintilien. Il a traduit d'autres morceaux de Tacite; et ce travail est resté manuscrit; mais on a imprimé en Belgique et ailleurs sa version française de la poétique d'Aristote. Tels sont ceux de ses écrits en prose que nous comprenons sous une première classe.

La seconde consiste dans le volume imprimé sous le titre de Tableau historique de l'état et des progrès de la littérature française depuis 1789 : ouvrage déjà classique, qui, depuis la fin de 1816, a eu quatre éditions, outre celle que l'Institut en avait fait faire en 1815. Ce volume est malheureusement resté incomplet : on n'y trouve ni le chapitre qui devait concerner le genre oratoire, ni celui qui aurait été consacré à l'examen des livres d'histoire littéraire; on desirerait aussi les dernières pages du chapitre qui traite de l'histoire civile : mais ceux qui ont pour objets la grammaire, la logique, les sciences morales et politiques, la théorie de l'art d'écrire et les romans sont achevés, aussi-bien que ceux qui concernent les principaux genres poétiques. Avant la publication de cet ouvrage, l'opinion publique, il faut l'avouer, n'avait point encore décerné à Chénier la place éminente qu'il méritait parmi les prosateurs de ces derniers temps : on ne connaissait toute l'étendue ni de

---

1. Histoire littéraire d'Italie, par Ginguené. Paris, chez M. Michaud, 1819, 9 vol. in-8°. — Ibid., 2ᵉ édition, 1824, 9 vol. in-8°.

son talent, ni de ses lumières, ni de son impartialité; on ne
savait pas quel empire sa raison et sa conscience exerçaient
sur ses préventions et sur ses ressentimens; on ignorait qu'habile autrefois dans l'art de la satire il avait fini par l'être bien
plus dans l'art de louer : véritable et rare progrès du talent
littéraire autant que de la bonté morale. Ce Tableau, où sont
si bien appréciées les productions les plus récentes de notre
littérature, a pour appendice un rapport auquel avaient donné
lieu les discussions sur les prix décennaux, ouvertes au sein
de l'Institut. C'est le dernier écrit de Chénier : il l'a tracé d'une
main mourante avec toute la vigueur et toute la grace de son
talent. Cette fois les applaudissemens furent unanimes, et l'on
parut sentir enfin quel littérateur, quel écrivain l'on était sur
le point de perdre : l'auteur fut presque aussi loué que s'il eût
déja cessé de vivre. Il est certain qu'en réclamant pour l'un de
ses anciens ennemis le prix de littérature didactique il a réellement enseigné à le mériter, et que personne encore n'avait
mieux apprécié ce qu'il y a d'excellent et d'imparfait, de trop
court et de trop long dans les dix-neuf tomes du Lycée de
La Harpe.

Divers autres écrits en prose, que nous n'avons pas encore
indiqués, composeraient une troisième et dernière classe. Nous
voulons parler, non des préfaces et des notes qu'il a jointes à
ses poëmes, principalement à ses tragédies, mais bien des discours qu'il a prononcés dans plusieurs assemblées politiques,
et qui, presque tous encore, appartiennent à la littérature,
par leur matière même autant que par leurs formes. En effet,
ils concernent la propriété des productions littéraires, les ré-
compenses dues aux savans, aux artistes, aux écrivains; la
conservation des monumens, des livres et des objets d'arts;
l'instruction publique en général, et certaines institutions par-
ticulières, spécialement le Conservatoire de Musique, dont
Chénier a proposé, obtenu et déterminé l'organisation.

Voilà quels ont été ses ouvrages en prose et en vers depuis

1786 jusqu'à la fin de 1810, c'est-à-dire durant vingt-quatre années, entre lesquelles il en faut compter dix de fonctions politiques et dix de maladies.

Il a été, sans interruption, membre de toutes les législatures qui se sont succédé depuis 1792 jusqu'au mois de mars 1802. Quoiqu'il ait beaucoup écrit en vers et en prose dans le cours de ces dix années, il est indubitable que, s'il avait pu les consacrer aux lettres sans partage et sans distraction, le recueil de ses œuvres serait aujourd'hui beaucoup plus riche. Cependant, comme nous venons de le dire, c'était encore de littérature et d'instruction publique qu'il s'occupait le plus ordinairement dans l'exercice de ses fonctions législatives, et il s'est, à certaines époques, presque borné à ce seul genre d'activité et d'influence. Quand il sortait de cette sphère, c'était presque toujours, depuis 1794, pour contribuer au retour de l'équité, pour s'opposer aux résolutions tyranniques, aux mesures arbitraires, pour rétablir l'ordre et le règne des lois. Sa voix éloquente a rappelé au sein de la Convention M. Lanjuinais et les autres proscrits de 1793, et au sein de la France, M. de Talleyrand.

Il est bien aisé, après de violens orages, de censurer les hommes publics qui, jetés au milieu des troubles, ne les ont pas maîtrisés. Mais l'exagération des reproches qu'on leur adresse prouve seulement qu'en leur place on en aurait soi-même mérité de bien plus graves; car c'était précisément cette partialité, cette rigueur extrême, cet impatient besoin de condamner, qui, dans ces temps déplorables, disposait, entraînait presque invinciblement aux erreurs, aux fautes, aux injustices. Il est une opinion, un vote de Chénier que nous n'entendons excuser en aucune manière; à l'égard des autres, nous désirerions que ses censeurs voulussent bien prendre une connaissance un peu exacte des faits et des époques dont ils parlent : ils sauraient que plusieurs missions lui ont été proposées en 1793 ; que, pour les avoir toutes refusécs, il fut exclu du comité d'instruction publique [1] ; que, menacé d'une proscription plus sérieuse, et forcé de prendre la parole sur les honneurs qui avaient été décernés, en 1791, à la mémoire de Mirabeau, il osa rendre hommage aux talens, au génie et à quelques actions de cet orateur célèbre, et ne pas dire un seul mot d'un autre homme dont on divinisait le délire et les attentats. Ce silence, au moment même d'une telle apothéose, en était, sans aucun doute, le désaveu le plus solennel, l'improbation la plus outrageante ; et nous ignorons ce qu'auraient fait de plus courageux, en une pareille conjoncture, ceux qui ont tant blâmé et si peu lu ce discours [2]. Les tyrans en jugèrent mieux : ils se promirent de venger leur idole par la perte de Chénier et de sa famille entière. Son père fut menacé ; deux de ses frères furent arrêtés ; il fut bientôt dénoncé lui-même, cité, recherché, inscrit à son rang sur l'une des pages de la liste des proscriptions. Il n'en devint que plus ardent à solliciter la délivrance de ses frères ; durant plusieurs mois, il n'eut pas d'autre pensée ; et ses instances furent si vives, si persévérantes qu'il parvint à sauver l'une des deux victimes. Nous ne prétendons point le louer ici de ces démarches, auxquelles l'entraînaient les sentimens les plus tendres, mais qu'il aurait encore faites quand il n'eût consulté que son intérêt personnel ; car les périls de ceux qui portaient son nom aggravaient les siens propres ; et l'on arrivait à lui en les frappant. André Chénier périt le 7 thermidor ; et cette date toute seule réfuterait assez une calomnie aussi absurde qu'horrible. Si quelqu'un, le 7 thermidor, avait en effet le moyen de sauver ses parens les plus chers, assurément un tel crédit, une telle puissance n'appartenait point à celui qui périssait lui-même si ce régime sanguinaire eût duré quinze jours de plus.

---

1. Voyez le procès-verbal de la Convention nationale, séance du quinzième jour du premier mois de l'an II, pages 123 et 124.

2. Il est dans le Moniteur du 7 frimaire an II.

Immolé à trente-un ans, André Chénier s'était déja distingué
dans la carrière des lettres : ses productions en vers et en
prose annonçaient un écrivain d'un goût pur, d'un esprit
étendu et d'un rare talent. Sa mère, qui l'a pleuré quatorze
ans, demeura, tant qu'elle vécut, avec Marie-Joseph Chénier;
et c'était lui qui la consolait, si le charme de la douleur parta-
gée doit s'appeler consolation [1].

Une femme célèbre, que Chénier comptait au nombre des
écrivains dont la littérature française devait s'enorgueillir [2],
l'a jugé lui-même avec beaucoup moins d'équité [3]. Elle ne
cite pourtant, de toute sa conduite politique, que deux faits
fort honorables l'un et l'autre, savoir : ce qu'il fit pour M. de
Talleyrand, *qui lui dut son rappel*, et pour Dupont de Ne-
mours, *qu'il parvint à sauver*. Madame de Staël trouve ces deux
actions assez belles pour s'y associer elle-même; et, sans
doute, elle était fort digne de les suggérer; car on l'a vue,
dans toutes les circonstances difficiles, empressée à rendre des
services courageux; et les périls de tous les hommes de mérite, y compris Chénier [4], ont toujours vivement excité son
zèle. Il était l'un de ceux dont elle recherchait le plus la société : on la rencontrait chez lui; on le remarquait parmi les
membres du Corps législatif et de l'Institut qu'elle se plaisait

---

1. Voyez les Vers 129-156 du Discours sur la Calomnie, tome III
des œuvres anciennes, présente édition.

2. Tableau de la Littérature française depuis 1789.

3. Considérations sur la Révolution française, pages 188 et 189 du
tome II.

4. Voici ce que madame de Stael écrivait, en 1802, à un ami de
Chénier : « Je suis venue chez vous ce matin pour vous demander si vous
« ne saviez rien de Chénier, dont je suis fort inquiète, et pour causer
« avec vous sur les services qu'on peut lui rendre. Je voulais lui faire
« offrir de l'argent, un asile et un passeport, selon qu'il pourrait en avoir
« besoin. » Chénier, quoiqu'il n'ait accepté aucune de ces offres, n'en
était pas moins reconnaissant.

à réunir chez elle. Madame de Staël aimait comme lui, il aimait comme elle la liberté et la justice ; et, depuis 1795 jusqu'en 1802, on n'apercevait d'ordinaire aucune différence bien essentielle entre leurs opinions politiques. Il n'en était pas tout-à-fait ainsi lorsqu'il s'agissait du genre romantique ou de la philosophie allemande : nous devons confesser que, sur ces articles, Chénier ne se montrait ni assez traitable ni peut-être même assez poli ; et c'est sans doute à quelque ressouvenir de ces discussions ou disputes littéraires qu'il convient d'attribuer ce qui est dit des préjugés et de l'âpreté de Chénier, dans l'ouvrage posthume, d'ailleurs si recommandable, de madame de Staël.

Tous ceux qui ont connaissance des événemens de 1799 et des trois années suivantes savent que Chénier fut l'un des hommes publics de cette époque qui, soit dans les commissions intermédiaires établies le 18 brumaire, soit au sein du tribunat, s'efforcèrent de mettre un frein aux usurpations, de repousser les lois arbitraires, de maintenir en France les derniers restes du système représentatif, et qu'on eut besoin d'éloigner pour arriver au consulat à vie et à l'empire. Il fut donc compris dans l'élimination de 1802 avec Ginguené, Saint-Aubin, et MM. Bailleul, Ganilh, Parent-Réal, Benjamin-Constant, Thiessé, etc. ; et peu s'en fallut qu'on ne prît contre lui des résolutions plus violentes [1].

Tant d'orages, tant de périls et de chagrins doivent être comptés parmi les causes qui ont abrégé les jours de Chénier. L'altération de sa santé n'était déja que trop sensible en 1799, quand il résistait avec l'énergie la plus honorable aux derniers mouvemens de l'anarchie, et aux premières entreprises de l'usurpateur. Sa constitution robuste et les soins de M. Portal, son médecin et son ami, ont lutté pendant plus de dix ans contre les progrès d'une maladie grave et compliquée, qui

---

[1]. Voyez la note précédente.

peut-être aurait cédé aux efforts de la nature et de l'art, si Chénier avait su s'assujétir à un régime uniforme et austère ; mais, trompé par l'activité toujours croissante de ses facultés intellectuelles et morales, il méconnut long-temps son état, et n'en sentit tout le péril que lorsque ce sentiment ne pouvait plus être qu'un péril de plus.

C'est dans le cours de ces dix années qu'il a commencé ou achevé la plupart de ses ouvrages. Il en avait projeté plusieurs autres : par exemple, une tragédie ayant pour sujet la mort de Conradin, une édition de Racine, un traité des sources du pathétique, une continuation des éléments de l'histoire de France de Millot. Il ne subsiste aucun vestige de ces projets, parce que Chénier n'écrivait presque jamais de notes ni d'esquisses ; mais les matériaux en étaient si bien rassemblés et disposés dans sa tête qu'il rendait compte de toutes les idées, de tous les détails qui devaient entrer dans ces productions futures, et que, lorsqu'il en parlait, il en composait réellement quelque partie. L'étendue et la ténacité de sa mémoire le dispensaient des soins qu'on a coutume de prendre pour recueillir et fixer ses connaissances et ses pensées. Quoiqu'il n'eût jamais rien transcrit, rien extrait de ses lectures, nous ne saurions dire combien de volumes on eût rempli des morceaux de vers et de prose qu'il savait par cœur : car il faudrait y comprendre, non-seulement tous les chefs-d'œuvre de la poésie française, tous les grands traits et les plus belles pages de nos meilleurs écrivains en prose, mais encore un recueil très-long, quoique choisi, des plus mauvais vers qu'on ait faits depuis Chapelain, et des phrases les plus ridicules qu'on ait écrites depuis les premières harangues de l'Académie française. Aucune sottise n'échappait à sa mémoire impitoyable, qui avait contracté, en quelque sorte, les habitudes satiriques de son esprit ; mais aussi il ne pouvait rien voir de grand et de beau sans l'admirer, ni rien admirer sans le retenir à jamais. Tant de souvenirs, toujours fidèles, toujours présens, éclairaient les discussions littéraires auxquelles il prenait part ; il disposait d'un inépuisable fonds d'exemples, qui venaient s'appliquer d'eux-mêmes avec une parfaite justesse à chaque point d'une question. Ce qui surprendra davantage ceux qui ne l'ont pas connu, c'est qu'il savait presque autant de dates que de vers; pas un seul fait de quelque importance dans l'histoire civile ou littéraire, dont il ne fût toujours prêt à rappeler l'époque précise ou convenue; pas un poëte, pas un seul auteur, tant soit peu remarqué, dont il ne pût au besoin et sans la moindre recherche dater la naissance, les travaux et la mort, autant du moins qu'on le peut faire. Il avait particulièrement étudié la bibliographie, comparé les plus riches catalogues, examiné un très-grand nombre de livres; non-seulement il savait d'une manière imperturbable les dates de toutes les éditions qui sont dignes de quelque souvenir, mais il en avait observé et retenu toutes les circonstances distinctives : cette étude lui plaisait, comme une branche de l'histoire littéraire, de cette histoire de toutes les connaissances humaines, qui est elle-même l'une des plus utiles connaissances.

Il n'avait point cultivé les sciences physiques et mathématiques; mais il en savait l'histoire et par conséquent les principaux résultats, ceux du moins que le langage commun peut exprimer. Plus entraîné vers les arts qui tiennent à la poésie par des rapports immédiats et sensibles, il en avait appris et les annales et les langues : il prenait un vif intérêt aux arts du dessin, il cultivait la musique; et les grands artistes le plaçaient au premier rang des amateurs éclairés. Mais il excellait dans les deux genres de connaissances qu'on a coutume de désigner par les noms de belles-lettres et d'histoire; il les regardait comme indivisibles, et n'en séparait ni l'analyse de la pensée, ni les sciences morales et politiques. Malgré l'immensité de ses lectures, et son goût pour certaines recherches, il ne prétendait point à l'érudition; mais fort peu de littérateurs ont réuni, possédé un plus grand nombre de ces connaissances réelles, de ces lumières véritables et fécondes qui ne prennent que le modeste nom d'instruction, et qui manquent souvent aux érudits.

De ses passions, qui toutes étaient vives, la plus dévorante
fut le désir de contribuer aux progrès des lumières : il aimait
les lettres et la vérité encore plus que la gloire. L'extrême
imperfection de l'enseignement dans les écoles publiques
l'avait frappé dès son jeune âge : il n'omit aucun soin pour
y remédier, soit lorsqu'il concourut à la rédaction des projets
de loi qui concernaient cette importante matière, soit lorsqu'il exerça les fonctions de membre du jury d'instruction du
département de la Seine, puis celles d'inspecteur-général des
études. L'état déplorable de sa santé ne modéra point son zèle
il parcourut, en 1803, les départemens de l'ouest, y visita
toutes les écoles, ranima partout les études et l'émulation ;
jamais sa maladie ne l'a plus affligé qu'en le forçant d'inter-
rompre ces utiles et laborieux voyages. Lorsqu'après la publication de l'épître à Voltaire il eut été si scandaleusement
destitué de cette place d'inspecteur, il continua du moins de
prendre part aux travaux de la classe de l'Institut à laquelle il
appartenait, et y concentra souvent toute l'activité de son
esprit et de son âme : ses quatre dernières années ont été
consacrées au service et à la gloire de cette compagnie. Il
entreprit pour elle le Tableau de la Littérature française depuis 1789 ; et, quoiqu'elle ne paraisse point avoir revendi-
qué cet ouvrage, il doit être permis de dire qu'elle n'a guère
vu naître dans son sein de productions plus honorables. Mais
il s'intéressait vivement à tous les autres objets des discussions
académiques, particulièrement aux concours d'éloquence et
de poésie ; zélé défenseur des vrais talens, toujours sûr de les
discerner, et presque toujours d'obtenir pour eux des triomphes. S'il en fallait citer des exemples, nous nommerions
MM. Jay et Victorin Fabre, dont les succès ont commencé
par le suffrage de Chénier. Tel était enfin son dévouement à
tous les genres de travaux littéraires que le dictionnaire même
de l'Académie française l'a occupé sérieusement, et qu'on retrouve dans ses papiers les traces des efforts qu'il a faits pour
le perfectionner, ou du moins pour substituer des exemples

classiques aux phrases triviales, insignifiantes et quelquefois incorrectes qui le remplissent.

Nul n'a su mieux que lui jouir de tous les succès de ses plus dignes rivaux : c'étaient pour lui des jours de fête que ceux ou la littérature s'enrichissait d'un bel ouvrage, de l'*Othello* de Ducis, de l'*Agamemnon* de M. Lemercier, des *Vénitiens* de M. Arnault, d'une comédie de M. Andrieux. Il louait éloquemment même ses ennemis, La Harpe, par exemple, qui, après avoir reçu de lui d'éminens services [1], l'outragea plus qu'auparavant. Il est vrai que Chénier s'est vengé, par quelques traits satiriques, de cet excès d'ingratitude et d'injustice ; mais il connut les bornes que devaient avoir ces représailles. Dès qu'il sut que La Harpe était malade, il retira des mains de l'imprimeur une dernière satire où ce littérateur célèbre était jugé sévèrement. Ce n'est là qu'un acte d'humanité bien simple et bien vulgaire dans les mœurs de Chénier : mais, lorsqu'il était malade et presque moribond lui-même, ses ennemis n'avaient pas coutume d'être si généreux.

Dans la société, Chénier recevait de tout ce qu'il entendait et voyait, des impressions extrêmement fortes ; et, au moment où elles s'emparaient de lui, il ne savait pas les dissimuler : voilà pourquoi ceux qui n'ont pas eu avec lui des relations très-intimes ont pu quelquefois ne pas trouver ses mœurs assez douces. Qui l'a bien connu doit rendre hommage à la noblesse et à la bonté de son caractère : tous les sentimens honnêtes, humains, vertueux, remplissaient son âme active. Pour l'estimer et le chérir, il suffisait de le voir de près. Il n'était

---

1. Au commencement d'octobre 1795, Chénier, membre du comité de salut public, déchira publiquement et avec indignation un mandat d'arrêt décerné contre La Harpe par un autre comité, et qu'un personnage dès lors très puissant (Bonaparte) était impatient de mettre à exécution. Ce fut encore Chénier qui se chargea de veiller à la sûreté de La Harpe en septembre 1797.

dans la vie privée qu'un homme excellent et le meilleur des
amis.

Nous ne dissimulerons point qu'il avait contracté, dès sa
jeunesse, un goût pour la magnificence, qui, dans l'état de sa
fortune, pouvait sembler excessif : mais ce qui mérite aussi
d'être observé, c'est que, malgré l'empire de ce penchant, il
ne s'est jamais occupé, durant dix années de fonctions publiques, des moyens de le satisfaire ; et que, depuis 1799 jusqu'en 1802, quand l'opulence et les honneurs étaient pour des
hommes tels que lui le prix assuré de l'adulation et des com-
plaisances, loin de rendre à la tyrannie aucun des services
qu'elle récompensait avec tant de prodigalité, il s'est tenu
constamment et sciemment sur la ligne qui n'aboutissait qu'à
des disgrâces. La toute-puissance ne s'était pas attendue à
trouver dans un ami du luxe une conscience si pure, un caractère si noble, un désintéressement si austère. Ayant toujours
porté dans ses affaires personnelles la probité, la délicatesse,
malheureusement aussi la négligence au plus haut degré possible, il est sorti des assemblées nationales beaucoup plus
pauvre qu'il n'y était entré. Il y arrivait, en 1792, plein de
santé, et déja riche des produits de ses premiers travaux littéraires : il s'est retiré, en 1802, malade, exténué, endetté,
sans autre ressource qu'un talent dont on ne lui permettait
plus de recueillir les fruits honorables. Bientôt, malgré les
réclamations du public, en dépit du zèle et de l'intérêt des
acteurs, la représentation de toutes ses pièces de théâtre fut
partout interdite ; et de tous les biens de ce monde il ne lui
restait plus qu'une grande renommée, lorsque, cédant aux
conseils de ses amis, il accepta, en 1806, un obscur et mo-
dique emploi dans une administration particulière [1]. D'autres
travaux dont il se chargea depuis l'aidèrent à mieux pourvoir
à ses besoins : mais, vers la fin de novembre 1810, sa maladie

---

1. Dans l'un des bureaux des archives.

prit un caractère plus menaçant que jamais : il essuya des accidens graves ; sa force naturelle s'épuisait enfin , et ne luttait plus qu'avec désavantage contre les progrès du mal. Sa mort fut précédée d'un mois d'insomnie et de souffrance , durant lequel il avait pourtant conservé tout son génie et toute sa mémoire; quelquefois même il retrouvait encore la gaîté de son esprit. Cependant il touchait au terme de sa carrière illustre ; et, le 10 janvier 1811, vers midi, il mourut paisiblement, sans faste et sans faiblesse, à l'âge de quarante-six ans, quatre mois et treize jours, échappant peut-être à d'autres infortunes, mais enlevé à un siècle sur lequel il aurait, de plus en plus, versé de l'éclat et des lumières; laissant, il est vrai, plus de travaux qu'il n'en faudrait pour honorer une vie bien plus longue, mais ayant acquis à peine la moitié de la gloire littéraire à laquelle il lui était permis d'aspirer.

AVERTISSEMENT

DE L'ÉDITEUR.

LES OEuvres posthumes de M. J. Chénier ne le cèdent à ses autres OEuvres ni en importance ni en intérêt. Si dans les anciennes on remarque les tragédies de *Fénélon*, *Charles IX*, et *Henri VIII*, *l'Epître à Voltaire*, *le Discours sur la Calomnie et les Nouveaux Saints*, dans les nouvelles on trouve *Tibère*, *la Bataviade*, *l'Essai sur les principes des Arts*, *l'Art poétique d'Horace*, *et le Tableau de la littérature*.

Tibère est sans contredit le chef-d'œuvre tragique de Chénier. Dans aucune autre de ses pièces les caractères ne sont tracés avec autant d'art et de vérité; on n'y rencontre pas cette emphase de sentiments et d'opinions qui étouffe l'intérêt dramatique au lieu de le fortifier. Elle a surtout l'avantage de ne point porter la couleur des circonstances ; et c'est presque la seule qui pourrait être jouée dans tous les temps et dans tous les lieux. Qui croirait pourtant qu'elle n'a pu encore paraître sur notre scène ? On devait la représenter, il y a peu d'années : déjà les rôles étaient appris, et la représentation près d'être annoncée ; tout-à-coup elle est défendue ! Cependant c'était après la chute de Buonaparte ;

et le personnage de Tibère ne pouvait plus faire allusion. On peut en dire autant du personnage de Séjan; car on sait bien que nous n'avons point eu de ministre qui lui ait ressemblé, depuis le cardinal de Richelieu. Dans l'époque actuelle, à la vérité, une grande émulation de susceptibilité règne entre le public et l'autorité : autant l'un est disposé à faire des applications, autant l'autre est porté à en craindre, et habile à en trouver. On est presque tenté de s'étonner qu'on donne encore sur nos théâtres des tragédies de Corneille et de Voltaire. Les pièces de nos grands maîtres ne seraient point admises aujourd'hui, si elles paraissaient pour la première fois. Espérons qu'il viendra des temps plus favorables aux productions dramatiques.

Le Tableau de la Littérature, de Chénier, est un des meilleurs ouvrages de critique que nous possédions. Tout resserré qu'il soit, il offre un ensemble digne des suffrages les plus éclairés, et servira long-temps de régulateur aux gens du monde et aux hommes de lettres tout à la fois. L'auteur n'a pu se défendre de quelque partialité à l'égard des écrivains contemporains; mais on conviendra que la partialité était inévitable à cause de la grande division qui régnait dans les opinions politiques et morales de l'époque où il écrivait, division qui s'est renouvelée récemment parmi nous. Ses jugemens n'en sont pas moins justes et lumineux; et, si le cadre étroit où il fut obligé de les renfermer lui a interdit de longs développemens, leur vérité n'en est pas moins bien établie : ils resteront comme des oracles plus sûrs peut-être que ceux qu'a rendus dans son cours de littérature La Harpe, beaucoup plus partial que Chénier.

Il est à regretter que la *Bataviade* n'ait point été achevée : ce serait un poëme épique de plus dans notre littérature, mais un poëme épique du troisième ordre. Il est frappé du même défaut que la Henriade, à laquelle on ne doit point le comparer ; et, en effet, de même que Voltaire, Chénier a trop dédaigné l'emploi du merveilleux, et encore plus respecté la vérité historique, qui nécessairement rend glaciale toute composition épique. L'épopée ne se soutient que par les fictions. C'est la principale raison pour laquelle la Pharsale est si prodigieusement loin de l'Énéide. Du reste, il y a de beaux morceaux dans la Bataviade ; et, en la lisant, on sent qu'elle ne peut être que l'œuvre d'un esprit supérieur.

L'Essai sur les principes des Arts est un des bons poëmes de Chénier : il atteste ses grandes connaissances en littérature, son goût exquis et son talent éminemment classique.

Son *Discours sur l'intérêt personnel* n'eût pas été désavoué par Voltaire : on y reconnaît la touche d'un disciple de ce grand homme ; et il abonde en idées philosophiques, profondes, en réflexions ingénieuses, en pensées fortes.

Sa traduction de l'*Art poétique d'Horace* est un modèle d'élégance et de simplicité de style. Il a rendu le poète latin avec fidélité, précision et énergie. La versification en est harmonieuse et facile. En général, Chénier est un de nos littérateurs qui ont le mieux entendu la facture du vers dans presque tous les rhythmes ; et, malgré

l'arrogance avec laquelle en parlent aujourd'hui beaucoup de petits écrivains qui ne l'atteindront jamais,
Chénier brillera toujours au premier rang parmi nos
poëtes modernes.

Au surplus, nous ne prétendons point ici le défendre contre les attaques auxquelles il a pu être en butte
depuis qu'il n'est plus. Elles ne sont pas dangereuses,
et l'opinion en a déjà fait justice. Le nombre des ennemis de Chénier a considérablement diminué; et l'Envie,
qui a bien assez d'occupation ailleurs, a renoncé à se
tenir près de sa tombe.

> Pascitur in vivis livor : post fata quiescit.
>
> OVIDE.

Pour nous, qui n'avons rien négligé de tout ce qui
peut honorer et perpétuer sa mémoire, nous avons
recueilli religieusement les moindres productions littéraires sorties de sa plume. Les lecteurs en trouveront
dans notre édition beaucoup qui sont inédites. Celles
de ses poésies qui avaient été imprimées dans l'étranger, ou publiées par MM. Maradan, Baudouin et Fou-
lon, à Paris, se trouvent ici avec des corrections et
des changemens inconnus à ces éditeurs, et en outre
collationnées, d'après un texte plus pur, sur les manuscrits rectifiés de la main de Chénier lui-même.

THÉATRE.

CYRUS,

TRAGÉDIE EN CINQ ACTES,

REPRÉSENTÉE, POUR LA PREMIÈRE FOIS, SUR LE THÉATRE FRANÇAIS, LE 17 FRIMAIRE AN XIII DE LA RÉPUBLIQUE (8 DÉCEMBRE 1804).

ANALYSE

DE CYRUS,

PAR M. SAUVO.

10 decembre 1804.

La tragédie de *Cyrus* était depuis long-temps attendue; et tout concourait à faire desirer la représentation de cet ouvrage annoncé comme l'un des mieux écrits de son auteur, M. Chénier. La première représentation a eu lieu hier; le concours qu'elle avait attiré était prodigieux. Les deux premiers actes ont excité de vifs applaudissemens. Les belles scènes des troisième et quatrième actes n'ont pu dissimuler les vices que nous avons cru reconnaître dans la disposition du plan, et peut-être aussi dans le choix du sujet. Le spectacle imposant du cinquième acte a reconquis les suffrages; mais, au total, l'ouvrage n'a pas obtenu un succès complet. En voici une analyse aussi exacte qu'a pu le permettre une seule représentation d'une pièce dont l'intrigue ne laisse pas que d'être compliquée.

Astyage occupe le trône ; il règne sur les Mèdes.
Mandane, sa fille, vient de perdre dans les combats Cambyse, son époux, roi de Perse. Elle ne
le pleure pas seul : elle déplore aussi la perte, ou
du moins l'absence et l'exil de son fils, de Cyrus
proscrit même avant d'être né, et condamné par
son aïeul, redoutant, sur la foi d'un songe, que
Cyrus, appelé au trône par les destinées, ne
vienne s'y asseoir à sa place.

Harpage, général de l'Empire, a été chargé du
soin odieux de faire périr Cyrus : un trône lui a
été promis pour prix de sa complicité. Mais, fidèle
à l'honneur, à Cambyse et à Mandane, Harpage a
sauvé le jeune rejeton, espoir de l'Orient. Par
son ordre, Mitradate, un pasteur, a laissé dans
les forêts, et sans sépulture, son propre fils, mort
en naissant, et l'a revêtu des langes de Cyrus.
L'enfant du pasteur est descendu dans les tombeaux des rois ; et Cyrus, échappé à la mort, ignorant son nom, son rang, sa destinée future, a
été élevé secrètement par Harpage. Il est devenu
fameux sous le nom d'Élénor ; il a été instruit
dans l'art de vaincre, par Harpage lui-même ; et,
lorsque sa mère le pleure, le jour de la fête du
soleil doit éclairer, à Ecbatane, les honneurs rendus à son courage.

Harpage, dans ce jour solennel, s'ouvre au
grand prêtre Memnon sur ses dispositions et

celles des mages à l'égard de Cyrus. Le grand
prêtre parle du jeune héros, comme du souverain promis par les Dieux éternels, et jure qu'au
moment où il paraîtra les mages obéiront aux
oracles qui l'ont annoncé; c'est sous ces auspices
que la fête séculaire du soleil et le triomphe d'É-
lénor vont être à-la-fois célébrés.

Élénor paraît devant le roi, les mages, les
grands, et devant Mandane; il ordonne à ses guerriers la remise des dépouilles des ennemis vaincus; mais, pour prix de sa victoire, il demande
de conserver l'armure d'un héros qu'il a vengé,
l'armure de Cambyse, qu'il a arrachée au Scythe
qui venait de tuer le prince. A la vue de ce
glaive, Mandane éperdue se plaint qu'il ne soit
pas entre les mains de son fils; mais elle-même
le remet à Élénor, en recevant les sermens de sa
fidélité, et les vœux qu'il fait pour le bonheur
de l'Empire.

Memnon saisit cette occasion pour prononcer
de nouveau le nom de Cyrus, pour le promettre
au nom des Dieux, pour proclamer les hautes
destinées qui l'attendent. Astyage se trouble, et
la fin de la cérémonie le laisse en proie à une
agitation violente. Demeuré seul avec Élénor, il
lui avoue ses terreurs, il a connu l'artifice d'Harpage, et ne s'en est point vengé; il sait que Cyrus
existe, et le redoute plus que jamais. Il invoque

Élénor contre Cyrus, demande au jeune héros la
tête du petit-fils qu'il proscrit ; Élénor frémit,
ne promet que de désobéir, et conjure Harpage
de l'arracher à une odieuse cour.

Au troisième acte, Mandane interroge Élénor
sur le sort de Cyrus : aux lieux qu'il a parcourus
en vainqueur, n'en a-t-il eu aucune nouvelle?
Ce nom n'est-il jamais parvenu à son oreille?
Malheureux lui-même, orphelin, et sans appui,
Élénor avoue que les malheurs de Cyrus et de
Mandane sont parvenus jusqu'à lui; que son père,
un pasteur... A ces mots, Mandane s'émeut, mais
le pasteur se nommait Arbacès, et Mitradate
n'est, comme Cyrus, connu d'Élénor, que de
nom seulement; Mandane est donc forcée à implorer seulement la protection d'Élénor. Ce guerrier lui engage sa foi, et, en sa présence, déclare
à Astyage qu'il est prêt à remplir ses ordres,
mais alors seulement que ses ordres seront dignes
de lui.

Sûre d'Harpage, de Memnon et d'Élénor, la
mère de Cyrus tente un dernier effort sur Astyage ;
ses pleurs touchent enfin son père; Astyage pardonne, et consent que Cyrus le représente aux
murs de Babylone, lorsqu'un vieillard parait :
c'est Mitradate, qui, long-temps compagnon de
Cyrus, et veillant sur lui, s'est tout-à-coup vu
délaissé par le jeune héros, et qui, citant le té-

moignage du Scythe et de l'armée, prétend que Cyrus est tombé sous les coups d'Élénor lui-même, et qu'Élénor a ravi l'armure que Cyrus avait reçue de Cambyse. Astyage abandonne le meurtrier à la vengeance d'une mère.

Au bruit de la déclaration de Mitradate, Élénor accusé se présente, et s'étonne que le soupçon puisse s'élever contre lui : par l'ordre même d'Harpage, il a combattu un Scythe meurtrier de Cambyse; ce Scythe pouvait-il être Cyrus? Mais Mandane, poursuivant à regret sa vengeance contre un guerrier dont les traits lui rappellent son époux, cite le témoignage de Mitradate lui-même. A ces mots, Élénor confondu ne peut plus qu'accuser le destin, et proteste de son innocence; il demande la mort due à son erreur; il l'attend de Mandane elle-même; il la supplie de frapper, lorsque Mitradate paraît, reconnaît Cyrus, et le fait reconnaître à sa mère. Astyage interrompt cette scène, en venant insister sur le supplice d'Élénor. Harpage se déclare pour le guerrier, et, sans quitter le voile mystérieux dont il s'enveloppe, obtient qu'Élénor sera jugé devant le peuple, les grands et les mages, sur le témoignage de Mitradate lui-même.

Au cinquième acte, Harpage rassure Mandane tremblante sur le sort de son fils, sous quelque nom qu'il paraisse devant Astyage : il lui fait le

détail de sa conduite et de son artifice, de ses
desseins; il lui avoue que lui-même a séparé Cyrus de Mitradate, pour déconcerter Astyage dans
ses recherches, et former la vaillance du jeune
héros; que lui-même a fait courir le bruit de
son trépas, et qu'il a mandé au même jour
Élénor et Mitradate, pour faire reconnaître Cyrus. Ainsi s'expliquent le double changement de
nom du vieillard et de Cyrus, la fuite de ce
prince, ses exploits et son apparition à Ecbatane.
Harpage promet d'accomplir son ouvrage, de
sauver et de couronner Cyrus. De son côté, Memnon promet à Mandane la voix des oracles et l'appui du Ciel, lorsque des cris élancés de la place
publique se font entendre. Mitradate accourt et
les explique : en présence du peuple assemblé,
Harpage, élevant la voix pour Élénor, a déclaré
qu'il était Cyrus; il a invoqué les témoignages et
les sermens de Mitradate, et surtout les larmes
de Mandane; à ces mots, deux partis furieux
prêts à en venir aux mains, allaient faire parler
les Dieux pour Astyage ou son fils, lorsque Cyrus,
s'élançant lui-même au-devant de ses ennemis,
les a fait pâlir à l'aspect de son dévouement, et,
à force de générosité, a désarmé la colère d'Astyage.

Bientôt, en effet, l'aïeul de Cyrus s'avance avec
son fils : cédant à la voix du destin et aux vœux

de l'empire, il dépose sur la tête du jeune héros une couronne trop chancelante sur la sienne.

On voit par cette analyse ce que l'auteur a pris dans l'histoire, quel historien il a suivi, et quelle fable tragique déja connue il a imitée; on voit qu'au merveilleux répandu par Hérodote sur les premières années de Cyrus, à l'histoire de sa proscription et des terreurs d'Astyage, l'auteur a cru devoir lier la situation de Mérope presque entière, et que cette imitation, s'étendant jusqu'au changement du nom du héros et du pasteur, jusqu'à la supposition du meurtre dont le héros est accusé, jusqu'aux moyens de reconnaissance entre Mérope et son fils, nous dirons même jusqu'aux détails de quelques parties du dialogue, n'a pu permettre au spectateur d'accorder au poëte le mérite de l'invention dans le sujet qu'il a traité.

Ce même spectateur a pu trouver aussi l'exposition un peu longue, quoique, chose à remarquer, le premier acte n'ait que deux scènes; il a pu s'étonner de voir cette exposition nécessairement reproduite à la fin du quatrième acte, et encore au commencement du cinquième, et accuser dès-lors l'ouvrage entier de manquer de clarté et d'une sage distribution. Ajouterons-nous qu'en imitant le sujet si intéressant de Mérope l'auteur ne nous semble pas lui avoir donné tout l'intérêt qu'il pouvait comporter. Il n'y a d'inté-

rèt que là où il y a un péril certain, évident, im-
minent; il n'y a d'action intéressante que là où
se trouve un nœud fortement conçu, un obstacle
que le spectateur doit croire invincible : or, dans
Cyrus, où est l'imminence du péril, où est la
force du nœud dramatique? Ce péril, ce nœud,
existent dans *Mérope* et dans *Athalie;* ils résultent du caractère de Polyphonte et d'Athalie, de
l'isolement d'Égiste, de la faiblesse des défenseurs
de Joas. Ici Cyrus a pour lui la voix des Dieux,
sa mère, le général de l'empire, le peuple et l'armée; contre lui, un monarque faible, irrésolu,
qui conspire lui-même à sa perte, qui, dès le
troisième acte, accordait le pardon de Cyrus. Le
péril n'est donc qu'imaginaire, et il l'est d'autant
plus que celui qui a fait mouvoir tous les fils de
l'intrigue, qu'Harpage, qui abuse Astyage sur sa
situation, sans éclairer Cyrus sur la sienne, et qui
tient en effet dans sa main les destinées de l'empire, n'a d'autre dessein que de détrôner Astyage,
et de couronner le petit-fils de ce prince.

Ce caractère d'Harpage répand de l'obscurité
sur l'ouvrage, et son ton mystérieux n'intéresse
point. Astyage lui avait pardonné son artifice; on
n'aime point à voir le même guerrier abuser encore le monarque, et lui peindre comme un banni
le successeur qu'il tient prêt à paraître. Cette dis-
simulation tient de la perfidie. Les Dieux appellent

Cyrus, mais est-ce du vivant d'Astyage? A cet égard, les oracles sont muets, et Memnon est sans voix. Tout serait justifié peut-être, si l'auteur eût donné au caractère d'Astyage la couleur décidée que l'intérêt semblait commander, si Astyage eût été inflexible dans sa sévérité, dans sa haine, s'il n'eût point pardonné. Cela est si vrai, que Mandane, au cinquième acte, dit que *ses larmes auraient pu tout réconcilier*, et le dit au grand-prêtre, qui lui tient à-peu-près le discours par lequel Joad ranime le courage de Josabeth.

Cet ouvrage peut donc être reprochable sous le rapport du plan, de la conduite, et du défaut de liaison de quelques scènes; mais on en aurait une idée bien fausse, si l'on croyait que l'on n'y trouve pas l'empreinte d'un grand talent et le cachet d'un génie tragique. Le style est partout remarquable par son élévation, son abondance, sa pompe et sa couleur locale. Cet ouvrage compte une foule de vers et de nombreuses tirades qui ne seraient point désavouées par les maîtres de l'art; seulement la nature du sujet et le lieu de la scène ont entraîné l'auteur à quelques répétitions, à l'emploi des mêmes figures, et à quelque prodigalité de sentences et de préceptes : le rôle de Mandane, écrit avec force, tombe quelquefois dans la déclamation, et fait languir des scènes que l'amour maternel devrait seul animer. Le rôle de Cyrus est aussi bien tracé que bien écrit ; il est toujours noble, généreux, intéressant : celui d'Astyage est trop complètement sacrifié, pour que son style puisse être particulièrement caractérisé : Memnon a bien l'accent prophétique qui convient à son auguste ministère.

Parmi les tirades qui ont été le plus vivement applaudies, on doit remarquer la poétique invocation au dieu des Persans, les vœux que Cyrus exprime au nom du peuple, l'imitation de la prophétie de Daniel mise dans la bouche de Memnon, la peinture du règne d'Astyage,

> Craintif et sanguinaire,
> Ignoré dans les camps où l'on meurt pour lui plaire ;

les refus d'Élénor aux ordres d'Astyage, le récit du combat d'Élénor contre le Scythe, dont Élénor décrit ainsi la fin :

> Il tombe, fier encore, avide encor de gloire ;
> Ses regards expirans menaçaient ma victoire.

Enfin le récit de Mitradate.

CYRUS.

PERSONNAGES.

___

CYRUS, appelé d'abord Élénor.

ASTYAGE, roi des Mèdes et des Persans.

MANDANE, fille d'Astyage et mère de Cyrus.

HARPAGE, général de l'empire.

MEMNON, grand-prêtre du temple du Soleil.

MITRADATE, pasteur.

MAGES.

SATRAPES.

GUERRIERS.

PEUPLE.

GARDES d'Astyage.

La scène est à Ecbatane, dans le temple du Soleil.

CYRUS,

TRAGÉDIE.

ACTE PREMIER.

SCÈNE PREMIÈRE.

MANDANE, MEMNON.

MEMNON.

O fille d'Astyage! est-ce vous que je vois,
Quand tout sommeille encor dans le palais des rois,
Aux bords de l'Orient quand le mage contemple
Les premiers traits du dieu qu'on adore en ce temple!
Sa fête, après cent ans, plus brillante en ce jour,
Dans les murs d'Ecbatane est enfin de retour;
Fête à jamais auguste, époque fortunée,
Qui renouvelle ensemble et le siècle et l'année.
Son éclat solennel va redoubler encor:
Ici même aujourd'hui cet heureux Élénor
Qui, des mers d'Hircanie aux monts de la Taurique,
Renversa les remparts dans sa course héroïque,

Doit offrir les drapeaux des Scythes révoltés,
Subjugués mille fois et toujours indomptés.
Vous, en qui cependant tant de grâce respire,
Dont la vertu modeste embellit cet empire,
Et que le suppliant nomme aux Dieux protecteurs
Dans sa reconnaissance et jamais dans ses pleurs,
Seule aux gémissemens vous semblez condamnée!
En faisant des heureux, Mandane infortunée,
Près du trône éclatant où son père est assis,
Lève au ciel des regards de larmes obscurcis.

MANDANE.

Je n'aurais point, Memnon, l'infortune en partage,
Si j'étais seulement la fille d'Astyage;
Mais, veuve de Cambyse et mère de Cyrus,
Je fatigue le ciel de vœux mal entendus.
Qu'est-elle donc pour moi cette pompeuse fête,
Quand Cyrus est proscrit, quand je crains pour sa tête?
Que sont-ils ces drapeaux par un autre conquis,
Ce héros si vanté, mais qui n'est point mon fils?
Ah! les jours de Cyrus abreuvés d'amertume,
C'est là ce qui m'agite et ce qui me consume;
C'est là, durant la nuit, ce qui rouvre mes yeux;
Et quand l'astre divin qu'on adore en ces lieux
Répand ses feux naissans et nous éclaire à peine,
En son temple aujourd'hui c'est là ce qui m'amène.
Interprète sacré de cette auguste loi,
Que jadis le prophète et le pontife roi,
Zoroastre, apportait aux peuples d'Assyrie,

Du sommet enflammé des monts de la Bactrie,
Mandane vous implore après les immortels:
Intéressez pour moi le pouvoir des autels;
Si ma douleur stérile importune Astyage,
Faites tonner ces Dieux qu'il craint, et qu'il outrage;
Sauvez mon fils des mains prêtes à l'immoler,
Et tarissez les pleurs que vous voyez couler.

MEMNON.

Que n'ai-je point tenté! Souvent à votre père
J'ai du ciel équitable annoncé la colère;
En vain j'ai combattu des rêves imposteurs;
Astyage peut tout: il lui faut des flatteurs.
Un songe, quel motif pour ordonner le crime!
Jadis en votre sein lui marquait sa victime:
Votre malheureux fils, même avant d'être né,
Était par son aïeul à périr condamné.
J'ignore avec quel art l'humanité d'Harpage
Du soupçonneux monarque a pu tromper la rage;
Mais Cyrus fut prédit à nos premiers aïeux:
Il vit; il doit régner: il est chéri des Dieux.

MANDANE.

Quel affreux souvenir en mon cœur se réveille!
Hélas! pourquoi faut-il offrir à votre oreille
Du pouvoir absolu les décrets insensés,
Et les malheurs d'un fils avant lui commencés?
Qui causa ces malheurs? De frivoles mensonges.
Le roi, vous le savez, menacé par des songes,
Prétendit vainement lutter contre le sort;

De Cyrus qui naissait il ordonna la mort:
On remit cet enfant, né pour le rang suprême,
Entre les mains d'Harpage, allié du roi même;
Un trône fut promis à sa fidélité:
Il aima mieux l'honneur qu'un trône ensanglanté;
En feignant d'obéir, il sauva la victime:
Ainsi le vrai courage est toujours magnanime.
Mitradate, un pasteur, fut l'instrument heureux
Qui fit seul réussir ce complot généreux.
Son fils mort en naissant colora l'imposture:
Au milieu des forêts laissé sans sépulture,
Des langes de Cyrus il fut enveloppé,
Porté par Mitradate au monarque trompé,
Et déposé bientôt dans ces monumens sombres
Où des aïeux du prince on révère les ombres.
Mais le fils d'un héros, le petit-fils d'un roi,
Loin de son oppresseur, hélas! et loin de moi,
Trop heureux cependant d'ignorer sa naissance,
A vu sous la chaumière élever son enfance,
N'ayant d'autre soutien contre l'adversité,
Que les regards des Dieux et son obscurité.

MEMNON.

O prodige où du ciel éclate la puissance!
Toutefois de Cyrus on apprit l'existence:
Le secret transpira; mais qui l'a dévoilé?

MANDANE.

Harpage: Au roi lui-même il a tout révélé.
Rappelez-vous l'époque et de deuil et de gloire,

Où périt mon époux au sein de la victoire.

Les camps, le peuple entier, tout déplora sa mort;

Le roi même donna des larmes à son sort;

Et, soit pour consoler une épouse, une mère,

Soit, quelque temps ému d'un repentir sincère,

Dans sa cour, à l'aspect des guerriers attendris,

Il maudit sa frayeur, et parla de mon fils.

Harpage osa tout dire: il s'égara peut-être;

Et la frayeur rentra dans le cœur de son maître.

Harpage, cependant, nécessaire à l'État,

Unissait les vertus d'un chef et d'un soldat;

Désigné par Cambyse et par la renommée,

Sur les bords de l'Araxe il rallia l'armée:

Mais le roi fit chercher Mitradate et Cyrus;

Des champs qu'ils habitaient ils étaient disparus.

MEMNON.

Et sur eux maintenant il n'est aucun indice?

MANDANE.

C'est peut-être un hasard, peut-être un artifice:

A la fois répandus, mille bruits incertains

Depuis plus de trois ans, ont voilé leurs destins.

On a cru voir, dit-on, Cyrus et Mitradate

Auprès de Babylone, aux rives de l'Euphrate:

Là, parmi les tribus des enfans d'Israël;

Ici, dans les forêts de l'antique Ismaël;

Tantôt sur les hauteurs des monts de l'Arménie;

Tantôt non loin des mers qui bordent l'Hircanie;

Même aux lieux où le Scythe, au fond de ses déserts,

Brave un ciel inflexible et d'éternels hivers.
Triste sort d'un héros! cherchant d'humbles asiles,
Assailli de dangers à l'empire inutiles,
Hélas! dès le berceau, faible enfant délaissé,
Qu'un regard maternel n'a jamais caressé,
Celui qui doit un jour ceindre vingt diadêmes,
Cet envoyé des Dieux, annoncé par eux-mêmes,
Caché de bords en bords, fugitif, inconnu...

MEMNON.

Cyrus n'est point caché, puisque les Dieux l'ont vu.
Quel climat, quel désert, quel antre le recèle,
Où ne pénètre point la lumière éternelle?
L'astre dont la puissance étincelle à nos yeux
Sur les jours de Cyrus veillait du haut des cieux :
Sans dissiper la nuit qui voile sa naissance,
Il éclairait sa course, échauffait sa vaillance,
Jetait l'aveuglement sur ses persécuteurs,
Et répandait sur lui ses rayons protecteurs.

MANDANE.

Je me livre avec joie à ces douces pensées.

MEMNON.

Bientôt, quand du soleil les fêtes commencées
Rassembleront le peuple et les grands et le roi,
Courbés devant l'autel avec un saint effroi,
Selon l'usage admis dans le jour séculaire,
Je dois à tous les yeux ouvrir le sanctuaire,
Interroger le ciel en ces livres sacrés,
Au divin Zoroastre autrefois inspirés :

Là de votre Cyrus vous verrez l'existence,
Sa gloire et les destins du siècle qui commence.

MANDANE.

O momens souhaités! Et qu'il me tarde encor
De parler de mon fils à ce jeune Élénor!
Ah! j'aime à pressentir, je me flatte peut-être,
Qu'au fond de la Scythie il a dû le connaître.
Qui sait même...? A Cyrus accordant son appui,
Il peut... Harpage vient: je vous laisse avec lui:
En vous quittant, Memnon, je ressens moins d'alarmes;
Comme si, plus propice, et vaincu par mes larmes,
Pour soulager mon cœur, si long-temps désolé,
Du fond du sanctuaire un Dieu m'avait parlé.

(Elle sort.)

SCÈNE II.

MEMNON, HARPAGE.

HARPAGE.

O vous, pontife saint que l'Orient révère,
Qui savez dire aux rois la vérité sévère,
Et jamais, caressant les abus du pouvoir,
N'avez flatté l'empire, et vendu l'encensoir!
Si je viens, près de vous, dans la même journée
Où d'un siècle nouveau s'ouvre la destinée,
Et dans le même temple où la fille des rois
De ses longues douleurs a déposé le poids,

Un intérêt puissant pour elle et pour l'empire
M'ordonne de parler, me dirige et m'inspire.
Je vous connais; mon cœur va s'ouvrir devant vous:
Un héros dans ces lieux nous fut promis à tous;
Un roi le persécute; un empire l'implore:
Des promesses du ciel on se souvient encore;
On hait et l'on méprise un fantôme de roi
Qui craint, et qui se venge en répandant l'effroi.
Si du jeune Élénor j'ai guidé la vaillance,
Élénor avec moi sera d'intelligence:
Les guerriers à regret courbent un front soumis;
D'Astyage abusé les fragiles amis,
Aujourd'hui dans sa cour plus rampans que fidèles,
S'il vient à chanceler, demain seront rebelles:
On les verra toujours sur les pas du pouvoir,
Et c'est leur intérêt qu'ils nomment leur devoir:
Mais Cyrus obtiendra de plus dignes hommages.
Qu'en pensez-vous, pontife, et qu'attendre des mages?

MEMNON.

L'obéissance aux Dieux et des vœux pour Cyrus.

HARPAGE.

Des vœux? Eh quoi, Memnon, vous n'avez rien de plus!
Quand des rois indolens déshonorent l'empire,
Contre eux-mêmes bientôt leur faiblesse conspire.
Bélus, aimé des siens et partout respecté,
Fut puissant par le glaive et grand par l'équité;
Ninus, Sémiramis, égalant son courage,
De ce roi fondateur ont cimenté l'ouvrage;

Mais les fils de Ninus et de Sémiramis,
Plus craints de leurs sujets que de leurs ennemis,
Dans les bras du sommeil attendaient leur couronne,
Et du sein des plaisirs opprimaient Bâbylone.
Leur joug avilissait ce peuple généreux;
Il fallait un héros qui vînt régner pour eux,
Et qui, purifiant leur puissance flétrie,
Rajeunît les destins de l'antique Assyrie.
Déjocès eut l'honneur de rétablir nos droits;
Cyaxare après lui nous a soumis des rois;
Mais Astyage, enfin, craintif et sānguinaire,
Ignoré dans les camps où l'on meurt pour lui plaire,
Fatiguant les autels d'un encens odieux,
Par un vœu parricide ose outrager les Dieux.
Sous leur volonté sainte il est temps qu'il s'abaisse:
De ces Dieux protecteurs acquittant la promesse,
Le héros tant prédit bientôt va se montrer,
Et d'un joug oppresseur il vient nous délivrer.

MEMNON.

Quels jours sont plus brillans? quelle époque est plus belle?
Qu'il vienne; qu'il paraisse; il verra notre zèle:
Des célestes décrets les mages sont garans;
Ils n'ont jamais chéri ces despotes tremblans,
Qui, fermant leurs palais, au peuple inaccessibles,
Règnent sans gouverner, idoles invisibles,
Et, cachés sur un trône, y sommeillent en paix,
Inconnus à la gloire autant qu'à leurs sujets.
Si vous n'écoutez pas une vaine espérance,

Si nous voyons Cyrus, ayez-en l'assurance,
Unis à vos guerriers, tous les mages contens
Éliront le monarque attendu si long-temps.
C'est lui qui fut promis, lui qu'on doit reconnaître;
Lui: tout autre guerrier, quelque grand qu'il puisse être,
Tentera vainement notre fidélité;
Par le ciel en courroux il sera rejeté.
Qu'Élénor avec vous partage la victoire;
Mais si, pour les grandeurs abandonnant la gloire,
Il aspirait lui-même au trône de nos rois,
Un revers éclatant flétrirait ses exploits:
Cyrus appartient seul aux destins de l'Asie,
Et sa tête proscrite est la tête choisie.

HARPAGE.

Voilà les sentimens que j'attendais de vous,
Que j'ai toujours gardés, que nous partageons tous.
Sur le jeune Élénor soyez sans défiance;
Il n'a pas du pouvoir l'orgueilleuse espérance;
Son âme franche et pure est ouverte à mes yeux;
C'est de gloire, Memnon, qu'il est ambitieux.
Suivi de quelques chefs et loin de ses cohortes,
Appelé dans ces lieux, lui-même est à nos portes;
Tandis qu'au nom du roi je vais le recevoir,
Vous, Memnon, remplissant un auguste devoir,
Allez vous réunir à la tribu des mages;
Réservez à Cyrus d'unanimes hommages:
Puisqu'il lui fut donné de régner à son tour,
Qu'il montre aux nations l'équité de retour;

Favori des destins, qu'il soit digne de l'être;
Des Mèdes, des Persans, le père et non le maître,
Qu'en s'appuyant du peuple il lui serve d'appui:
Qu'il règne par la loi; qu'elle règne sur lui.

ACTE II.

SCÈNE PREMIÈRE.

ASTYAGE, MANDANE, HARPAGE, SATRAPES, PEUPLE.

ASTYAGE.

Le ciel, en ramenant cette fête sacrée,
Qu'avant moi cet empire a dix fois célébrée,
Sans changer l'univers renouvelle les temps.
Dans l'âge qui n'est plus j'ai régné quarante ans;
Contre les factions soigneux de me défendre,
J'ai répandu des pleurs, et j'en ai fait répandre;
Nourrissant chaque jour les soucis inquiets,
Ignorés sous le chaume, habitans des palais.
Puissent nos vœux ardens trouver les Dieux propices!
Puisse un siècle nouveau, sous de plus doux auspices,
S'ouvrir en protégeant et ce peuple et son roi,
Et vaincre les destins conjurés contre moi!

MANDANE.

Ah! mon père! entouré d'éclat et de puissance,
Pouvez-vous des destins accuser l'inclémence?

Offrez un encens pur et d'équitables vœux.
En semant le bonheur un monarque est heureux;
Non, s'il est isolé dans sa grandeur suprême:
Celui qui n'aime rien n'est point aimé lui-même.

HARPAGE.

Élénor, précédant ses principaux guerriers,
Seigneur, vient sur l'autel déposer ses lauriers.

MANDANE.

Ah! j'éprouve à la fois l'espérance et la crainte.

ASTYAGE.

Qu'il paraisse: abordons la redoutable enceinte
Qui, des prêtres du temple ordinaire séjour,
Au reste des humains ne s'ouvre qu'en ce jour.

SCÈNE II.

ASTYAGE, MANDANE, MEMNON, ÉLÉNOR, HARPAGE, MAGES, SATRAPES, GUERRIERS, PEUPLE.

(Le sanctuaire s'ouvre. Les mages entourent l'autel du Soleil, où est allumé le feu sacré.)

MEMNON.

Ame de l'Univers que tes feux renouvellent,
Dieu qui nourris la terre et que les cieux révèlent,
Dieu qui produis sans cesse, et ne fus point produit,
Tu brilles par toi-même; et, quand la sombre nuit
Sur l'horizon paisible a déployé ses voiles,

C'est toi qui luis encor sur le front des étoiles,
Et, ramenant le jour aux bords de l'Orient,
Renais toujours le même et toujours différent!
La jeunesse éternelle et l'éternel empire
N'appartiennent qu'à toi: tout naît, vieillit, expire;
Et, tandis que tu vois les siècles entassés
Couler comme les flots l'un par l'autre poussés,
Tu restes immobile en ces bruyans naufrages,
Éclairant les débris des peuples et des âges.
Si les Assyriens, les Mèdes, les Persans,
A tes pieds réunis, te prodiguent l'encens,
Par les lois, par les mœurs, tempère la puissance;
Et que, béni par toi, le siècle qui commence
Puisse, disciple heureux des temps qui ne sont plus,
Éviter leurs erreurs, surpasser leurs vertus.

ASTYAGE.

Élénor, approchez.

MANDANE.

D'où vient mon trouble extrême?

ÉLÉNOR.

Grand roi, princesse auguste, et pontife suprême,
Et vous tous, réunis au sein des mêmes lieux
Où jadis Zoroastre assembla nos aïeux,
Quand il leur enseigna cette loi révérée
Qui doit du soleil même égaler la durée,
Le ciel nous protégea: rendons grâces au ciel.
Vous, guerriers, dans ce temple, au pied de cet autel
Déployez, suspendez, de vos mains triomphantes,

Ces étendards poudreux, ces enseignes sanglantes;
Offrez ces boucliers, ces flèches, ces carquois;
Présentez ces trésors entassés par des rois;
Que tout soit au monarque, à l'empire, à l'armée:
Mais voici la dépouille, autrefois renommée,
D'un chef audacieux qui tomba sous mes coups;
Bien que j'ai seul conquis, et dont je suis jaloux.

ASTYAGE.

Qui donc, vous excepté, qui pourrait y prétendre?
Il est de plus hauts prix que vous devez attendre.
Et vous, fille des rois, que nos solennités
Consolent un moment vos regards attristés;
Honorez le vainqueur, en cette auguste fête,
Et donnez-lui ce fer devenu sa conquête.

ÉLÉNOR.

Ah! ce glaive à ses yeux est un objet d'effroi.
Ce glaive, il fut long-temps...

MANDANE.

                                A qui? donnez-le moi.

Cambyse! ô ciel!

ÉLÉNOR.

                    Cambyse illustra cette épée:
Aux bords du Thermodon sa valeur fut trompée;
J'ai cherché son vainqueur, et je l'ai combattu;
J'ai nommé votre époux, et son ombre a vaincu.
C'est le dernier exploit qu'ait tenté ma jeunesse.

MANDANE.

Il a vengé Cambyse! ô douleur, ô tendresse!

Mais Cyrus... ah! pardonne au trouble de mon cœur,
Cher Cambyse! et c'est vous, vous qu'il eut pour vengeur!

HARPAGE.

C'est lui.

MANDANE.

Jeune héros, je vous rendrai ces armes,
Mais je vous les rendrai couvertes de mes larmes.
Parure d'un époux si tendrement aimé!
Le voilà donc ce fer, à vaincre accoutumé,
Qui n'a pu de la mort préserver sa vaillance!
Ce fer, dont je l'armai dans une autre espérance,
Lorsqu'à ce même autel, témoin de ses adieux,
Pour Mandane et Cyrus il invoquait les Dieux!
Vous devez, Élénor, ce glaive à la victoire:
Dans les mains de Cambyse il a connu la gloire;
Il aurait dû passer dans les mains de son fils;
Mais il vous appartient, mais vous l'avez conquis.
Ah! du moins, en portant cette armure sacrée,
Ah! n'oubliez jamais que Mandane éplorée,
Une veuve, une mère, a fait, dans sa douleur,
Des vœux pour votre gloire et pour votre bonheur.

ÉLÉNOR.

Oui, j'en fais le serment; et je vous jure encore,
Par cet autel sacré, par ce fer qui m'honore,
Par vous, par vos malheurs, par votre auguste époux,
De verser tout mon sang pour l'empire et pour vous.

ASTYAGE.

Digne appui de mon trône, espoir d'un nouvel âge,

Le ciel même a guidé votre jeune courage;
Seul, en faveur de tous, vous pourrez obtenir
Des signes fortunés, garans de l'avenir.
Ne souillons pas l'autel par le sang des victimes;
Mêlons à notre encens des souhaits magnanimes:
Présentez-les aux Dieux; les Dieux seront calmés.

ÉLÉNOR.

Par le pontife roi feux jadis allumés,
Feux qui, de notre Asie attestant les hommages,
Brûlez incessamment, conservés par les mages,
Emblême des rayons de cet astre divin
Qui n'eut point d'origine et n'aura point de fin;
Que le siècle naissant soit pur comme vous-mêmes;
Que, respectant des lois les volontés suprêmes,
Le prince ait des amis plutôt que des sujets;
Sans craindre les combats, qu'il chérisse la paix;
Que les pleurs des vaincus désarment sa victoire:
Qu'il aime le mérite, et permette la gloire;
L'estimer dans autrui, c'est déjà l'obtenir:
Prompt à récompenser, qu'il soit lent à punir!
Tels sont les vœux publics; j'ose les faire entendre:
Puisse, avec eux, l'encens que ma main va répandre
Monter jusqu'au séjour rayonnant de clarté
Où règne, au sein des Dieux, l'éternelle équité!

MEMNON.

Vos souhaits sont remplis, et jamais sacrifice
N'obtint des immortels un plus heureux auspice.

MANDANE.

Le ciel exaucera des vœux dignes de lui.

MEMNON.

Roi, princesse, guerriers, peuple, c'est aujourd'hui
Que va s'ouvrir pour vous le livre prophétique
Inspiré par le ciel à la sagesse antique.
D'un illustre destin le cours est commencé.
Quel sort, jeune héros à la terre annoncé,
Te cache aux nations qui déjà t'ont vu naître?
Les temps sont arrivés; tu viens; tu vas paraître.
Ton nom sera Cyrus.

ASTYAGE.

O ciel!

MANDANE.

O mon cher fils!

MEMNON.

J'abaisserai le front de tes fiers ennemis,
A dit le Dieu vivant: pour toi, ma main guerrière
Rompt des portes d'airain l'impuissante barrière;
Les rois, à ton nom seul, ont reculé d'effroi:
Mon souffle t'accompagne et marche devant toi.
Tes lois dans Israël font cesser l'esclavage;
Tyr abaisse à tes pieds l'orgueil de son rivage;
Tu brises son trident, qu'accusait l'Univers,
Et tes vaisseaux vengeurs délivrent les deux mers.
Aucun ne doit en vain, dans ton empire immense,
Invoquer ta justice et même ta clémence;
Mille autres ont vaincu: tu sauras gouverner,

Et, pour régner en tout, tu sauras pardonner.
Viens, commande à ce prix : ce sont là mes oracles ;
J'ai préparé ta voie, et de nombreux obstacles
N'auront fait que t'ouvrir un plus large chemin,
Puisque le Dieu des Dieux te conduit par la main.

MANDANE.

O brillant avenir !

ASTYAGE.

O destin qui m'accable !

MEMNON.

Mages, fermez du Dieu l'enceinte redoutable ;
Et dans le sanctuaire, à ses pieds, renfermés,
Offrons-lui, sans témoins, nos vœux accoutumés.

(Il sort avec les mages.)

SCÈNE III.

ASTYAGE, MANDANE, ÉLÉNOR, HARPAGE,
SATRAPES, GUERRIERS, PEUPLE.

ASTYAGE.

Harpage, c'en est fait ; ma perte se prépare.

HARPAGE.

A ce nom d'un banni quel trouble vous égare ?

ASTYAGE.

Que ne suis-je un banni par les Dieux protégé !

HARPAGE.

Quel est votre dessein ?

ASTYAGE.

Je n'en ai point changé.

MANDANE.

Ah! seigneur, désarmez cet œil sombre et sévère.

ASTYAGE.

Hélas!

MANDANE.

Cyrus et moi n'avons-nous plus de père?

ASTYAGE.

Que peut-il vous manquer quand vous avez les cieux?
Allez, ma fille: et vous, demeurez en ces lieux,
Jeune et brave guerrier, soutien de cet empire.

MANDANE.

Quel est donc ce mystère? à peine je respire.
Vos vertus, Élénor, dissipent mon effroi.
Craignez les Dieux, mon père; Harpage, écoutez-moi.

(Elle sort avec Harpage, les satrapes, les guerriers, et le peuple.)

SCÈNE IV.

ÉLÉNOR, ASTYAGE.

ÉLÉNOR.

Ah! seigneur, pour un fils ses pleurs vous sollicitent;
Quand les Dieux ont parlé, quelles frayeurs l'agitent?
Vous voyez dans Cyrus un prince aimé du ciel.

ASTYAGE.

Je ne vois dans Cyrus qu'un ennemi mortel.

ÉLÉNOR.

Qu'entends-je ? On le disait, seigneur, et votre gloire
M'avait, jusqu'à ce jour, interdit de le croire.

ASTYAGE.

N'ai-je donc pas le droit d'arrêter dans son cours
Un destin qui menace et mon trône et mes jours?
Nuisible en sa naissance, il est temps qu'il finisse.

ÉLÉNOR.

Les Dieux même n'ont pas le droit de l'injustice :
De verser des bienfaits se faisant un devoir,
Ils ont, par leur bonté, limité leur pouvoir.

ASTYAGE.

Leur bonté ne va point jusqu'à souffrir l'outrage :
L'autorité des rois est aussi leur ouvrage :
Lorsqu'au nom de ces Dieux on ose la braver,
Le devoir des sujets est de la conserver :
C'est le vôtre, Élénor; un maître vous confie
Le soin de son empire et même de sa vie.
Chez les Scythes caché, Cyrus est leur soutien ;
Vous fûtes leur vainqueur, soyez encor le sien.
Il est temps; prévenez son dessein parricide ;
Entre Élénor et lui que le glaive décide :
Allez, courez, servez un trop juste courroux.

ÉLÉNOR.

Qui? moi! contre Cyrus! que me proposez-vous?

ASTYAGE.

De la gloire, un combat, quelques dangers peut-être,
L'honneur de garantir les jours de votre maître.

Écoutez. De ce trône affermi par vos mains
Cyrus, en succombant, vous ouvre les chemins;
Et, pour un tel service, une telle assurance
Peut d'un soldat fidèle étonner l'espérance.

ÉLÉNOR.

Dans vos offres, seigneur, rien ne peut m'étonner,
Hormis l'indigne emploi que vous m'osez donner.
Un soldat, votre aïeul, régénéra l'empire:
Si ce n'est pas un trône où ma valeur aspire,
J'ose au moins me flatter de l'espoir glorieux
Qu'un jour mes descendans nommeront leurs aïeux.
Laissez-leur, puisqu'enfin ma gloire est leur partage,
Recueillir tout entier cet unique héritage.
Cyrus vous appartient, vous l'avez délaissé:
Permettez-lui de vivre en un désert glacé.
Même hors des confins de cet empire immense,
N'est-il pas un asile où le pardon commence?
Que dis-je? espérez-vous un plus grand héritier?
Ah! mon devoir serait de me sacrifier,
De vous garder Cyrus, en mourant sa victime.
Oui, périsse Élénor, mais non souillé d'un crime!
Mon nom, par cent héros quelquefois prononcé,
Serait chéri par eux, et par eux surpassé.
Mais, jetés sur la terre à de longs intervalles,
Où sont-ils ces mortels dont les âmes royales
Aiment les sages lois, en respectent le frein,
Et se font pardonner le pouvoir souverain?

ASTYAGE.

Il doit être chéri quand il est légitime,
Et jamais excusé s'il appartient au crime.
Mais, où peut parvenir, en respectant les lois,
Ce roi, ce conquérant sans trône et sans exploits,
Ou plutôt ce banni, privé même d'un père,
Et qui n'a d'autre bien que les pleurs de sa mère?

ÉLÉNOR.

Cyrus est agrandi par son adversité;
Et, fût-il orphelin, les Dieux l'ont adopté.

ASTYAGE.

Qui le sait? qui dira si le fils de Cambyse
Est Cyrus, dont la gloire à l'Asie est promise?

ÉLÉNOR.

S'il ne l'est pas, des Dieux il n'aura point l'appui:
S'il l'est, que pouvez-vous contre les Dieux et lui?

ASTYAGE.

C'est ainsi qu'outrageant les droits du diadême,
Vous pesez devant moi ma volonté suprême!
Seul, je dois commander; c'est à vous d'obéir,
D'exécuter mes lois, de vaincre et de punir.

ÉLÉNOR.

Vos ennemis.

ASTYAGE.

        Cyrus.

ÉLÉNOR.

            Eh quoi! votre famille?

Votre héritier?

ASTYAGE.

Jamais.

ÉLÉNOR.

Le fils de votre fille?

ASTYAGE.

Lui-même.

ÉLÉNOR.

Avec ce fer, qu'illustra son époux,
Qu'après l'avoir conquis je tiens d'elle et de vous?

ASTYAGE.

D'elle, mais par mon ordre, et de moi pour défendre
Un trône où quelque jour vous auriez pu prétendre.
Avant vous, renommé dans le champ des combats,
Cambyse avec honneur y reçut le trépas.
Sa fortune sous moi fut toujours florissante,
Utile à mon empire et non pas menaçante;
Et ce fer, redoutable à tous mes ennemis,
Par Cambyse illustré, peut combattre son fils.
Allez, et, rassurant ma puissance alarmée...

ÉLÉNOR.

Le combattre! eh! seigneur, où donc est son armée?
Où donc est-il? Du glaive implorant le secours,
Tout son camp révolté menace-t-il vos jours?
Vous régnez; et Cyrus malheureux, mais fidèle,
Caché loin de ce trône, où son destin l'appelle,
Espérant des Dieux seuls un avenir plus doux,
Fait des vœux pour sa mère et peut-être pour vous.
Et moi, vous trahissant par mon obéissance,

J'irais... Vous n'avez point cette horrible espérance;

Non, vous me puniriez si j'osais vous servir.

Quand par un tel exploit je pourrais me flétrir,

Triompher de Cyrus, du ciel qui le protége,

Où traîner désormais ma gloire sacrilége?

J'aurais vaincu Cyrus, mais non pas le remord.

Et que dirait Mandane en apprenant sa mort?

Mandane! elle en mourrait. Songez-vous qu'elle est mère?

Elle en mourrait, seigneur, dans les bras de son père:

Martyr infortuné du pouvoir absolu,

Vous seriez seul au monde, et vous l'auriez voulu!

ASTYAGE.

Je n'aurais point compté sur tant de résistance.

Il suffit. Un héros qui brave ma puissance,

Comme ennemi du trône ose se déclarer;

Et ménager Cyrus, c'est déja conspirer.

Adieu; sans votre appui je calmerai l'empire.

Vous avez mon secret; craignez qu'il ne transpire

Même au sein du triomphe et parmi vos guerriers,

Mon courroux peut encore atteindre vos lauriers.

(Il sort.)

SCÈNE V.

ÉLÉNOR, HARPAGE.

HARPAGE.

Venez; un peuple ému par la reconnaissance,

Du héros, son appui, demande la présence.

Lui seul donne la gloire. Offrez-vous à ses yeux;
Et, ce devoir rempli, revenez dans ces lieux,
Où la fille du roi va bientôt vous attendre;
Elle veut, en secret, vous voir et vous entendre:
Avec l'empire entier vous savez ses chagrins.

ÉLÉNOR.

La mère de Cyrus? Hélas! que je la plains!
Qu'elle a droit de pleurer! Noble et vaillant Harpage,
Sous vous, de la vertu j'ai fait l'apprentissage.
Quand fuirai-je avec vous ce dangereux séjour?

HARPAGE.

Votre âme est insensible aux pompes de la cour!
Ah! puisqu'à vos regards ses jeux n'ont point de charmes,
Ensemble, s'il le faut, nous reprendrons les armes.
Je vous suivrai partout, jeune élève des Dieux.
Ce sont eux qui, sur vous veillant du haut des cieux,
D'un triomphe éternel ont semé votre route.
Ah! seigneur... Élénor, ces mêmes Dieux sans doute,
Au moment du péril vous prêtant leur soutien,
Consommeront bientôt leur ouvrage et le mien.

ÉLÉNOR.

Puissent-ils de Cyrus finir les infortunes!
Mais que me parlez-vous de pompes importunes?
Nourri dans les forêts et parmi les pasteurs,
Que me font d'une cour les charmes imposteurs?
Ah! montrons-nous au peuple, et voyons la princesse;
Mais bientôt dans les camps ramenez ma jeunesse;
Fuyons loin de ces lieux, à mon cœur étrangers;

Rendez-moi mes travaux, mes combats, mes dangers;
Et, si même des camps la franchise est bannie,
S'il y faut respirer l'air de la tyrannie,
Dans le fond des déserts cherchons la liberté,
Et restons vertueux avec impunité.   .

ACTE III.

SCÈNE PREMIÈRE.

MANDANE, HARPAGE.

MANDANE.

Oui, sans doute, Élénor est votre heureux ouvrage;
Il unit comme vous la franchise au courage.
De quelle noble ardeur ses traits sont animés!
Avez-vous entendu les vœux qu'il a formés?
Il doit aimer Cyrus puisqu'il est magnanime.
Le vainqueur de Cambyse est tombé sa victime.
Jamais de tant d'espoir mon cœur ne s'est flatté.

HARPAGE.

Par l'hommage public un moment arrêté,
Embelli des lauriers qui parent sa jeunesse,
D'une gloire sans tache il jouit sans ivresse.
Élénor va venir; vous pourrez tout sur lui:
Un jour peut-être, un jour il sera votre appui.

MANDANE.

Il va venir! Qu'il tarde à mon impatience!
Des destins de Cyrus aura-t-il connaissance?

Il vengea mon époux. S'il avait vu mon fils,
Si, tous deux par le ciel l'un de l'autre avertis,
Tous deux pleins du respect que la valeur inspire...

HARPAGE.

Ah! princesse, pour vous, pour eux, pour tout l'empire,
Je désire plutôt que les Dieux immortels
Voilent encor Cyrus même aux yeux maternels;
Astre paisible et pur, que, du sein des nuages,
Radieux il s'élance, et calme les orages.
Mais plus nous approchons du moment fortuné,
Plus je vois de périls Cyrus environné.
Hélas! je crains pour lui jusqu'à votre tendresse.
On vient. C'est Élénor: avec lui je vous laisse.

(Il sort.)

SCÈNE II.

MANDANE, ÉLÉNOR.

MANDANE.

Le voici: quel aspect! que mon cœur est ému!

ÉLÉNOR.

O veuve d'un héros, vous, de qui la vertu,
Aux Dieux obéissante, aux malheureux propice,
Devrait fléchir du sort la trop longue injustice!
Disposez d'un guerrier qui vous sera soumis:
Par quel bienfait peut-il, auprès de vous admis,
Vous présenter ses vœux et sa reconnaissance?

MANDANE.

Il suffit des lauriers cueillis par sa vaillance.
L'État vous doit beaucoup; je vous dois plus encor.
Je suis mère. Écoutez, généreux Élénor:
Si l'Araxe autrefois vous a vu sur sa rive
De Cambyse immolé venger l'ombre plaintive;
Au nom de mon époux, que son fils et le mien
Dans l'appui de l'État trouve encore un soutien.

ÉLÉNOR.

Lui! non pas un soutien, mais un soldat fidèle,
Les héros dont il sort, le sceptre qui l'appelle,
La terre qui l'attend, les Dieux qui l'ont promis,
Voilà sur quels soutiens doit compter votre fils.

MANDANE.

Ah! combien ce langage est doux pour une mère!
Mais quoi! durant le cours d'un destin si prospère,
Aux lieux qu'en triomphant vous avez parcourus,
La fortune à vos yeux n'a pas montré Cyrus?

ÉLÉNOR.

Jamais.

MANDANE.

   Jamais!

ÉLÉNOR.

        Partout on me parlait sans cesse
De sa gloire future et de votre tendresse,
De ses malheurs si longs et si peu mérités,
Des pleurs qu'il doit répandre, et qu'il vous a coûtés.

MANDANE.

Devant vous un moment s'il avait pu paraître,

Et ses pleurs et les miens seraient séchés peut-être.
Oui, le cœur d'un héros est sans peine attendri :
Vous aimeriez Cyrus, vous en seriez chéri ;
Tous deux nés pour la gloire, et tous deux dans cet âge
Où la vertu facile embellit le courage,
Tous deux chargés du soin d'illustrer l'avenir,
Que de liens sacrés qui devaient vous unir !
Mais le ciel entre vous mit quelque différence :
Vous avez les honneurs ; Cyrus a l'espérance :
Le sort, juste une fois, a comblé tous vos vœux ;
Et Cyrus est errant, Cyrus est malheureux !

ÉLÉNOR.

Son âme est à l'épreuve ; elle en sera plus pure :
Trop souvent la puissance est insensible et dure :
Les bons rois sont toujours élèves des malheurs ;
Il a pleuré lui-même ; il essuîra des pleurs.

MANDANE.

Oui, je le sens ; mais vous, vous dont la voix touchante
Par ces mots pénétrans me console et m'enchante,
Auriez-vous, Élénor, connu l'adversité ?

ÉLÉNOR.

Je suis homme, orphelin, né dans la pauvreté,
Errant dès le berceau.

MANDANE.

Vous aussi ! vous !

ÉLÉNOR.

Mon père,
Armant du fer guerrier sa main sexagénaire,

Abandonna pour moi le sol agriculteur,
Et le soin des troupeaux dont il était pasteur.
Si j'osais quelquefois plaindre ma destinée,·
Mandane, disait-il, Mandane infortunée
Pleure sur son époux, et tremble pour son fils :
Mandane, dont le cœur à la vertu soumis
Du timide opprimé prit toujours la défense.
Ah! c'est le premier nom qu'ait appris mon enfance.

                    MANDANE.

Ciel!

                    ÉLÉNOR.

    J'entrais dans un temple, et, les larmes aux yeux,
Je prononçais Mandane, et j'invoquais les Dieux.

                    MANDANE.

Un pasteur... Approchez. Ah! plus je l'envisage,
Plus d'un époux chéri je retrouve l'image.
C'était là son maintien, sa démarche, sa voix;
Tel à mes yeux charmés il parut autrefois,
Lorsque, brillant encor des fleurs de la jeunesse,
Il offrait à mes vœux sa gloire et sa tendresse.
Vous le fils d'un pasteur?

                    ÉLÉNOR.

                    Je vous l'ai dit.

                    MANDANE.

                                        Hélas!

Me trompé-je? achevez. Son nom n'était-il pas...

                    ÉLÉNOR.

Arbacès.

MANDANE.

Arbacès!

ÉLÉNOR.

Un vain espoir vous flatte.

MANDANE.

Arbacès, dites-vous, et non pas Mitradate?

ÉLÉNOR.

Mitradate à mes yeux ne s'est jamais montré;
Mais son nom m'est connu: je n'ai point ignoré
Que d'Harpage et de lui l'heureuse intelligence
A conservé Cyrus proscrit dès sa naissance;
Qu'il lui servit long-temps et de guide et d'appui;
Que d'asile en asile il fuyait avec lui.
Hélas! depuis trois ans le destin les sépare;
Chez les Scythes caché, sous un climat barbare,
Depuis trois ans, dit-on, Cyrus est isolé.
Arbacès, en ce temps, de vieillesse accablé,
Expirait loin de moi dans les champs d'Amasie;
Et moi, portant la guerre aux bornes de l'Asie,
Et du sort une fois désarmant le courroux,
Je servais votre père, et vengeais votre époux.

MANDANE.

J'ose encore implorer votre audace intrépide:
Cyrus est sans appui, sans compagnon, sans guide:
J'avais cru... j'abandonne un espoir aussi doux,
Mais non les sentimens que j'ai conçus pour vous.
Vous n'êtes point Cyrus: eh bien! soyez son frère;
Soyez mon second fils, je serai votre mère:

Courez, sanctifiez ce glaive paternel,
Qui des cieux prévoyans fut le don solennel.
Cyrus n'a plus que vous, à vous je le confie :
Conservez, protégez, environnez sa vie;
Aux périls, aux déserts, redemandez Cyrus;
Dans mes vœux, dans mes pleurs, vous serez confondus;
Mon amour vous unit, que mon nom vous rassemble;
Combattez, triomphez, vivez, régnez ensemble.

ÉLÉNOR.

J'accepte avec transport le nom de votre fils,
Tout, excepté l'empire; il ne m'est point promis.
Orphelin, sans naissance, adopté par vos larmes,
N'est-ce donc point assez? Je consacre mes armes
A ce frère chéri, que vous m'avez donné,
A ce roi qu'un oracle a déjà couronné.
Ses périls sont les miens, et ma vie est la sienne;
Gardons Cyrus au monde, à sa mère, à la mienne.
Je cours avec les Dieux en partager le soin :
Jamais, jamais peut-être il n'en eut plus besoin.

MANDANE.

O ciel! daignez instruire une mère alarmée.

ÉLÉNOR.

Je ne m'explique point; mais je rejoins l'armée.

MANDANE.

J'entends votre silence; un père...

ÉLÉNOR.

Le voici.

SCÈNE III.

ÉLÉNOR, MANDANE, ASTYAGE.

ASTYAGE.

Je ne m'attendais pas à vous trouver ici.

Jouissez, Élénor, de ces pompeuses fêtes;

Allez revoir un peuple épris de vos conquêtes;

Triomphez aujourd'hui: demain, dès que le jour

Au sein de nos remparts brillera de retour,

Regagnez un rivage où déjà votre absence

Peut de mes ennemis ranimer l'espérance;

Courez au sein des camps, chez les Scythes vaincus,

Attendre, avec respect, mes ordres absolus.

ÉLÉNOR.

Je m'y rendrai, seigneur; j'y servirai l'empire;

C'est le bien, le trésor, la grandeur où j'aspire.

Oui, les Scythes bientôt reverront leur vainqueur;

Je rejoindrai ces camps habités par l'honneur,

Ces camps où vos soldats conservent ma mémoire,

Où mon âme auprès d'eux n'a connu que la gloire.

Une gloire nouvelle et digne d'Élénor

S'unit à votre voix, et m'y rappelle encor:

Je saurai l'obtenir; elle est brillante et pure.

A vos ordres sacrés obéir sans murmure,

Sera, dans tous les temps, mon devoir le plus doux,

Quand vos ordres, seigneur, seront dignes de vous.

(Il sort.)

SCÈNE IV.

MANDANE, ASTYAGE.

ASTYAGE.

Je ne m'aveugle point, ma fille, et votre père
Craint d'avoir, en ce jour, un reproche à vous faire.

MANDANE.

A moi, seigneur?

ASTYAGE.

A vous. Pourquoi cet entretien?
Voulez-vous à Cyrus ménager un soutien?

MANDANE.

Eh! qui sait mieux que vous le sort qu'on lui prépare?
Il est errant, proscrit; l'Univers nous sépare.
Que puis-je en sa faveur? le nommer et pleurer.
Hélas! contre mon fils dois-je aussi conspirer?

ASTYAGE.

Non; mais au pied du trône, et dans tout mon empire,
Pour votre fils, Mandane, on s'émeut, on conspire;
Renouvelant des cieux les antiques décrets,
La tiare elle-même est dans ses intérêts.
On ose, je le sais, outrageant ma vieillesse,
Du sceptre que je tiens accuser la faiblesse;
Et trop faible, en effet, soit bonté, soit mépris,
J'ai d'un peuple volage encouragé les cris.
Sur le nom de Cyrus tout le complot repose;

Astyage a l'empire, et Cyrus en dispose.

Mais j'aurai des appuis., peut-être des vengeurs.

MANDANE.

Et vous ne craignez point d'avouer vos fureurs!

Armer contre ses jours une main meurtrière!

Vous! Laissez-vous fléchir; rendez-vous : la prière,

La prière tremblante est la fille des Dieux.

Dédaigne-t-on ses pleurs, ses cris vont jusqu'aux cieux;

Elle y monte plaintive, et redescend terrible,

Apportant sur ses pas, au mortel inflexible,

Quelquefois la vengeance, et toujours le remord,

Qui rend la vie affreuse, et prolonge la mort.

Il siége sur le trône auprès de sa victime.

Ah! chassez loin de vous ce compagnon du crime,

Ou bien laissez-moi fuir un horrible séjour:

Ne me contraignez plus d'entendre chaque jour

Mon père, de mon fils prononcer la sentence.

Le crime de Cyrus est dans son existence :

Il me la doit; lui seul est cependant puni;

Ma patrie est aux lieux où Cyrus est banni.

Que fais-je auprès de vous, quand vous n'êtes plus père?

Moi, j'ai toujours un fils; moi, je suis toujours mère.

J'irai, j'irai, seigneur, l'arracher au trépas,

Reconnaître le sol qu'auront touché ses pas;

Suivant, pour le trouver, la trace de ses larmes,

De vos soldats vainqueurs j'affronterai les armes;

Des Scythes révoltés j'irai chercher les traits;

J'irai fléchir pour lui les monstres des forêts.

Ah! dans ces noirs déserts, si la faim dévorante
Nous atteint lentement d'une mort déchirante,
En expirant du moins nous serons réunis;
Il connaîtra sa mère, et j'aurai vu mon fils;
Je pourrai l'appeler de ce nom cher et tendre,
Et, lorsque les humains cesseront de m'entendre,
Des Dieux, par un regard, solliciter l'appui,
Le serrer dans mes bras, et mourir avant lui.

ASTYAGE.

Je voudrais de Cyrus vous accorder la grâce;
Votre douleur m'émeut, et non votre menace.
Contre un ambitieux j'assure mes États;
Je le dois: les remords ne m'en puniront pas.
Memnon parait. Adieu. Que sa voix vous console;
Qu'il vous berce à loisir d'un oracle frivole.
Mais s'il pense, abusant de nos solennités,
Enflammer des esprits déjà trop agités;
Par de rebelles vœux s'il ose encor me nuire,
Bientôt, en vous quittant, je veux bien l'en instruire,
Bientôt j'irai frapper, jusque sur son autel,
Un pontife imposteur, qui ment au nom du ciel.

(Il sort.)

SCÈNE V.

MANDANE, MEMNON.

MEMNON.

Je vous plains, je l'excuse, et je crains peu sa haine.
Auprès de vous, princesse, un autre soin m'amène:

Un étranger, couvert d'un humble vêtement,
Veut, loin de tous les yeux, vous parler un moment.
Il vient de m'aborder, lentement, l'œil humide;
Il a quelque secret: l'infortune est timide.
Une longue tristesse et les rides du temps
Ont sillonné son front, couvert de cheveux blancs.

MANDANE.

Un vieillard!

MEMNON.

Ses chagrins, qu'avec peine il dévore,
Émeuvent la pitié, que son regard implore.
J'ai voulu, mais en vain, pénétrer dans son cœur;
C'est à vous qu'il prétend révéler sa douleur,
A vous seule; et déjà l'infortuné s'avance.
Vous ne tromperez point sa douce confiance.
Vous honorez le ciel; et le bienfait pieux
Est le plus pur encens qu'on puisse offrir aux Dieux.
Je vous laisse.

(Il sort.)

SCÈNE VI.

MANDANE, MITRADATE.

MANDANE.

Approchez, ô vieillard vénérable.
Vous tremblez! vous pleurez! le malheur vous accable!

MITRADATE.

Oui, j'ai vécu long-temps: j'ai dû long-temps souffrir.

MANDANE.

Si vous versez des pleurs, ne peut-on les tarir,
Écarter loin de vous la misère cruelle?
Laissez-moi cet espoir.

MITRADATE.

C'est Mandane, c'est elle;
Mandane, dont le nom rappelle des bienfaits.
J'ai reconnu son cœur, et même avant ses traits.

MANDANE.

Vous qui parlez, vieillard; je crois vous reconnaître.
Ecbatane en ses murs vous a-t-elle vu naître?

MITRADATE.

Non; mais elle n'est point nouvelle à mes regards :
J'ai visité souvent ses fastueux remparts;
J'ai vu briller Cambyse au milieu de nos fêtes,
Quand un si bel hymen couronnait ses conquêtes;
Et, par un sort heureux, j'habitais ce séjour,
Lorsqu'en votre palais Cyrus a vu le jour.

MANDANE.

Cyrus?

MITRADATE.

Il me fut cher. Je l'ai sauvé. Tout change.

MANDANE.

Vous êtes Mitradate...

MITRADATE.

Il est trop vrai.

MANDANE.

Qu'entends-je?

Mitradate! Et mon fils? Qu'il se montre à mes yeux.
Courons. Vous vous taisez! N'est-il pas dans ces lieux?
Mon fils... Expliquez-moi cet horrible silence.

MITRADATE.

Sous la main d'un guerrier...

MANDANE.

Eh quoi! plus d'espérance!
Il ne vit plus! Mais vous, qui conduisiez ses pas,
Vous vivez! vous étiez témoin de son trépas!

MITRADATE.

Ah! croyez qu'avant lui j'aurais cessé de vivre.
Loin de moi...

MANDANE.

Loin de vous! ah! vous deviez le suivre,
Veiller partout sur lui, partout l'environner.
Ne le conserviez-vous que pour l'abandonner?

MITRADATE.

Épargnez mes vieux ans; ce reproche m'accable:
D'un si lâche abandon je ne suis point coupable.

MANDANE.

Qui donc vous sépara?

MITRADATE.

Qui? la fatalité.
Poussé par les destins, lui-même il m'a quitté.
J'en atteste les Dieux et cette ombre si chère,
Ce fils, qui fut le mien, qui m'appelait son père,
Vous-même, et les dangers qu'avec lui j'ai courus;
J'aurais péri cent fois pour conserver Cyrus.

Ah! j'ai dans tout l'empire, et d'asile en asile,
Traîné, durant trois ans, ma douleur inutile,
Redemandant Cyrus aux rives du Jourdain,
Aux monts de l'Arménie, aux bords du Pont-Euxin.
J'apprends enfin, j'apprends que sous le glaive impie,
Dans les flots de l'Araxe, il termina sa vie:
C'est mon dernier malheur; je n'y survivrai pas;
Et je viens à vos pieds implorer le trépas.

MANDANE.

Au lieu même où son père obtenait la vengeance,
Il succombe : Élénor aurait pris sa défense.
Ah! sans doute éloigné...

MITRADATE.

      Quel nom prononcez-vous?

MANDANE.

Le nom de ce héros qui vengea mon époux.

MITRADATE.

Élénor?

MANDANE.

  Élénor.

MITRADATE.

  O perfidie! ô crime!
Votre malheureux fils a péri sa victime.

MANDANE.

D'Élénor? Et lui seul dissipait mon effroi!
O mon fils! en ce jour je l'implorais pour toi!
Après avoir conquis l'armure de Cambyse...

MITRADATE.

En dépouillant Cyrus Élénor l'a conquise.

Au milieu des combats, accablé d'ennemis,
Cambyse en expirant la léguait à son fils.

MANDANE.

Cette horrible nouvelle...

MITRADATE.

                Est trop bien confirmée.
Sur les bords de l'Araxe, interrogez l'armée,
Et l'Hircanie entière, et les Scythes vaincus :
On célèbre Élénor, mais on pleure Cyrus.

MANDANE.

Élénor a le prix de son affreux courage.
Et j'ai pu le donner... et j'ai cru... Mais Harpage !
Harpage à ma douleur en aurait imposé !

MITRADATE.

Élénor en impose ; Harpage est abusé.

MANDANE.

Il suffit. Laissez-moi. Courez dire à mon père,
Que, grâce à ses bienfaits, j'ai cessé d'être mère.
Qu'il goûte loin de moi ses triomphes sanglans.
Mais auprès de Memnon guidez mes pas tremblans.
C'en est donc fait ! Et vous, Dieux cruels, Dieux injustes,
Ainsi vous remplissez vos promesses augustes !
Voilà de vos autels les oracles certains,
Et de vos favoris ce sont là les destins !
Chaque jour, à vos pieds, si mes humbles prières,
Si de mes longues nuits les chagrins solitaires,
En faveur de Cyrus n'ont pu fléchir le sort,
Si mes pleurs n'ont de vous obtenu que sa mort,

Ah! du moins trop long-temps má voix vous importune;
Mettez, mettez un terme à quinze ans d'infortune,
Et rejoignez enfin, dans les mêmes débris,
L'épouse à son époux, et la mère à son fils.

ACTE IV.

SCÈNE PREMIÈRE.

MANDANE, ÉLÉNOR.

MANDANE.

Élénor devant moi! Ce maintien magnanime
Voile aux regards séduits un cœur né pour le crime!
D'un père sans pitié l'émissaire odieux
Ose, encor teint de sang, braver l'aspect des Dieux!
Il ose de Mandane affronter la présence!

ÉLÉNOR.

Pour me justifier, ou subir ma sentence.

MANDANE.

Comme un vil assassin hautement désigné...

ÉLÉNOR.

Vous m'en voyez surpris et surtout indigné.

MANDANE.

Indigné!

ÉLÉNOR.

Je conçois qu'un récit infidèle
Ait aisément troublé votre âme maternelle.

Mais ce n'est point Cyrus qui tomba sous ma main;
Ce n'est point votre fils; c'est un Scythe inhumain:
Le guide le plus sûr dirigea mon courage.

MANDANE.

Un guide, ô ciel! et qui?

ÉLÉNOR.

      Soupçonnez-vous Harpage?

MANDANE.

Qui? moi, le soupçonner! Harpage, dites-vous...

ÉLÉNOR.

Harpage m'ordonna de venger votre époux,
Me peignit le guerrier qui fit couler vos larmes,
Me désigna ses traits, ses vêtemens, ses armes.
Plein de vous, de Cambyse, et l'espoir dans le cœur,
Je courus d'un héros combattre le vainqueur.
Seul, je le trouvai seul, au sortir d'un bois sombre,
Quand le jour incertain se mêlait avec l'ombre,
Sur une roche aride, étroite, et dont les flancs
Dans l'Araxe écumeux vomissaient des torrens;
Silencieux désert, lieux entourés d'abîmes,
Lieux témoins des combats, peut-être aussi des crimes.
Je vis briller l'armure et reconnus les traits;
La dépouille arrachée aux monstres des forêts
Du Scythe audacieux couvrait la taille immense:
Il agitait son glaive; et, fier de sa vaillance,
S'avançait, les regards de fureur allumés,
Tel qu'on peint les géans contre le ciel armés.
Il m'aperçoit, s'arrête, et sa bouche perfide

M'accueille avec dédain d'un sourire homicide.

Moi, j'implore Cambyse; et, fort d'un tel appui,

J'affronte son vainqueur, et marche contre lui.

Nos glaives sont croisés dans l'étroite carrière,

Et font jaillir le feu, le sang et la poussière.

La fortune entre nous a long-temps balancé;

Et, sans l'avoir atteint, je suis deux fois blessé:

Il le voit, jette un cri, croit triompher, s'élance;

Alors mon glaive heureux, poussé par la vengeance,

Du terrible ennemi perçant le bouclier,

Dans son cœur inhumain se plongea tout entier.

Il tomba : fier encore, avide encor de gloire,

Ses regards expirans menaçaient ma victoire;

Il exhala son âme avec de longs sanglots;

Et l'Araxe, en grondant, le roula dans ses flots.

MANDANE.

Je l'entends sans frémir! Quel étrange supplice!

Son ascendant m'opprime et me rend sa complice.

ÉLÉNOR.

Non, je n'ai point cueilli de coupables lauriers;

Non, soupçonné par vous, j'en appelle aux guerriers.

Faut-il enfin le dire? Ici, dans ce lieu même,

J'ai méconnu du Roi la volonté suprême.

Il osait m'ordonner de combattre Cyrus:

Vous pourrez d'Astyage apprendre mes refus.

J'ai triomphé pour vous; ma main fut toujours pure;

Elle n'a point trahi, mais vengé la nature.

MANDANE.

De surprise et d'effroi mon cœur est combattu.
Quoi! chez un criminel l'accent de la vertu!

ÉLÉNOR.

Mon père à la vertu fut constamment fidèle;
Formé par ses leçons, je l'ai pris pour modèle;
Et, tandis que sur vous mes larmes ont coulé,
J'ai vaincu les malheurs dont j'étais accablé.
Ils cessaient près de vous, sont-ils près de renaître?
Dans ce temple, aujourd'hui, je vous ai fait connaître
Mon sort long-temps obscur, ma longue adversité;
Vous m'écoutiez alors, et même avec bonté :
Un intérêt touchant...

MANDANE.

               L'intérêt le plus tendre.
Que j'éprouvais de joie à le voir, à l'entendre,
A retrouver les traits du héros généreux,
Du héros...! L'avoûrai-je? En ces momens affreux,
Ces traits, ces nobles traits que ma douleur adore,
Sur son front, dans ses yeux, je les retrouve encore:
Un seul de ses regards désarme ma fureur;
Un seul de ses discours fait tressaillir mon cœur :
Ses malheurs, ses exploits, son obscure naissance,
Cet asile innocent, témoin de son enfance,
Ce voile solennel qui couvre ses destins,
Ses pas toujours errans en des climats lointains...
Réveille-toi, Mandane, un vain songe t'abuse;
Son père est Arbacès, Mitradate l'accuse.

ÉLÉNOR.

Mitradate?

MANDANE.

Lui-même.

ÉLÉNOR.

Il ne me connaît pas.

MANDANE.

Du malheureux Cyrus il apprit le trépas,
Votre nom, votre crime.

ÉLÉNOR.

En quels lieux?

MANDANE.

Au rivage
Où votre main barbare...

ÉLÉNOR.

Et les ordres d'Harpage?

MANDANE.

Harpage fut trompé.

ÉLÉNOR.

Mais ce glaive conquis?

MANDANE.

Cambyse en expirant le léguait à son fils.

ÉLÉNOR.

Qui l'a dit?

MANDANE.

Mitradate.

ÉLÉNOR.

O ciel!

MANDANE.

Tout se décide.

ÉLÉNOR.

Un Scythe vagabond, solitaire et sans guide!

MANDANE.

Cyrus n'était-il pas chez les Scythes caché?

ÉLÉNOR.

Il est vrai.

MANDANE.

Loin du guide à ses pas attaché?

ÉLÉNOR.

Oui.

MANDANE.

Les Scythes vaincus, et l'Hircanie entière,
Accusent à la fois votre main meurtrière.

ÉLÉNOR.

Et l'oracle des Dieux?... les destins de Cyrus?

MANDANE.

Sa gloire, ses destins, ses débris sont perdus.
Les flots ont englouti sa dépouille ignorée;
Et sa mère, sa mère, en vain désespérée,
Qui n'a pu de ses mains lui donner un berceau,
Ne pourra même encore élever son tombeau,
N'aura point la douceur d'y recueillir sa cendre,
Le plaisir d'y pleurer, le bonheur d'y descendre!

ÉLÉNOR.

Me voilà, Dieux puissans, écrasé sous vos coups.
Que vous ai-je donc fait? Résigné devant vous,

Et bravant l'infortune aux humains si cruelle,
J'étais fier et content de l'emporter sur elle.
Mais devenir coupable en aimant la vertu!

MANDANE.

Eh quoi! de son forfait lui-même est convaincu!

ÉLÉNOR.

Mon bras est criminel; tout me force à le croire.
Eh bien, punissez-moi de mon infâme gloire;
La mort, mais sous vos coups. Voici le fer sacré
Que Cyrus et Cambyse ont tous deux honoré:
Qu'il passe dans vos mains, et que votre colère...

MANDANE.

Des mains d'un meurtrier dans les mains d'une mère!
Hélas! en traits sanglans je crois y voir écrits
Le nom de mon époux et le nom de mon fils.

ÉLÉNOR.

Dieux!

MANDANE.

Conservez ce glaive, il a payé vos crimes:
Vous avez à la fois immolé deux victimes.
Vous m'arrachez le jour; fuyez mon désespoir,
Fuyez, délivrez-moi de l'horreur de vous voir.
La pitié que j'éprouve est un supplice horrible.
Vous demandez la mort: vous l'aurez, mais terrible,
Sans gloire, sans combat, dans un exil affreux,
Poursuivi par le sang de mon fils malheureux.
Leurs enfans dans les bras, les mères gémissantes
Fuiront les lieux souillés par vos traces sanglantes;

Et j'aurai, pour vengeurs de mes calamités,
Le remords inflexible et les Dieux irrités.

SCÈNE II.

ÉLÉNOR, MANDANE, MITRADATE.

MITRADATE.

Ah! princesse, un faux bruit abusait tout l'empire;
Il m'abusait moi-même, et votre fils respire.

MANDANE.

Est-il vrai?

ÉLÉNOR, à part.

Quels accens!

MITRADATE.

J'avais quitté le Roi,
J'avais semé partout et le trouble et l'effroi;
Dans la place, de loin, j'ai vu Cyrus paraître.

MANDANE.

Ciel!

MITRADATE.

Mes yeux et mon cœur n'ont pu le méconnaître.
Il marchait vers ce temple, et vainement mes cris...

ÉLÉNOR.

Arbacès!

MITRADATE.

Ah! Mandane, embrassez votre fils.

MANDANE.

Lui mon fils! lui Cyrus!

ÉLÉNOR-CYRUS.

Qui? moi! dois-je le croire?
Ma mère!

MANDANE.

Oui, je la suis.

CYRUS.

Quoi! j'aurais tant de gloire!

MANDANE.

O toi, que j'adoptais sous le nom d'Élénor,
Toi, que j'ai cru coupable et que j'aimais encor!
Mon fils, d'un nom si doux sens-tu bien tous les charmes?
Tu pleures! viens; oh! viens, couvre-moi de tes larmes;
Viens, laisse-les couler; versé-les sur mon cœur.

MITRADÁTE.

Élénor est Cyrus!

MANDANE.

C'est lui, c'est ce vainqueur
Qui domta l'infortune et qui vengea son père;
Lui que vos soins heureux conservaient à sa mère;
Lui qu'un destin jaloux n'a point osé frapper,
Lui qu'attendait l'Asie... Et j'ai pu m'y tromper!
Non; l'instinct maternel, un ascendant suprême
Défendait Élénor accusé par vous-même,
Lui prêtait, malgré moi, son invincible appui,
Avertissait mon âme, et déposait pour lui.

SCÈNE III.

CYRUS, MANDANE, MITRADATE, HARPAGE.

HARPAGE.

Mitradate en ces lieux! Ah! par quelle imprudence,
De Mandane et du Roi cherchiez-vous la présence?
Que de nouveaux périls'

MANDANE.

        Ne puis-je, en sûreté,
Interroger mon fils, si long-temps regretté?
Pour me le conserver que de soins nécessaires!
Qui donc a pu du Roi tromper les émissaires?
C'est vous-même, sans doute: et quel autre que vous
Eût veillé sur mon fils et nous eût sauvés tous?

HARPAGE.

Il faut enfin parler. Oui, mon regard fidèle
Suivait partout Cyrus; oui, c'est moi dont le zèle
Protégeait avec lui, dans le sein des forêts,
Mitradate caché sous le nom d'Arbacès.
Déconcertant du Roi la surveillance active,
Je traçais du héros la marche fugitive.
Voyant que de son guide on observait les pas,
J'éloignai le vieillard; je feignis son trépas:
Cyrus, par des exploits, mérita la puissance,
Et du nom d'Élénor je voilais sa naissance;
Il vengea votre époux, je conduisais sa main;

Et, lorsque d'Ecbatane il suivait le chemin,
Des bruits, semés par moi, faisaient croire à l'Asie
Qu'Élénor de Cyrus avait tranché la vie.
Disposant en secret et des lieux et des temps,
J'avais marqué le jour, les heures, les instans :
Au jour déterminé tout le mystère éclate;
J'appelais votre fils, je mandais Mitradate,
Mitradate apportant de funestes récits.
S'il n'eût, sans me parler, rencontré votre fils,
On n'aurait vu Cyrus, reconnu par vous-même,
Qu'élu roi de l'Asie et ceint du diadême.
Il le sera. Je vole où m'appellent les Dieux;
Pour vous, depuis quinze ans, je conspire avec eux,
Dirigeant Astyage, et le peuple et l'armée,
Mitradate, Cyrus, Memnon, la renommée,
Feignant même avec vous, pour mieux vous secourir;
Laissant couler vos pleurs, afin de les tarir;
Épargnant à la fois un crime à votre père,
La mort à votre fils et peut-être à sa mère.

CYRUS.

Comment récompenser un si rare bienfait?

HARPAGE.

En triomphant, seigneur; sans vous, je n'ai rien fait.
Votre nom retentit; le temps vole; et, peut-être,
Astyage en ces lieux est tout prêt à paraître.
Accourez, montrez-vous; rassemblons nos amis.
Vous frémissez, princesse! Ou perdez votre fils,
Ou consentez à vaincre un père inexorable.

CYRUS.

Moi, je ne consens pas à devenir coupable.

Je suis fils de Mandane, et ce nom glorieux

Vaut plus qu'un diadême et cent rois pour aïeux;

Mais il est des devoirs qu'un nom pareil impose:

Au sein des immortels ma fortune repose;

Envers sa fille et moi fût-il dénaturé,

Le père de Mandane est un objet sacré.

HARPAGE.

Et que prétendez-vous?

CYRUS.

Demeurer auprès d'elle,

Fléchir, vaincre Astyage, en lui restant fidèle.

HARPAGE.

Et si vous périssez? si les fureurs du Roi....

CYRUS.

Je périrai du moins digne d'elle et de moi.

MANDANE.

Ah! j'admire, en tremblant, ce vertueux courage

HARPAGE.

Suivez-moi, Mitradate; achevons notre ouvrage:

Conjurons le poignard déja levé sur lui:

Allons du peuple entier lui garantir l'appui.

Je sais ce que du Roi nous devons tous attendre;

Seigneur, malgré vous-même, armé pour vous défendre,

En ses projets sanglans je cours le prévenir,

Et vous sauver encor, dussiez-vous m'en punir.

(Il sort avec Mitradate.)

SCÈNE IV.

CYRUS, MANDANE.

CYRUS.

Allons trouver le Roi : c'est en vous que j'espère.

MANDANE.

Hélas ! il est affreux de redouter son père ;
Mais vous n'ignorez pas son injuste fureur.
Il vient, et sa présence augmente ma terreur.

SCÈNE V.

CYRUS, MANDANE, ASTYAGE, GARDES.

ASTYAGE.

Eh bien, de vous, Mandane, ai-je eu tort de me plaindre ?
Tandis qu'un vil mortel, vieilli dans l'art de feindre,
De Cyrus en pleurant m'annonce le trépas,
Cyrus est dans ces murs ; vous ne l'ignorez pas.
Il y vient de Memnon confirmer le présage ;
Mitradate me fuit ; je ne vois point Harpage ;
Hors ce jeune guerrier, tout se cache à mes yeux.
Mandane, on l'accusait d'un combat odieux ;
Auprès de vous pourtant je le retrouve encore.

MANDANE.

Ah ! seigneur, permettez que ma voix vous implore.

ASTYAGE.

Pour lui?

MANDANE.

Contre mon fils il ne s'est point armé.

ASTYAGE.

Je reconnais Cyrus; vos larmes l'ont nommé.
Soldats!

MANDANE.

N'ordonnez rien. Non; je dois le défendre.
Lui mon fils! vous croyez... seigneur, daignez m'entendre.

CYRUS.

Mandane, au nom du ciel qui nous a réunis,
Ne désavouez point que je suis votre fils.
N'accusez point, seigneur, celle qui m'a fait naître:
Mitradate à l'instant vient de me reconnaître.
Vous avez tout pouvoir sur un infortuné,
Que, même en son berceau, vous aviez condamné;
Ainsi que mes destins j'ignorais ma disgrâce,
Et jusques aux dangers répandus sur ma trace.
Vous savez quel combat vous m'avez proposé;
Il était criminel, et je l'ai refusé.
J'aurais pu contre vous tenter une victoire;
Elle m'aurait flétri; j'ai conservé ma gloire;
Je redoute la honte et crains peu le trépas;
Je l'ai bravé pour vous en guidant vos soldats.
Si votre haine encore a besoin de ma tête,
Ordonnez, je vous suis, votre victime est prête.

ASTYAGE.

Mon empire ébranlé s'affermit en ce jour.

J'ai convoqué le peuple et les grands de ma cour:
Si dans la multitude il est quelques rebelles,
J'ai des sujets soumis, j'ai des guerriers fidèles;
Un oracle imposteur ne peut vous protéger,
Et ce mot vous apprend si je dois me venger.

MANDANE.

De mon fils! et c'est vous dont la voix le condamne!
Venez donc le chercher dans les bras de Mandane.
Il vous aurait vaincu s'il n'était généreux.
Venez; les mêmes coups nous frapperont tous deux;
Et les bourreaux, armés par la main de mon père,
En immolant Cyrus, égorgeront sa mère.

ASTYAGE.

Gardes, séparez-les.

MANDANE, entraînée par les gardes.

Cieux, entendez mes cris!

CYRUS.

O mère déplorable!

MANDANE.

O mon fils! mon cher fils!

CYRUS.

Vous tremblerez, seigneur, en ordonnant un crime.
Marchons; auprès de vous on verra la victime
Pleurer sur une mère et plus encor sur vous,
Et vous pardonner même en mourant sous vos coups.

ACTE V.

SCÈNE PREMIÈRE.

MANDANE, MEMNON, MAGES.

MEMNON.

Quoi! ce jeune Élénor était Cyrus lui-même!
Et du ciel toutefois bravant l'arrêt suprême,
Votre père ose encor méditer des forfaits!

MANDANE.

Mon père! il ne l'est plus; il ne le fut jamais.
Il m'arrache mon fils, et me condamne à vivre!
On m'entraînait mourante, et je n'ai pu les suivre:
Ce temple est investi: des soldats inhumains
A Mandane, à vous-même, ont fermé les chemins.
Cyrus est en péril, et sa mère est captive;
Il n'entend pas ma voix stérilement plaintive;
A son persécuteur il reste abandonné;
Nul ne peut secourir mon fils infortuné.

MEMNON.

Harpage est libre encor; mais ce chef intrépide,
Sans le pouvoir sacré qui l'inspire et le guide,

Offrirait à Cyrus un impuissant secours.

Qui défend votre fils? Qui veille sur ses jours?

Celui qui soumet tout à sa volonté sainte.

Vous tremblez! En quels lieux? Dans cette auguste enceint

Où vous avez ouï la promesse des Cieux!

En ce temple où, courbant son front victorieux,

Votre fils, conservé par quinze ans de miracles,

A lui-même entendu d'infaillibles oracles!

Le dieu dont la bonté gardait Cyrus enfant

L'a fait, dans ce grand jour, revenir triomphant;

Les mages, par vous-même instruits de ce mystère,

Vont aux yeux du héros rouvrir le sanctuaire;

Et le même soleil qui nous l'a ramené,

Du haut des cieux encor le verra couronné.

MANDANE.

Je demande sa vie, et non pas un empire.

On en veut à ses jours; et qui sait s'il respire?

Quel mortel, ou quel dieu peut empêcher sa mort,

Quand un maître implacable ordonne de son sort?

Peut-être a-t-on déjà dicté l'arrêt barbare;

Peut-être d'un vainqueur l'échafaud se prépare;

Le héros de l'Asie, en cet affreux moment,

Appelle en vain sa mère, et meurt en la nommant...

Mais quel bruit tout-à-coup dans les airs se déploie!

MEMNON.

C'est le nom de Cyrus, et de longs cris de joie.

MANDANE.

Se peut-il?

MEMNON.

Un vieillard vient à pas empressés.

MANDANE.

Si de nouveaux malheurs allaient m'être annoncés!

MEMNON.

Il approche : en ses traits votre bonheur éclate.

MANDANE.

Je frémis toutefois. Est-ce vous, Mitradate?

SCÈNE II.

MANDANE, MEMNON, MITRADATE, MAGES.

MITRADATE.

O mère d'un héros! calmez vos sens troublés.

MANDANE.

Mon fils est-il vivant?

MITRADATE.

Tous vos vœux sont comblés.

MANDANE.

Ce n'est point une erreur! hâtez-vous de m'apprendre
Combien aux Immortels j'ai de grâces à rendre.

MITRADATE.

Aux portes du palais, le peuple rassemblé,
De crainte et de douleur paraissait accablé;
Une cour fastueuse entourait votre père,
Qui levait avec peine un front morne et sévère;
Et, le glaive à la main, les guerriers, l'œil baissé,

Gardaient, en frémissant, un silence glacé.

Tout se taisait. Bientôt le héros se présente;

Sa démarche modeste en est plus imposante:

Astyage l'accuse; aussitôt par des cris

De lâches courtisans condamnaient votre fils;

Mais Harpage accourait, et, d'un regard tranquille,

Interrogeant la foule inquiète, immobile:

« Cyrus est menacé d'un arrêt odieux.

« Qui l'exécutera? Qui bravera les Dieux?

« Qui combattra ce roi que vingt peuples attendent?

« Qui frappera ce front que cent lauriers défendent?

« Cyrus, persécuté, les a cueillis pour vous;

« Il a vengé son père; il vous a vengés tous;

« Il a vengé celui qui dicte la sentence.

« Le voilà, le héros proscrit dès sa naissance!

« Le Roi voulait le perdre, et je l'ai conservé;

« Au berceau, dans les camps, c'est moi qui l'ai sauvé;

« Et voici le pasteur qui d'asile en asile

« Traînait des nations l'espérance fragile. »

Il dit: dans l'assemblée un long frémissement

S'élève à ce discours, et grossit lentement;

Il éclate; on s'émeut; le Roi pâlit; Harpage

Me conduit vers Cyrus, m'appelle en témoignage.

On s'attendrit: mes pleurs, mes récits, mes sermens,

Ces cheveux blancs, ce front, ces simples vêtemens,

Ce maintien, cet accent que n'a pas l'imposture,

Ce ton naïf qu'inspire et que sent la nature,

Les regards du héros, tant d'exploits, de succès,

6.

Cambyse respirant dans chacun de ses traits:
Tout parle en sa faveur, tout, jusqu'à votre absence;
Et, pareil au tonnerre, un cri puissant s'élance:
« Vivent, vivent Mandane et son généreux fils!
« Vive et règne Cyrus que les Dieux ont promis! »
La cour abandonnait le Roi dans sa disgrâce;
Sa garde était fidèle, et tentait la menace;
Mais par un cri nouveau le peuple a répondu;
Il annonçait le trouble et du sang répandu;
Ce jour allait finir sous un horrible auspice.
Un seul, un seul guerrier nous l'a rendu propice.
Accourant près du Roi, jetant de toutes parts
Ce coup-d'œil assuré qui commande aux hasards;
Terrible, et balançant la foudroyante épée
Que du sang ennemi deux héros ont trempée :
Respectez Astyage; immolez son appui,
Dit-il, frappez Cyrus.

MANDANE.

Quoi! c'était....

MITRADATE.

C'était lui;

Lui, qui seul apaisait et le peuple et l'armée,
Comme on voit tout-à-coup la tempête calmée,
Quand l'astre bienfaisant qu'adore l'Univers
Vient réjouir les cieux, et planer sur les mers.

MANDANE.

Ah! je n'ai plus de crainte, et Mandane est contente.

SCÈNE III.

MANDANE, MEMNON, HARPAGE, MITRA-
DATE, GUERRIERS, MAGES.

HARPAGE.

Mages, voici l'instant qui remplit votre attente.

MEMNON.

Cyrus vient, et le jour luit encor dans les cieux :
Rouvrez le sanctuaire à l'envoyé des Dieux.

HARPAGE.

Astyage a rompu son silence farouche ;
Le nom sacré de fils est sorti de sa bouche ;
Des pleurs du repentir son visage est baigné ;
Et déjà de Cyrus il entre accompagné.

SCÈNE IV.

CYRUS, ASTYAGE, MANDANE, MEMNON,
HARPAGE, MITRADATE, SATRAPES, MAGES,
GUERRIERS, PEUPLE.

MANDANE.

Mon fils, et vous, seigneur, que le passé s'oublie ;
Et béni soit le jour qui vous réconcilie !
Si le sort a changé...

CYRUS.

Rien n'a changé pour nous,

Mandane, et votre fils est digne encor de vous.
Vous avez cru, seigneur, condamner un rebelle :
Élénor vous servit; Cyrus vous est fidèle.
Mais ne haïssez point le généreux pasteur
Qui de Cyrus enfant fut le libérateur;
De m'avoir trop chéri ne blâmez point Harpage;
Pardonnez à son zèle, honorez son courage;
Du nom de père enfin laissez-moi vous nommer,
Et conservez l'empire en le faisant aimer.

ASTYAGE.

Il ne m'appartient plus, et je viens, dans ce temple,
Satisfaire aux décrets du Ciel, qui nous contemple;
J'ai bravé son oracle; il a dû s'accomplir;
Il me reste un devoir; je saurai le remplir :
Astyage a régné. Détrôné par mon crime,
Je remets aujourd'hui l'empire à ma victime.

CYRUS.

Oubliez...

ASTYAGE.

Ah! mon fils, un règne fortuné
Justifîra les Dieux, qui vous ont couronné.
En bornant le pouvoir vous le rendrez durable.
Quant à moi, délivré d'une frayeur coupable,
Désormais, sans frémir, au pied de ces autels,
J'oserai prononcer le nom des Immortels;
Et de leur favori les jeunes destinées
Embelliront du moins mes dernières années.

CYRUS.

Si j'accepte, en tremblant, ma nouvelle grandeur,
J'aurai les soins du trône; ayez-en la splendeur.
Vous, qu'apprit à chérir mon enfance ignorée,
Mère, long-temps à plaindre et toujours adorée,
Qu'un plus bel avenir console vos douleurs.

MANDANE.

Je ne me souviens plus si j'ai versé des pleurs;
Et votre mère, heureuse entre toutes les mères,
Jouira plus que vous de vos destins prospères.

CYRUS.

Harpage, Mitradate, ah! de tous vos bienfaits,
Serai-je assez puissant pour m'acquitter jamais?

MITRADATE.

Vous vivez; vous régnez: c'est notre récompense.

HARPAGE.

Vos vertus prouveront votre reconnaissance.

MEMNON.

Peuple, de votre roi recevez les sermens;
Vous les tiendrez, seigneur; les Dieux sont vos garans.

CYRUS.

Toi, qui lis dans les cœurs et punis le parjure,
Sur ton autel sacré c'est par toi que je jure
D'obéir à la loi, d'aimer la vérité;
De donner pour limite à mon autorité
Ce qui peut l'affermir: la justice éternelle,
Les intérêts, les droits du peuple qui m'appelle;
D'aller chercher, d'atteindre, en versant des bienfaits,

L'infortune muette et les malheurs secrets;
Père des citoyens, juge pour les entendre,
Roi pour les gouverner, soldat pour les défendre,
D'illustrer le pouvoir déposé dans mes mains,
De respecter les Dieux, de chérir les humains;
De régner par l'amour et jamais par la crainte,
Fidèle, sur le trône, à la liberté sainte,
Don qui nous vient des cieux, base des justes lois,
Premier besoin du peuple et soutien des bons rois!

PHILIPPE II,

TRAGÉDIE EN CINQ ACTES.

PERSONNAGES.

———

PHILIPPE II, roi d'Espagne.

DON CARLOS, infant d'Espagne.

ÉLISABETH DE VALOIS, épouse de Philippe II.

LE DUC D'ALBE, gouverneur du Brabant.

LE COMTE D'EGMONT, député des États de Brabant.

RUY-GOMÈS DE SILVA, prince d'Éboly.

LE CARDINAL SPINOLA, grand inquisiteur.

UN VIEUX SOLDAT de Charles-Quint.

GRANDS D'ESPAGNE.

COURTISANS.

GUERRIERS.

GARDES.

PAGES.

La scène est à Madrid, dans le palais des rois d'Espagne.

PHILIPPE II,

TRAGÉDIE.

~~~~~~

ACTE PREMIER.

SCÈNE PREMIÈRE.

PHILIPPE, LE DUC D'ALBE.

D'ALBE.

Sire, quel noir chagrin flétrit cette âme altière?
Philippe, un roi puissant, craint de l'Europe entière,
Peut-il s'abandonner au trouble où je le voi?

PHILIPPE.

C'est le fruit du pouvoir; c'est la dette d'un roi.
Peut-être des humains la difficile étude
M'a de l'art de régner donné quelque habitude;
Et j'ai vu de tout temps, au sein de mes grandeurs,
Chaque jour m'apporter son tribut de douleurs.
Mais ce tribut augmente, et son fardeau m'accable.
Du trône castillan, vous, l'appui redoutable,
Dont le bras m'a servi chez le Belge indompté,

D'Albe, soumettrez-vous ce peuple révolté?
Me faudra-t-il encor supporter ses caprices?

D'ALBE.

S'il n'était soutenu, si des mains protectrices
Du rebelle Nassau ne caressaient l'espoir,
Le Belge, par mes soins rentré dans le devoir,
Dans ses riches cités coulant des jours prospères,
Respecterait le sceptre et la foi de vos pères.
Mais les séditieux infestaient les chemins;
Mes lettres quelquefois tombaient entre leurs mains:
Loin d'arrêter le mal, un écrit pouvait nuire.
J'ai desiré vous voir, vous parler, vous instruire,
Signaler à vos yeux de trop chers ennemis.
Ah! sire, il est cruel pour un sujet soumis
De venir redoubler vos chagrins politiques
Ce n'est pas seulement dans les plaines belgiques
Qu'un pouvoir criminel combat vos intérêts;
Nassau, dans Madrid même, a des appuis secrets.

PHILIPPE.

Nommez-moi ces pervers qui bravent mon empire.

D'ALBE.

Je ne puis les nommer; ce mot doit vous suffire.

PHILIPPE.

Je vous entends: je sais qu'un père infortuné
Doit gémir sur son fils dans le crime entraîné.
Des Belges révoltés l'infant nourrit la haine.

D'ALBE.

Ils comptent sur Carlos, et même sur la Reine.

PHILIPPE.

Sur la Reine!

D'ALBE.

Excusez ces pénibles aveux.
Je remplis un devoir austère et dangereux;
Mais, en dissimulant, je trahirais mon maître.

PHILIPPE.

Sur la Reine! Loin d'elle on peut la méconnaître.
Que l'infant, peu docile à mes sages leçons,
Ait des vrais Castillans mérité les soupçons;
Qu'il ait de Nassau même enhardi l'espérance;
Que, pour mes ennemis, sa coupable indulgence
Fomente encor le trouble au sein de mes États,
Je le crois; il m'afflige, et ne me surprend pas:
Le pouvoir des bienfaits le trouve inaccessible.
Mais qu'une jeune reine, et timide et sensible,
D'un chef de révoltés flatte l'ambition;
Qu'elle daigne sourire à la rebellion;
Que d'un cœur qui l'adore aigrissant la blessure...
Non, le sien m'est connu; sa vertu me rassure.
Quand cet objet touchant vint embellir ma cour,
D'un bonheur fugitif j'ai senti le retour.
Ses yeux versaient la paix dans mon âme flétrie;
Et mes jours, attristés par la sombre Marie,
Auprès d'Élisabeth se levaient plus sereins.
L'infant, le seul infant m'a rendu mes chagrins.

D'ALBE.

Je réponds sans contrainte à votre confiance.

Vous rappelez ces temps où, du sein de la France,
Rayonnante d'attraits, la fille des Valois
Vint partager un trône, et nous donner des lois;
Mais, sire, oubliez-vous qu'à ce grand hyménée
La jeune Élisabeth n'était pas destinée;
Que son père Henri-deux, sa mère Médicis,
L'avaient, depuis long-temps, promise à votre fils;
Et que ce nœud futur réchauffait dans Bruxelle
L'espoir mal étouffé du protestant rebelle?
Bientôt d'Élisabeth vous devîntes l'époux;
Et, lorsqu'avec transport l'Espagne à ses genoux
D'un amant couronné partageait l'allégresse,
Le parti de Nassau, cachant peu sa tristesse,
Voyait dans cet hymen une calamité:
On exaltait l'infant par vous persécuté;
Lui qui, de son aïeul honorant la mémoire,
Devait de Charles-Quint continuer la gloire.
De ce peuple ombrageux tels étaient les discours,
Sire; et, dans la Belgique, ils circulent toujours:
On y peint de Carlos la tendresse jalouse;
On y vante ce prince; on y plaint votre épouse.
Vous leur avez, dit-on, porté le coup mortel;
Et d'une égale ardeur...

PHILIPPE.

　　　　　　　　N'achevez point, cruel.
Un guerrier, je le sens, rougit de ma faiblesse;
Mais ce cœur embrasé, plein du trait qui le blesse,
Dans le cœur d'un ami demande à s'épancher.

Je vous estime assez pour ne vous rien çacher.

Oui, j'aime Élisabeth, je l'aime avec ivresse:

Oui, pour elle mon fils sent la même tendresse.

Puissent le temps, l'absence, étouffer son amour!

D'ALBE.

Que dites-vous? Carlos...

PHILIPPE.

Est absent de la cour.

Le Maure audacieux, franchissant son rivage,

Loin des brûlans déserts de l'Afrique sauvage,

Vient dévaster les bords qu'il possédait jadis:

J'ai saisi ce moment pour éloigner mon fils;

A sa jeune valeur j'ai confié l'armée.

Je sais que d'un tel choix l'Espagne est alarmée.

Spinola s'est lui-même expliqué hautement:

Ce prélat, dont la pourpre est le moindre ornement,

Ce chef d'un tribunal vénérable et suprême,

Qui, redouté du peuple et craint des rois eux-même,

De l'Église et du Ciel venge et maintient la loi,

Assure que le prince, abandonnant sa foi,

Aide en secret le Maure, et, jusque dans Byzance,

Fait du sultan Sélim demander l'alliance.

Mais je n'ai rien appris de ces desseins pervers;

Et, de loin, sur l'infant je tiens les yeux ouverts.

Pour savoir ce qu'il fait, ce qu'il dit, ce qu'il pense,

J'ai d'un observateur armé la vigilance.

Affectant les dehors d'une intime amitié,

A tous ses sentimens Gomès initié,

Gomès est près de lui mon fidèle émissaire:
Courtisan méprisé, mais agent nécessaire,
N'écoutant que la voix de ses vils intérêts,
Du confiant Carlos il me vend les secrets.

D'ALBE.

Gomès! de votre fils il éleva l'enfance;
Il chérissait le prince.

PHILIPPE.

　　　　　Il chérit la puissance.
D'Albe, sur tous les points m'avez-vous éclairci?

D'ALBE.

J'ajoute encor deux mots: d'Egmont se rend ici.

PHILIPPE.

D'Egmont!...

D'ALBE.

　　　　　Vient contre moi vous demander justice.
De Horn et de Nassau c'est l'ami, le complice.
Vous savez s'il mérite un favorable accueil,
Et comment vous devez répondre à son orgueil.
C'est dans la fermeté qu'est ici la prudence.
Des principes nouveaux craignez l'indépendance
Pour les nombreux États entre vos mains transmis.
On doit quelque indulgence à des sujets soumis;
Mais un peuple indompté veut un maître sévère.
Vous seul, entre les rois que l'Europe révère,
Du nom de catholique êtes le protecteur:
La Reine qui commande à l'Anglais novateur,
De son père Henri-huit a consommé l'ouvrage:

Maximilien, d'un œil plus timide que sage,
De vingt cultes rivaux voit les sanglans débats,
Tandis que Charles-neuf, esclave en ses États,
Craignant des Châtillon l'influence ennemie,
D'une paix sacrilége a subi l'infamie.
Pour des brigands vaincus quel triomphe éclatant!

PHILIPPE.

Cette paix n'est qu'un piége, et la mort les attend.
Des Guises avec moi la secrète alliance
De Coligni, des siens, détruira l'influence;
Et j'ai quelque pouvoir sur cette Médicis,
Qui régna de tout temps sous le nom de ses fils.
J'ai vu des rois trahir la foi de leurs ancêtres;
Ils ont délaissé Rome, et combattu ses prêtres.
Moi, je veux maintenir les antiques autels,
De mon autorité fondemens immortels.
Pour d'Egmont, dans ma cour il n'a rien à prétendre;
Vous m'avez bien servi, je saurai vous défendre.
La Reine vient... Allez, fiez-vous à ma foi:
Je puis compter sur vous; comptez sur votre roi.

(D'Albe sort.)

SCÈNE II.

PHILIPPE, ÉLISABETH.

ÉLISABETH.

Le plus pressant motif auprès de vous m'amène.
D'autres prendront le soin d'irriter votre haine,

Et, prêtant au malheur de coupables projets,
Flatteront le monarque aux dépens des sujets.
Je viens, sire, à mon tour, désarmer la vengeance,
Réclamer la justice, et même l'indulgence :
Un Belge, dans ce jour, doit paraître à vos yeux.

PHILIPPE.

Oui : ce Belge est d'Egmont; il se rend en ces lieux.
La nouvelle, madame, a lieu de me surprendre.
Mais, comment savez-vous ce que je viens d'apprendre ?

ÉLISABETH.

D'Egmont, près d'arriver, m'en a fait prévenir.
Je le vis en des temps chers à mon souvenir :
La victoire deux fois nous l'avait fait connaître.
Dans les murs de Paris, son zèle pour un maître
N'a pas moins éclaté qu'au milieu des combats.
La gloire et la franchise ont guidé tous ses pas,
Quand, chargé de conclure une paix salutaire,
Il vous représentait auprès du roi mon père.

PHILIPPE.

Je ne présumais pas qu'il oubliât jamais
Ses exploits, ses travaux, et surtout mes bienfaits.
On sait que votre voix ne peut m'être importune;
Et, comme on craint encor de braver ma fortune,
Je ne m'étonne point que le Belge ait tenté
Du cœur d'Élisabeth la facile bonté.
Le nom seul du malheur est puissant auprès d'elle.
Songez pourtant, songez que ce vertueux zèle
Par d'injustes soupçons pourrait être noirci.

ÉLISABETH.

Je n'en saurais douter, puisque d'Albe est ici;
D'Albe, ennemi cruel, dont la froideur altière
Rit des larmes du faible, et punit la prière;
D'Albe, odieux partout, mais si fort redouté,
Qu'un sujet, qu'un héros, autrefois respecté,
Qu'un de vos grands, lié par un devoir austère,
Environne ses pas des ombres du mystère,
Et, d'un peuple outragé venant plaider les droits,
Pour approcher de vous a besoin de ma voix.
Aux cris de l'oppresseur votre oreille attentive
Est-elle inaccessible à la douleur plaintive?
Et, des rigueurs d'un trône esclave couronné,
Au tourment de punir êtes-vous condamné?
Ah! quand à vos destins je me suis asservie,
Quand la foi d'un traité vous a donné ma vie,
Cette pompe qui suit l'épouse d'un grand roi,
Sans me causer d'orgueil, m'a fait sentir l'effroi.
Parmi tant de splendeur si j'ai trouvé des charmes,
C'est dans le droit sacré de sécher quelques larmes,
D'accueillir le malheur, d'intercéder pour lui:
Et quelle autre en ces lieux lui servirait d'appui?
Quand tout cède aux décrets d'un ministre homicide,
Quelquefois permettez qu'une épouse timide
Des peuples opprimés entretienne un époux,
Et que leur plainte au moins puisse aller jusqu'à vous.

PHILIPPE.

Pour des sujets zélés soyez juste vous-même,

Et soyez-le surtout pour un roi qui vous aime.

Je ne souffrirai point que d'Egmont aujourd'hui

Vainement de la Reine ait obtenu l'appui.

Il veut m'entretenir : je l'entendrai, madame ;

Qu'il vienne : ma réponse est au fond de mon âme.

Je pourrais, sans rigueur, interdire à ses yeux

Ma présence, la vôtre et l'aspect de ces lieux ;

Je pourrais même, en lui ne voyant qu'un rebelle...

Mais je me souviendrai qu'il fut long-temps fidèle.

Comme un vrai Castillan je veux le recevoir :

C'est plus qu'à ses exploits je ne croyais devoir,

Plus qu'il ne sied peut-être à l'orgueil de l'empire.

Je cède à l'intérêt que d'Egmont vous inspire :

Sans crainte à mes regards il peut se présenter.⁻

SCÈNE III.

PHILIPPE, ÉLISABETH, SPINOLA.

SPINOLA.

Jusqu'aux pieds du monarque il est temps de porter

Le vœu des vrais amis du trône et de l'Église.

A votre autorité si l'Espagne est soumise,

Philippe, elle a sur vous des droits à réclamer.

Contre nous l'infidèle ose encore s'armer ;

Les drapeaux africains ont flotté sur nos villes.

Vos soldats craignent peu ces phalanges serviles ;

Aisément ils vaincront, si le Ciel est pour eux :
S'il est contre eux, jamais. Un devoir rigoureux
M'ordonne d'affliger, mais d'instruire Philippe :
Il est roi ; qu'il prononce, et l'effroi se dissipe.
Dieu ne protége point ceux qu'il n'eût point choisis ;
Rassurez vos sujets : rappelez votre fils.

ÉLISABETH.

Le prince !

PHILIPPE.

Expliquez-vous.

ÉLISABETH.

Quel étonnant langage !

SPINOLA.

Sire, pourquoi faut-il m'expliquer davantage ?
L'infant vous est connu. Je veux bien supposer
Que de trahir l'Espagne on ne peut l'accuser,
Qu'il n'abandonne point la foi de ses ancêtres ;
Mais, sans le mettre au rang des apostats, des traîtres,
Sans croire à tant de bruits imprudemment semés,
Bruits que par sa conduite il a trop confirmés,
Sans vouloir découvrir dans les yeux d'un monarque
De ses chagrins cachés quelque infaillible marque,
L'infant d'un tribunal terrible et révéré
N'est-il pas dès long-temps l'ennemi déclaré ?
N'a-t-il pas, jeune encor, professé les maximes
Des Belges révoltés, qu'il nomme des victimes ?
Le nom de don Carlos n'est-il pas aujourd'hui
De tous les mécontents l'espérance et l'appui ?

ÉLISABETH.

Si vous ne craignez point d'attaquer l'innocence,
Souffrez qu'on la défende, et respectez l'absence.
D'un père et de son fils ainsi vous disposez!
Dieu les réunissait, et vous les divisez!
Ainsi de l'encensoir vous profanez l'usage!
Pour dissiper entre eux le plus léger nuage,
D'un ministre de paix implorant le secours,
C'est à vous, Spinola, que j'aurais eu recours;
Et vous venez, cruel, irriter votre maître,
Rallumer des soupçons qui s'éteignaient peut-être!
Si vous êtes puni par un succès affreux,
Si votre voix triomphe et fait deux malheureux,
Si, d'un pouvoir jaloux n'écoutant que l'ivresse,
Prompt à déshériter l'infant de sa tendresse,
Frappé du nom du ciel, le Roi cède à vos cris,
Lui rendrez-vous l'amour et les vertus d'un fils?

SPINOLA.

Dieu lui rendra bien plus en bénissant son règne.
Il faut qu'un souverain le respecte et le craigne.
La loi que j'interprète est la loi de rigueur.
Je n'offre point aux rois un encens corrupteur;
Celui qui fait régner, seul maître que j'encense,
Ne me permit jamais de flatter leur puissance.
En son nom quelquefois je viens les éclairer.
Étrangère à nos mœurs, vous pouviez l'ignorer.
D'une cour, où souvent Dieu reste sans vengeance,
Vous avez en Espagne apporté l'indulgence.

Comme un roi castillan Philippe doit penser,
Madame, et c'est à lui que je viens m'adresser.

PHILIPPE.

Quoique j'honore en vous un caractère auguste,
Spinola, pour l'infant vous me semblez injuste;
Et, malgré les vains bruits qu'on aime à publier,
La victoire bientôt peut le justifier.
J'ai formé contre lui des plaintes légitimes;
Je connais ses erreurs; j'ignore encor ses crimes.
Si jusqu'à la révolte il osait se porter,
Dans ce chemin glissant je saurais l'arrêter.
De tromper, de trahir, je le crois incapable.
Dans un jeune imprudent vous voyez un coupable;
L'équité n'est pour vous que la sévérité.
Il me conviendrait mal d'être un juge irrité;
Une longue indulgence est l'équité d'un père.

SPINOLA.

Adieu, sire; je rentre au fond du sanctuaire.
Vous négligez l'appui des ministres sacrés;
Mais bientôt, croyez-moi, vous le réclamerez.

(Il sort.)

SCÈNE IV.

PHILIPPE, ÉLISABETH, GOMÈS.

ÉLISABETH.

Quel adieu! Qu'a-t-il dit?

PHILIPPE.

La vérité peut-être.

On vient. C'est vous, Gomès, vous que je vois paraître!
Quel motif en ces lieux vous ramène? Et pourquoi
Osez-vous, sans l'infant, vous montrer devant moi?
N'ai-je pas à vos soins confié sa jeunesse?

GOMÈS.

Sire, des Castillans partagez l'allégresse:
J'accompagne Carlos; il est près de ces lieux.

PHILIPPE.

Lui!

GOMÈS.

Vous allez revoir l'infant victorieux.

ÉLISABETH.

Victorieux!

PHILIPPE.

L'infant....

GOMÈS.

Vers ce palais s'avance.
Entendez-vous l'airain célébrer sa vaillance?
Tandis que vos sujets, pressés autour de lui,
Du trône et de la foi le proclament l'appui,
L'infant paraît lui seul ignorer sa victoire:
Modeste sans effort et plus grand que sa gloire,
L'infant, de ses exploits méconnaissant le prix,
Semble de tant d'honneurs moins touché que surpris.
Ainsi nous l'avons vu dans Séville alarmée,
Quand son premier regard vous donnait une armée.

ÉLISABETH.

De sa fidélité tous les yeux sont témoins,

Sire, et de votre fils vous n'attendiez pas moins.

S'il a des envieux, ce coup va les confondre;

Et c'est en triomphant qu'un héros sait répondre.

PHILIPPE.

Dieu seul doit triompher, Dieu qui combat pour nous.

SCÈNE V.

PHILIPPE, ÉLISABETH, CARLOS, GOMÈS,
COURTISANS, GUERRIERS.

CARLOS.

Mon père, j'ai vaincu: je viens à vos genoux

Déposer les pouvoirs remis à mon courage,

Et de quelques lauriers vous présenter l'hommage.

Ils sont dignes de vous, dignes de votre fils:

Le sang de vos sujets ne les a point flétris.

PHILIPPE.

Levez-vous, don Carlos; je bénis votre zèle;

Soyez toujours vainqueur; soyez toujours fidèle.

ÉLISABETH.

Ces rapides exploits surpassent notre espoir.

CARLOS.

Ah! j'éprouvais, madame, un céleste pouvoir.

PHILIPPE.

Je ne laisserai point languir votre vaillance.

Que de nouveaux succès soient votre récompense:

·Courez chercher encor des ennemis vaincus.

CARLOS.

Mais, sire, où les chercher quand vous n'en avez plus?

PHILIPPE.

Une seule victoire....

CARLOS.

A terminé la guerre,
Des murs de Carthagène aux remparts d'Anqueterre,
D'un sinistre nuage ils étonnaient les yeux,
Et menaçaient Grenade où régnaient leurs aïeux.
J'avais peu de soldats; je n'avais que des braves:
Tous étaient Castillans. La race des esclaves
Bientôt de ses vainqueurs a reconnu les fils:
Près de Montemayor l'infidèle surpris
Oppose en vain sa rage et ses cris pour défense;
Armes, drapeaux, trésors, tout est en ma puissance.
Le chef, percé de coups, sous ce fer est tombé;
Et devant la valeur le nombre a succombé.
Quelques-uns rejoignaient leurs voiles toutes prêtes;
Mais, en fuyant le glaive, ils trouvent les tempêtes:
De leurs vaisseaux brisés ils couvrent les deux mers.
A peine un faible reste a fui dans ses déserts.
Du sang des Africains la Segura grossie
Coule avec plus d'orgueil dans les champs de Murcie;
Et l'onde du grand fleuve aux rives de Cadis
De ces noirs bataillons roule encor les débris.

PHILIPPE.

Je sens qu'en vos discours le courage respire,

Et qu'un héros de plus se révèle à l'empire;
Je vous vois de retour; j'ai lieu d'être content:
Vous prévenez mon vœu; mais un sujet l'attend.
Reine, et vous, prince, et vous, soutiens de la Castille,
Qui de Philippe aussi composez la famille,
Suivez-moi dans le temple; et là, braves gûerriers,
Suspendez vos drapeaux, prosternez vos lauriers: ·
Que du pied des autels l'hymne de la victoire
S'élève jusqu'au Dieu qui dispense la gloire;
Et jurez devant lui de maintenir les droits
Des rois maîtres du peuple, et du maître des rois.

ACTE II.

SCÈNE PREMIÈRE.

CARLOS, GOMÈS.

GOMÈS.

INSENSIBLE aux transports de la publique joie,
Rêveur et solitaire, à la douleur en proie,
Vous semblez fuir un prix qui vous est si bien dû :
Jouissez de l'hommage à vos succès rendu ;
Voyez de vos lauriers cette cour embellie.

CARLOS.

J'y rentre avec la gloire et la mélancolie.
De mes ennuis profonds ton cœur seul a pitié,
Et l'amour malheureux a besoin d'amitié.
J'ai donc revu la Reine ! Attentif, immobile,
J'admirais sa candeur, sa dignité tranquille,
Cet intérêt touchant dans ses traits répandu,
Que te dirai-je enfin ?... tout ce que j'ai perdu.
Jamais Élisabeth ne me parut si belle ;
Jamais mon triste cœur n'a tant brûlé pour elle.

GOMÈS.

Où peut vous entraîner ce long égarement?

CARLOS.

Elle est prête à se rendre en son appartement;
Ces lieux en sont voisins; je veux ici l'attendre.

GOMÈS.

Et quel est votre espoir?

CARLOS.

De la voir, de l'entendre,
De respirer près d'elle un moment sans témoins,
D'adoucir mon malheur, ou d'en parler au moins.
La voici : laisse-nous.

(Gomès sort.)

SCÈNE II.

CARLOS, ÉLISABETH.

CARLOS.

Ne fuyez point, madame.

ÉLISABETH.

Prince, que faites-vous? Un peuple entier réclame
La douceur d'applaudir à vos prospérités :
Vous, ne dédaignez point ces tributs mérités.
Rendez à ses desirs votre présence auguste;
Il chérit les héros; la cour est plus injuste :
Ici sont déguisés sous un masque imposteur
Et le lâche hypocrite et le vil délateur.

CARLOS.

Oui: d'Albe et Spinola, ces tyrans fanatiques,
Artisans éternels des misères publiques;
J'ai·su, mais j'ai bravé leurs insolens discours.

ÉLISABETH.

Ils ne terniront point la splendeur de vos jours.

CARLOS.

Une envieuse nuit vient y mêler son ombre.

ÉLISABETH.

Ah! prince, des chagrins le voile épais et sombre
Devrait-il obscurcir un front victorieux?

CARLOS.

Ces chagrins m'ont suivi quand j'ai quitté ces lieux;
Ils m'ont accompagné sous la tente guerrière;
Rien ne peut renverser l'éternelle barrière
Qui m'a, bien jeune encor, séparé du bonheur:
Un cuisant souvenir veille au fond de mon cœur:
A la fin de mes maux le Ciel même s'oppose,
Et ce n'est point à vous d'en demander la cause.

ÉLISABETH.

La gloire et l'amitié ne vous consolent pas?

CARLOS.

L'amitié! quelquefois je respire en ses bras.
D'un prince malheureux ami tendre et sincère,
Gomès...

ÉLISABETH.

Le seul Gomès? vous oubliez... un père,
Ce respectable nom peut-il vous alarmer?

CARLOS.

Un père! était-ce lui que vous deviez nommer?

ÉLISABETH.

Carlos!

CARLOS.

A mes douleurs fut-il jamais sensible?
Philippe est un grand roi, mais un père inflexible.

ÉLISABETH.

Étouffez ces transports: du moins souvenez-vous
Qu'il vous donna le jour, et qu'il est mon époux.

CARLOS.

Ce nom que vous aimez, et qui me désespère,
Tout autre, avant ma mort... Philippe était mon père;
Philippe est votre époux; mais ce nom fortuné,
En d'autres temps, madame, il m'était destiné.

ÉLISABETH.

Ah! j'ai dû l'oublier: oubliez-le vous-même.

CARLOS.

Vous l'avez oublié! Mais pour le rang suprême,
Ce qu'on n'aima jamais s'abandonne aisément.
Auriez-vous abjuré ce premier sentiment
Qui, se glissant dans l'âme exaltée et ravie,
La remplit toute entière, et fait sentir la vie?
Eh! qui peut, tout-à-coup, par le charme entraîné
Voir au sort d'un moment l'avenir enchaîné?
Sans prévoir mon destin j'ai connu cette ivresse.
Imprudent! jusque-là ma superbe jeunesse
Méprisait des amans les frivoles ennuis:

De Charles, mon aïeul, la gloire, au sein des nuits,
S'élevait devant moi par le temps agrandie;
Et son nom réveillait mon âme énorgueillie.
Tranquille, j'avais vu les beautés de la cour
Au pouvoir, au crédit vendre le nom d'amour,
Insulter aux vertus dans leur cœur étouffées,
Et de leur honte illustre étaler les trophées.
Sous le joug du scandale espérant m'asservir,
Elles briguaient en vain l'honneur de m'avilir.
Jour où s'évanouit ma longue indifférence!
Belle d'un pur éclat, loin des bords de la France,
Vous parûtes, semblable à l'astre du matin;
Ma foi vous attendait, et ce bonheur certain
Avait porté l'ivresse en mon âme enflammée.
Philippe vous aima; qui ne vous eût aimée!
Hélas! je n'avais pas un trône à vous offrir.
Je ne pus que me plaindre, adorer et souffrir.
Il fallut m'immoler: l'arrêt de votre frère
Accueillit la demande et les vœux de mon père.
Ils voulaient nous unir, ils brisèrent nos nœuds.
Aux pieds de ces autels, préparés pour nous deux,
Par un autre que moi vous fûtes amenée:
C'est là, c'est aux lueurs des flambeaux d'hyménée,
C'est en voyant mes yeux de larmes obscurcis,
Que.Philippe a juré le malheur de son fils.

ÉLISABETH.

Pouvez-vous de ces temps rappeler la mémoire?
Ah! j'aimais à penser que les soins de la gloire

Occupaient tout entier votre cœur généreux,

Ce cœur digne en effet d'un destin plus heureux.

Quand vous êtes chéri du peuple et de l'armée,

Quand ce palais est plein de votre renommée,

Quand tous les Castillans célèbrent vos exploits,

D'un amour sans espoir vous écoutez la voix!

A pleurer un héros voulez-vous les contraindre?

On vous admire; hélas! faut-il encor vous plaindre?

CARLOS.

Qu'importent ces lauriers, ce renom d'un vainqueur?

Tout ce fragile éclat n'a pu remplir mon cœur.

Un rival sans espoir, mais redouté peut-être,

Importunait les yeux d'un époux et d'un maître:

On m'éloigna de vous. Facile à me tromper,

Moi-même, au sein des camps, j'ai cru vous échapper;

Mais l'amour en tous lieux est l'air que je respire;

Dans les camps, loin de vous, j'ai subi votre empire.

Vos traits, ces traits charmans dans mon âme imprimés,

Partout venaient s'offrir à mes sens enflammés;

Votre image des nuits peuplait le noir silence;

Votre image aux combats animait ma vaillance;

Dans les rangs éclaircis je suivais sans effroi

Cet ange protecteur qui marchait devant moi;

Le nom d'Élisabeth inspirait mon armée;

Vous étiez tout pour moi: l'État, la renommée.

Lorsqu'au milieu des morts et du sang et des cris,

Blessé, je combattais entouré de débris,

Présente, à mes dangers vous paraissiez sensible;

Vos regards attendris me rendaient invincible;
Sur le Maure indompté vous dirigiez mes coups;
Je vous offrais mon sang, je le versais pour vous.

ÉLISABETH.

Le Ciel dont la bonté veille sur votre vie
N'a point voulu souffrir qu'elle vous fût ravie:
Il vous donna la gloire, il vous rend à mes vœux;
Vous revenez vainqueur: revenez donc heureux.
D'un triomphe si beau connaissez mieux les charmes.
Qui n'a pas ses chagrins? Qui ne répand des larmes?
Mais un prince à l'État doit souvent s'immoler.
Adieu. Puissent nos soins un jour vous consoler!
Mon cœur vous est connu; vous en devez attendre
L'intérêt le plus pur, l'amitié la plus tendre;
Mais ne préparons plus, durant nos entretiens,
Vos malheurs, ceux d'un père, et peut-être les miens.

(Elle sort.)

CARLOS.

Les vôtres! Non, jamais; je saurai me contraindre;
Non, ce n'est point à vous qu'il appartient de craindre.
Mon destin sur moi seul pèsera tout entier.

SCÈNE III.

PHILIPPE, CARLOS, LE DUC D'ALBE, GOMÈS,

COURTISANS, PAGES, GARDES.

PHILIPPE, bas à Gomès.

Il aime encor la Reine?

GOMÈS, bas à Philippe.

Il n'a pu l'oublier.

PHILIPPE.

Elle sort... Et le prince a répandu des larmes.

CARLOS, apercevant Philippe.

Mon père!

PHILIPPE.

Qu'avez-vous? De secrètes alarmes
Se peignent sur un front d'ombres enveloppé.
D'où vous vient, dom Carlos, cet air préoccupé?
Les ennuis dévorans sont faits pour la vieillesse;
Mais lorsque les succès, la gloire, la jeunesse,
A l'héritier d'un trône offrent des jours sereins,
Son cœur doit, s'il est pur, ignorer les chagrins.

CARLOS.

Un cœur pur est sensible; et tout âge a sa peine.

PHILIPPE.

Vous êtes seul ici? J'avais cru voir la Reine.

CARLOS.

La Reine!

PHILIPPE.

Elle aurait dû bannir ces vains soucis:
Une mère a le droit de consoler son fils.

CARLOS.

Vous êtes son époux; mais je n'ai plus de mère.

PHILIPPE.

Soyez digne du moins de conserver un père.

CARLOS.

Digne...

8.

PHILIPPE.

Il suffit.

GOMÈS.

D'Egmont est proche de ces lieux.
Sire, qu'ordonnez-vous?

PHILIPPE.

Qu'il paraisse à mes yeux.
D'Albe, vous entendrez d'Egmont et ma réponse.

CARLOS.

C'est d'Albe qu'on accuse.

PHILIPPE.

Et c'est moi qui prononce.

CARLOS, en se retirant.

Oui.

PHILIPPE.

Pourquoi sortez-vous?

CARLOS, en se retirant.

Ah! sire, permettez...

PHILIPPE.

Restez, prince.

CARLOS.

Vous seul...

PHILIPPE.

J'ai mes raisons: restez.

SCÈNÈ IV.

PHILIPPE assis, CARLOS, LE DUC D'ALBE, LE COMTE D'EGMONT, GOMÈS, COURTISANS, PAGES, GARDES.

D'EGMONT.

Sire, envoyé vers vous, j'ose à votre justice
Demander pour le Belge une oreille propice.
Ce peuple généreux daigne emprunter ma voix.
En son nom, près de vous, je viens plaider ses droits;
Et l'aspect du tyran dont il fut la victime
Ne refroidira point mon zèle légitime.

D'ALBE.

Ce tyran fut trop faible; il devait plus oser
D'Egmont ne viendrait pas aujourd'hui l'accuser.

CARLOS.

C'en est trop.

PHILIPPE, à d'Egmont.

Poursuivez, prince; et vous, duc, silence.

D'EGMONT.

Sire, vous avez vu cet excès d'insolence.
Le tyran se déclare, et son cœur sans pitié
Du sang de vos sujets n'est point rassasié.
Tel il fut de tout temps: c'est lui dont la furie
A soufflé la discorde au sein de ma patrie.
Les Belges, par lui seul aux révoltes poussés,

Resteront sous vos lois, si vous le punissez ;
Si du moins un arrêt du plus juste des princes
De l'aspect du tyran délivre nos provinces.

PHILIPPE.

Contre un vieux général le Belge est irrité :
Vous reprochez au duc trop de sévérité.
N'était-ce pas plutôt une justice utile ?
D'Albe fut-il cruel, ou le Belge indocile ?
C'est ce qu'avec loisir on doit examiner.
Votre ambassade même a de quoi m'étonner.
Mais je crains de former des doutes sacriléges :
Expliquez-moi, d'Egmont, ces droits, ces privilèges
Invoqués par le Belge avec tant de courroux,
Violés par le duc, et réclamés par vous.

D'EGMONT.

Je ne connais point l'art de farder mon langage ;
Mon père, au sein des camps signalant son courage,
Dans l'étude des lois n'a point formé son fils.
Il m'apprit cependant les droits de mon pays.
Que dis-je ? ils sont gravés dans mon âme énergique :
Mais le plus saint de tous, celui que la Belgique
Est prête à maintenir jusqu'au dernier moment,
Sire, c'est le beau droit de penser librement,
De ne jamais trahir sa conscience intime,
De ne courber jamais un front pusillanime
Sous des juges sacrés, sous un culte vainqueur,
De n'écouter enfin que le ciel et son cœur.
La conscience est libre ; on ne peut rien sur elle ;

Quand la bouche obéit, l'âme est encor rebelle.

Nous sommes vos sujets, mais chacun de nos rois

S'engagea, par serment, à conserver nos droits.

Charles, que parmi nous les destins ont fait naître,

Durant son règne illustre a su les reconnaître.

Philippe imitera l'exemple paternel.

Vous avez prononcé le serment solennel :

D'Albe n'a point tenu votre promesse auguste.

Vos sujets sont aigris par un ministre injuste :

L'équité d'un bon roi saura les désarmer.

Le glaive est sans puissance: un mot peut tout calmer.

PHILIPPE.

D'un étrange discours mon oreille est frappée;

Mai j'ai reçu du ciel mon sceptre et mon épée :

Ce sont là mes pouvoirs, mes titres, mes garans.

Combien je dois rougir de voir un de mes grands,

D'Egmont, ce chevalier si fier, si magnanime,

Désormais infidèle au beau sang qui l'anime,

D'un ramas de mutins se dire ambassadeur!

Quoi! c'est dans Madrid même, au sein de ma grandeur,

Qu'on vient parler de droits, et non demander grâce!

Envoyé de Nassau, quelle est donc votre audace?

Quel nouveau souverain prétend m'en imposer!

Quel obstacle invincible a-t-on cru m'opposer?

D'impuissantes clameurs irritant ma vengeance,

Des drapeaux étalant l'orgueil de l'indigence,

Des nobles tourmentés d'ambitieux projets,

Et nourrissant l'espoir de me vendre la paix.

Je ne discute point la foi de mes ancêtres.

Pour soumettre les cœurs la Castille a des prêtres,

Des guerriers pour combattre, et des lois pour punir.

Le Belge a de mes droits perdu le souvenir;

J'anéantis les siens; et ce peuple farouche

M'a rendu les sermens prononcés par ma bouche.

Je ne compose 'point avec des révoltés:

Guerre ou soumission, voilà tous mes traités.

D'ALBE.

Régir dans cet esprit fut toujours mon étude.

Valait-il mieux ramper sous une multitude

Qui, de tout frein légal cherchant à s'affranchir,

Ne sait point être libre et ne veut point fléchir?

J'eusse été criminel en tolérant des crimes.

CARLOS.

Ainsi, quand le Brabant regorge de victimes,

D'Albe ose encor prétendre à se justifier!

Sire, il s'agit d'un peuple et de son meurtrier;

Et nous hésiterions, imprudens que nous sommes!

D'EGMONT.

Courage, fils d'un roi, vous parlez pour des hommes.

D'ALBE.

Le roi pour son ministre a daigné me choisir...

CARLOS.

Vous avait-il choisi pour le faire haïr;

Pour qu'il fût accusé de vos fureurs sinistres?

Un roi doit-il avoir des bourreaux pour ministres?

D'ALBE.

Prince, il est pour un roi d'autres calamités :
C'est de compter son fils parmi des révoltés.

CARLOS.

Moi !

D'ALBE.

Vous-même.

CARLOS.

Eh quoi ! sire, on ose méconnaître...

PHILIPPE.

D'Albe, en ce fils, du moins, respectez votre maître.

(A Carlos.)

Jeune homme, à votre zèle imposez mieux la loi.
Philippe règne encor; ne parlez plus en roi.
Vous, d'Egmont, qui blâmez des lois justes et saintes,
De mes fiers Castillans entendez-vous les plaintes ?
Leur conscience intime obéit sans regrets ;
Et l'épais habitant de vos sombres marais
Oserait repousser, comme un joug tyrannique,
Un pouvoir révéré des vainqueurs du Mexique ;
Un pouvoir qui, du ciel faisant valoir les droits,
Pèse avec majesté sur la tête des rois !
Devant ces droits divins les vôtres disparaissent ;
Sous un culte vainqueur que tous les fronts s'abaissent ;
Vos juges sont les miens ; je veux les maintenir.
Si Nassau les combat, je saurai l'en punir ;
Si son trône est debout, je l'en ferai descendre.

D'EGMONT.

Sire, préparez-vous à régner sur la cendre.

PHILIPPE.

Oseriez-vous, d'Egmont, m'expliquer ce discours?

D'EGMONT.

Oui, sire. A la rigueur vous avez eu recours :
La rigueur a produit la désobéissance.
Fondant sur cet appui sa future puissance,
Nassau, je le vois bien, vous cause un peu d'effroi :
Nassau n'est qu'un guerrier, vous en ferez un roi.
Vos bourreaux ont perdu nos régions si belles ;
Chaque martyr qui tombe enfante cent rebelles.
Nos travaux sont détruits, nos champs sont désertés ;
L'horrible solitude habite nos cités :
L'industrie aux abois, fuyant la tyrannie,
Cherche un asile en France ou dans la Germanie.
Les hardis Zélandais, nés pour la liberté,
Vont rendre à l'Océan leur sol ensanglanté ;
Le citoyen frémit aux noms d'époux, de père ;
L'épouse au désespoir pleure en se voyant mère :
Là, près d'un fils unique, une femme combat ;
Le vieillard est armé, l'enfant même est soldat :
Le jour tout prend le glaive, et la nuit tout conspire,
Tout veut subir la mort plutôt qu'un tel empire.

PHILIPPE.

Et vous ne tremblez pas en me parlant ainsi !
Votre tête, imprudent, me répond...

D'EGMONT.

                              La voici.

PHILIPPE.

Vous rebelle, d'Egmont!

D'EGMONT.

Si j'étais un rebelle...

Vous-même à vos devoirs vous n'êtes plus fidèle.

Souvenez-vous du sang que j'ai versé pour vous,

Et de vos ennemis reconnaissez les coups:

Trois fois ils me frappaient aux champs de Cérizoles,

Quand, soutenant l'honneur des armes espagnoles,

Au général blessé je faisais un rempart,

Quand de votre maison je sauvais l'étendart.

Et depuis quand faut-il rappeler mes services?

Du jour de Saint-Quentin voyez les cicatrices.

Dans Graveline en feu je fus blessé deux fois,

Lorsque Termes vaincu vint recevoir mes lois.

Sire, votre injustice a rouvert mes blessures,

De mon zèle aujourd'hui les marques sont plus sûres;

Je sais trop quels dangers je viens ici courir:

C'est là, c'est en vainqueur qu'il me fallait mourir,

Et, par un beau trépas illustrer ma mémoire;

Mais sur l'échafaud même on peut trouver la gloire.

PHILIPPE.

D'Egmont, je rends justice à ce courage altier

Digne d'un Espagnol et d'un vrai chevalier:

Roi, j'en blâme l'excès; Castillan, je l'honore;

Mais vous êtes perdu si je vous vois encore.

Rejoignez les brigands que vous daignez servir;

Qu'ils reçoivent de vous l'exemple d'obéir;

Qu'ils implorent leur grâce, et j'oublîrai peut-être
Qu'ils ont osé braver et le ciel et leur maître.

(Bas à Gomès.)   (Haut.)

Ne quittez point Carlos. Vous, d'Albe, suivez-moi.

CARLOS, à part.

Et voilà, Dieu puissant, ce qu'on nomme un grand roi!

ACTE III.

SCÈNE PREMIÈRE.

ÉLISABETH, D'EGMONT.

D'EGMONT.

J'AI réclamé du prince un moment d'audience.
Gomès, de qui les soins ont formé son enfance,
Doit le prier pour moi de se rendre en ces lieux:
Vous daignerez vous-même entendre mes adieux.
Mais depuis quand vos yeux ont-ils connu les larmes?
Je ne sais quel chagrin semble voiler vos charmes.
La douleur, qui sur l'homme étend partout ses lois,
N'a donc point respecté la fille des Valois?
Il fut un autre temps, ce temps était prospère:
Envoyé par Philippe auprès de votre père,
Je reçus de Henri l'accueil hospitalier..
Admis dans le palais de ce grand chevalier,
Je vis avec transport votre beauté naissante
Présider aux plaisirs de sa cour florissante.
Sur votre jeune front tout brillait d'avenir.

ÉLISABETH.

Ah! que vous réveillez un tendre souvenir!
Temps chéris, mais trop courts! momens dignes d'envie!
Promesse d'un bonheur que ne tient pas la vie!
Nul soin ne m'agitait : point de vœux à former;
J'aimais autour de moi, je me sentais aimer.
La grandeur sans orgueil, la franchise polie,
Les mœurs de notre France, et les arts d'Italie
De ce Louvre enchanteur embellissaient les jeux :
Le peuple était soumis, car il était heureux.
Ce roi qui m'appelait sa fille idolâtrée,
Henri n'est plus; ma mère, à tant de soins livrée,
Des tendres nœuds du sang connaît peu la douceur,
Et mes frères peut-être ont oublié leur sœur.
Le calme a disparu de cette aimable terre;
La paix, souvent trompeuse, y recèle la guerre.
A revoir mon pays je ne dois plus songer :
Faible lis transplanté sous un ciel étranger,
Je ne fleurirai plus sur les bords de la Seine;
Je suis une exilée; on m'appelle une reine :
Ce nom que l'on m'impose est trop pesant pour moi.

D'EGMONT.

Philippe! Médicis!... C'est l'infant que je voi.
Si jeune, il est bien sombre après une victoire..
L'empereur son aïeul avait prédit sa gloire :
Elle restera pure; il connaît la pitié.

SCÈNE II.

ÉLISABETH, D'EGMONT, CARLOS.

CARLOS.

D'un peuple gémissant courageux envoyé,
A désarmer le Roi vous deviez vous attendre.
Ce que vous avez dit Carlos a su l'entendre.
Mais c'est trop peu.

D'EGMONT.

C'est tout. Chacun a ses douleurs :
Dans la cour de Philippe on voit souvent des pleurs.

CARLOS.

De vos concitoyens la misère me touche.

D'EGMONT.

Ces mots sont consolans, surtout dans votre bouche.

CARLOS.

Ce n'est pas moi qu'ici l'on daigne consulter.

D'EGMONT.

Permettez-moi d'abord de vous féliciter,
Non de quelques succès, la fortune les donne;
Non de votre courage, il n'a rien qui m'étonne;
Les héros vos aïeux ont pu vous l'enseigner;
Mais vous êtes humain, vous qui devez régner!

CARLOS.

Mon âme en cette cour ne s'est point refroidie.

D'EGMONT.

Par le malheur peut-être elle s'est agrandie.

CARLOS.

Vous m'estimez, d'Egmont; ce suffrage m'est doux.
Heureux qui peut avoir des sujets tels que vous!
Embrassez un ami.

D'EGMONT.

J'embrasse un frère d'armes.
Vous n'êtes plus à vous : séchez, séchez ces larmes;
On en répand ailleurs que vous devez tarir.

CARLOS.

Et le puis-je?

D'EGMONT.

Vous seul.

CARLOS.

Que veut-on?

D'EGMONT.

Vous offrir
Un peuple à délivrer: le Brabant vous désigne.

CARLOS.

Moi!

D'EGMONT.

Vous. D'un tel honneur vous sentez-vous indigne?
Quand les Belges en pleurs languissaient accablés,
On leur nommait Carlos, ils étaient consolés.

ÉLISABETH.

Songez qu'en ce palais tout veille et nous écoute.

D'EGMONT.

Je remplis un devoir dont la rigueur me coûte.
Si Philippe eût daigné m'exaucer aujourd'hui,
Tout le sang qui me reste aurait coulé pour lui;

La Belgique rentrait sous son obéissance;
J'en avais, en partant, exigé l'assurance;
J'aurais anéanti cet acte que je tiens:
J'ai tenté; votre père a rompu nos liens:
A ses droits primitifs la Belgique rendue,
Pour un monarque injuste est à jamais perdue:
Vous seul aux Castillans pouvez la conserver;
Vous, prince, et plus que nous c'est vous qu'il faut sauver.
Le peuple vous chérit; vous avez tout à craindre;
La main qui nous écrase est prête à vous atteindre.
Entrez dans la carrière ouverte devant vous:
La gloire vous précède, et nous vous suivons tous.

CARLOS.

Où me suivre?

D'EGMONT.

Au triomphe. Hésiter est faiblesse.

CARLOS.

Mais qui m'appelle enfin?

D'EGMONT.

Le peuple, la noblesse,
Notre salut, le vôtre, et la nécessité.

CARLOS.

Nassau...

D'EGMONT.

Je suis garant de sa fidélité.

ÉLISABETH.

Ah! d'un long repentir une faute est suivie.
Songez-vous...

D'EGMONT.

Songez-vous qu'il y va de sa vie?
Conservez-le, madame, au bonheur des humains;
L'Europe, qui l'attend, le dépose en vos mains.
Je pars; le temps s'écoule, et mon devoir m'appelle;
Nous vous reverrons, prince, aux remparts de Bruxelle.
Mes yeux fixés sur vous n'abandonneront pas
L'astre consolateur qui luit dans ces climats:
Ses feux m'ont embrasé; sa clarté m'accompagne;
Vous êtes à mes yeux plus que l'infant d'Espagne.
Vous lirez à loisir cet important écrit;
Charles vous devina, son ombre vous sourit:
Vous serez don Carlos. Montez au rang des princes;
Accueillez mon hommage au nom de nos provinces.
Philippe me rend libre en renonçant à nous;
Ce glaive est à son fils: d'Egmont, à vos genoux,
Jure, devant la Reine, et par vous et par elle,
D'aimer l'honneur et vous: d'Egmont sera fidèle.
Adieu, duc de Brabant.

, (Il sort.)

SCÈNE III.

ÉLISABETH, CARLOS.

CARLOS.

Arrêtez! mon devoir...
Cet écrit, ce serment, puis-je les recevoir?
D'Egmont!

ÉLISABETH.

Il est parti.

CARLOS.

Lisons : *Indépendance.*

Les membres des États...

ÉLISABETH.

O ciel! quelle imprudence!

CARLOS.

Bruxelle! Anvers! Namur! Tout un peuple indigné!
Horn et d'Egmont, Nassau; Nassau même a signé!
Pour publier cet acte on m'attend à Bruxelle!
D'Egmont m'avait dit vrai, la noblesse m'appelle.
Le Brabant soulevé me réclame à grands cris.
Proscrit moi-même, allons m'unir à des proscrits.
Le duc est mon fléau; le Roi n'est plus mon père :
L'Espagne, grâce à lui, me devient étrangère.
Loin du duc... loin du Roi... loin de l'Espagne...

ÉLISABETH.

Infant!

CARLOS.

L'infant n'est plus. Lisez : je suis duc de Brabant.

ÉLISABETH.

Quels périls!

CARLOS.

Que de gloire!

ÉLISABETH.

Elle est mal assurée.

CARLOS.

Cet acte, monument d'une cause sacrée,

Restera sur mon cœur. Vous sortez?

ÉLISABETH.

Je le dois.

CARLOS.

Restez.

ÉLISABETH.

C'est à l'infant que s'adressait ma voix.

CARLOS.

Eh bien, parlez.

ÉLISABETH.

L'infant peut-il encor m'entendre?

CARLOS.

Oui.

ÉLISABETH.

Songez à Philippe.

CARLOS.

Il n'a rien à prétendre.

ÉLISABETH.

Votre père!

CARLOS.

Avant d'être un père sans pitié,
Il fut un fils ingrat: l'avez-vous oublié?
Rassasié du trône, au fond d'un monastère,
Charles-Quint recueillit sa grandeur solitaire.
Quand Philippe étalait la pompe et la terreur,
Tout manquait, hors la gloire, à ce grand empereur.
A mes regards encor son image est présente:
Enfant, je visitai sa retraite imposante,
Ce temple où, tous les jours, le héros prosterné

Courbait avec grandeur son front découronné;
Ce cloître où quarante ans de gloire et de puissance
Devant l'éternité s'effaçaient en silence;
Cette cellule, obscur et vénérable lieu,
Où semblait se cacher la majesté d'un Dieu.
Il me tendit les bras, me prédit la victoire;
Mes regards dans les siens parcouraient son histoire:
Je vivais de son nom, lui de mon avenir:
Que nous étions heureux de nous appartenir!
Mais un nœud plus étroit nous était nécessaire:
Il lui fallait un fils, j'avais besoin d'un père.
L'un vers l'autre élancés, l'un par l'autre attendris,
Je l'appelai mon père, il me nomma son fils.
Sa voix, ses mains tremblaient; sa grande âme agitée
De mes destins futurs paraissait tourmentée.
Il prononçait Philippe, et me baignait de pleurs.
Philippe! ce nom seul disait tous mes malheurs.

ÉLISABETH.

Eh quoi! si jeune encor, de funestes présages
Venaient troubler... Ah! prince, éloignez ces images;
Mais surtout bannissez d'ambitieux projets.

CARLOS.

Ainsi que sa famille il traite ses sujets.
Philippe a mis au rang des droits de sa couronne
De rendre infortuné tout ce qui l'environne.

ÉLISABETH.
Respectez-moi.

CARLOS.

Ces droits d'un despote jaloux,
Ne les a-t-il jamais étendus jusqu'à vous?

ÉLISABETH.

Jusqu'à moi!

CARLOS.

Vainement vous voulez vous contraindre.

ÉLISABETH.

Quand je ne me plains pas, pourquoi m'osez-vous plaindre,
Prince? et qui vous a dit que j'accusais mon sort?

CARLOS.

Qui me l'a dit? grand Dieu! tout, jusques à l'effort
Que fait pour le cacher votre vertu sublime;
Tout; ce calme touchant, cet esprit magnanime
Dont l'éclat doux et pur semble un rayon des cieux;
Ce voile de langueur étendu sur vos yeux;
Dans vos traits adorés ces traces indiscrètes,
Infaillibles garans de vos larmes secrètes;
Ce cœur qui m'apportait, qui me devait sa foi,
Et qui, j'ose le croire, était formé pour moi.

ÉLISABETH.

Je vois avec douleur que votre âme enivrée
Se nourrit du poison dont elle est déchirée.
Vous aimez vos tourmens et vous les prolongez:
Si vous vouliez, Carlos, ils seraient soulagés:
A vos brillans destins la carrière est ouverte;
Tout un peuple est victime; on conspire sa perte;
Il n'espère qu'en vous; vous lui tendez les bras:

Loin de moi le desir de ralentir vos pas!

Mais restez vertueux; soyez toujours vous-même:

Un père vous estime; ah! faites qu'il vous aime.

Demandez-lui, pour prix de vos premiers exploits,

L'honneur de ramener les Belges sous ses lois.

Partez, courez remplir des vœux qui vous implorent:

Partez... en me laissant des regrets qui m'honorent;

Et, goûtant loin de moi des plaisirs généreux,

Vengez-vous du malheur en faisant des heureux.

CARLOS.

Quand je pourrais du duc assurer la disgrâce,

Est-ce à moi de descendre à demander sa place?

Ferai-je respecter un injuste pouvoir?

ÉLISABETH.

On ne descend jamais en faisant son devoir.

L'empire dans vos mains sera clément et juste:

D'Albe l'a rendu vil; vous le rendrez auguste.

Puisqu'enfin vous pensez qu'un sort impérieux

Vous défend ma présence et l'aspect de ces lieux,

Exilez-vous, Carlos, comme un héros s'exile:

Un trône avec le crime est à peine un asile.

Entre Philippe et moi le Ciel voulut former

Des nœuds que je respecte, et que je dois aimer:

A l'hymen pour jamais mon âme est asservie.

Eh! qui peut à son gré disposer de sa vie?

Qui choisit l'avenir? quel bonheur est certain?

Sur un commun écueil jetés par le destin,

Deux cœurs infortunés, qu'a séparés l'orage,

Se rapprochent encore au sein de leur naufrage.
Trompons votre malheur : pourquoi repoussez-vous
Ce nom sacré de fils, et ces liens si doux ?
Que je sois votre mère ! Offrez à mon image
Quelques pleurs essuyés et la paix pour hommage :
Désarmez la victoire ; honorez votre main
Par des lauriers sans tache et purs de sang humain.
Quand Philippe, orgueilleux d'un fils si magnanime,
Confirmera lui-même un éloge unanime,
Quand j'entendrai l'Espagne et l'Europe applaudir,
Fière de mon héros, je dirai, sans rougir,
A Philippe, à l'Espagne, à l'Europe charmée :
Il eût été moins grand, s'il m'avait moins aimée.

CARLOS.

Cet espoir me suffit : entraîné, convaincu,
Je cède à votre voix, et vous m'avez vaincu.
Quel langage imposant ! quel ascendant suprême !
Ah ! lorsque vous parlez j'entends la vertu même ;
Au-dessus des héros je me sens élevé.
Et voilà donc le cœur qui m'était réservé !
Tandis que sur les bords de l'heureuse Angleterre
Une autre Élisabeth, en éclairant la terre,
Du fanatisme impur dédaigne les clameurs,
Élisabeth, la mienne, eût régné par les mœurs :
Le bonheur de l'Espagne eût été son ouvrage ;
Elle eût guidé mes pas, enflammé mon courage,
Agrandi mes destins, et versé sur mes jours
Ce charme qu'elle inspire et qui la suit toujours.

Tout ce rêve enchanteur n'était qu'une imposture;
Un seul mot, pour Carlos a changé la nature.
Je crois entendre encor, pleurant, saisi d'effroi,
Ce mot, ce oui fatal, prononcé devant moi.
Philippe, par son rang, dispensé de vous plaire,
Crut qu'il était aussi dispensé d'être père
Lorsque je suppliais, il voulut ordonner...
Vous l'exigez, madame, il faut lui pardonner.

ÉLISABETH.

Ah! j'exige de vous un plus grand sacrifice:
Votre honneur et le mien veulent qu'il s'accomplisse.

CARLOS.

Vous me prescrivez donc de chérir votre époux?

ÉLISABETH.

Et vous me promettez...

CARLOS.

               D'être aussi grand que vous.
Jusqu'à vous, s'il se peut, j'élèverai mon âme.
Je vais trouver mon père; il m'entendra, madame.
Les soins dont vous daignez vous reposer sur moi
Me sont plus qu'un empire et que le nom de roi;
Par la gloire embelli, mon exil a des charmes.
Peuples infortunés! j'irai sécher vos larmes.
Hélas! dès le berceau, j'ai connu les malheurs;
Le seul bien qui me reste est d'essuyer des pleurs.

ÉLISABETH.

Adieu, prince: à nos vœux les cieux seront propices.

CARLOS.

J'en crois vos volontés; ce sont là mes auspices.
Ce jour ramènera le calme dans mon cœur.

ÉLISABETH.

Ah! c'est un jour sacré s'il vous rend le bonheur.

(Elle sort.)

SCÈNE IV.

CARLOS, GOMÈS, et ensuite PHILIPPE.

CARLOS.

Partage mes transports, ami tendre et fidèle.

GOMÈS.

Vos chagrins...

CARLOS.

Ne sont plus. Tout est changé par elle.
Allons.

GOMÈS.

Où courez-vous?

CARLOS.

Je cours auprès du Roi.

GOMÈS.

Il vient.

PHILIPPE.

Sortez, Gomès.

CARLOS, bas à Gomès.

Va m'attendre chez moi.

(Gomès sort.)

SCÈNE V.

PHILIPPE, CARLOS.

PHILIPPE.

Prince, de vos erreurs, du moins j'aime à le croire,
Des jours plus fortunés banniront la mémoire;
Et les premiers lauriers qui vous ceignent le front
D'une trop longue enfance ont réparé l'affront.
Mais, soutien de mes droits, né près du rang suprême,
Prince, vous auriez dû, pour l'État, pour vous-même,
Témoigner à d'Egmont un moins vif intérêt,
Et ne pas lui permettre un entretien secret.
A-t-il pour la Belgique enflammé votre zèle?

CARLOS.

Oui, sire; et là m'attend une gloire nouvelle.

PHILIPPE.

Comment!

CARLOS.

           Si j'ai vaincu, si j'ai fait mon devoir,
Vous ordonniez, mon père, et j'en chéris l'espoir,
Que de nouveaux exploits fussent ma récompense;
Trouvez-moi digne encor de votre confiance:
Des destins du Brabant reposez-vous sur moi.

PHILIPPE.

Pourquoi desirez-vous ce périlleux emploi?
Jeune et sans défiance, emporté, mais facile,

Vous me serviriez mal chez un peuple indocile.
D'Albe y retournera; d'Albe y sera vainqueur.

CARLOS.

D'Albe!

PHILIPPE.

On a devant vous accusé sa rigueur;
Mais qui surpassera son zèle et son courage!
N'est-ce donc pas à lui d'achever son ouvrage?
Il en garde l'espoir; doit-il y renoncer?
Et faut-il le punir pour vous récompenser?

CARLOS.

Le punir! s'il le faut! Quand un fils vous implore,
Entre le duc et lui vous balancez encore!
Songez-vous à quel point vous êtes offensé?
Ah! c'est en votre nom que le sang fut versé;
Le duc, en votre nom, massacra ses victimes;
Et vous justifiez, vous adoptez ses crimes!
Par l'organe d'un fils daignez les démentir.

PHILIPPE.

Et, si pour le Brabant je vous laissais partir,
Quels seraient vos desseins?

CARLOS.

D'y porter l'indulgence,
D'y réparer les maux produits par la vengeance.

PHILIPPE.

Vous iriez, en mon nom, ramper sous mes sujets?

CARLOS.

Ramper, en essayant le pouvoir des bienfaits!

La fierté de Philippe, en mes veines transmise,
A la rébellion ne sera point soumise;
Et votre fils, chargé d'un emploi glorieux,
Ne fera point rougir le front de ses aïeux.
Mais, si j'ai bien conçu l'autorité suprême,
Un monarque, un héros, déjà grand par lui-même,
Devient plus grand encore en sachant pardonner;
Et toujours la clémence est l'art de gouverner.
Qu'un prêtre, un Spinola soit cruel par faiblesse;
Que des droits de l'Église il nous parle sans cesse;
Ne puis-je, au moins pour vous, réclamer ceux des rois?
Et votre peuple aussi n'a-t-il donc pas ses droits?
Partout l'opinion réveille enfin le monde;
Partout l'esprit humain sort de la nuit profonde,
Et des tyrans sacrés rompt lentement les fers.
A des rayons nouveaux quand les yeux sont ouverts,
Quand la raison publique, en tous lieux élancée,
Mûrit, éclaire, échauffe, agrandit la pensée;
D'un illustre monarque illustre successeur,
Des préjugés vieillis Philippe défenseur
Voudrait-il étayer leur empire débile,
Et sur un trône oisif s'endormir immobile?
Le vulgaire des rois, redoutant le danger,
A ces grands mouvemens peut rester étranger;
Mais, vous, de l'Univers ne trompez point l'attente;
Présidez à leur marche incértaine et flottante;
Qu'à vos nobles travaux un fils associé,
Aux plaines du Brabant, pacifique envoyé,

Parmi tant de cyprès y sème enfin l'olive,
Y porte avec l'oubli la clémence tardive,
Lave par des bienfaits ce sol ensanglanté,
Et fasse aimer un nom trop long-temps redouté.

PHILIPPE.

Eh quoi! l'infant d'Espagne ouvertement conspire!
Roi trahi! prince aveugle! et malheureux empire!
Mon ouvrage avec moi périra tout entier,
Si Philippe, en mourant, laisse un tel héritier.
Comment vous flattez-vous de quelque obéissance?
Avez-vous, imprudent, calculé ma puissance?
Dans Naples, dans Milan, mon empire est assis;
Venise, Emmanuel, Farnèse, Médicis,
Reposent sous l'abri de mes vingt diadêmes;
Rome, dont j'ai toujours chéri les lois suprêmes,
Du fond du Vatican réclame mon soutien;
Jaloux de mes grandeurs, Charles, Maximilien,
Savent que la Belgique ouvre à mon espérance
Les portes de l'Empire et celles de la France;
De l'Anglais qui me craint les ports me sont ouverts;
Son trident orgueilleux, qui pesait sur les mers,
Respecte mes vaisseaux; et l'océan paisible
Respire enorgueilli sous ma flotte invincible.
Ce pouvoir, chaque jour, agrandi, cimenté,
S'étend, partout vainqueur, et partout redouté,
Du pied du Mont-Gibel et des bords de l'Afrique
Aux îles de l'Asie, aux mers de l'Amérique;
Et le soleil, en vain désertant nos climats,

N'éteint pas ses rayons sur mes nombreux États.
Qui retient sous le joug ces peuples, ces contrées,
De mœurs, d'opinions, d'intérêts séparées?
Qui peut les réunir? Un lien solennel,
Dont le premier chaînon remonte à l'Éternel.
Sans lui, l'autorité craintive ou menaçante
S'écroulerait bientôt sur sa base impuissante.
Je vois autour de nous les esprits tourmentés
Par l'amour inquiet des folles nouveautés;
Le nom de préjugés déjà se fait entendre;
A je ne sais quels droits le peuple ose prétendre.
Puisque ceux de l'Église aujourd'hui sont jugés,
Ceux du trône demain seront des préjugés.
Je n'imiterai point la France et l'Angleterre;
Des peuples et des rois j'étoufferai la guerre;
Dans un sang criminel j'éteindrai ses flambeaux.
L'Espagne éprouvera vos principes nouveaux,
Lorsque, pour son malheur, vous disposerez d'elle:
Jusque-là, prince, aux miens aveuglément fidèle,
J'ai su les maintenir; je saurai les venger,
Si quelque audacieux pense à les outrager.

CARLOS.

Servir l'humanité c'est vous faire un outrage!
Et d'un père, grand Dieu, voilà donc le langage!
Des refus! pour un fils de soi-même vainqueur!
Qui sacrifia tout! qui céda son bonheur!
Pouvez-vous ignorer le mal qui me possède?
Songez-vous que l'absence en est le seul remède?

Que j'ai besoin de fuir pour sauver ma vertu ?

PHILIPPE.

De fuir...

CARLOS.

Un ascendant vainement combattu.

PHILIPPE.

Téméraire !

CARLOS.

Un poison dont je mourrai victime ;
Des feux...

PHILIPPE.

N'achevez pas ; craignez l'aveu du crime.

CARLOS.

L'air qu'ici l'on respire est trop brûlant pour moi.

PHILIPPE.

Ciel !

CARLOS.

Je vous parle en fils.

PHILIPPE.

Je vous réponds en roi.

CARLOS.

On me promit long-temps la main de la princesse.

PHILIPPE.

Elle est reine !

CARLOS, égaré.

Ce nom me poursuivra sans cesse !

PHILIPPE.

Aux remparts de Cambrai mon hymen arrêté...

CARLOS.

Ah! mon cœur ne fut pas compris dans le traité.

Vos ministres, vendant les peuples à des princes,

Ont pu céder, reprendre, échanger des provinces;

Mais l'amour, à son gré, déterminant son choix,

Ne suit pas le caprice ou l'intérêt des rois.

PHILIPPE.

Perfide, oubliez-vous que je suis votre maître?

CARLOS.

Et le père à mes yeux quand voudra-t-il paraître?

Le père! auprès de vous, je l'ai cherché souvent.

Carlos n'a point de père, et Philippe est vivant!

A mes premiers regards ma mère fut ravie;

C'est dans son lit de mort que j'ai reçu la vie;

Vous le savez, mon père: à son dernier soupir,

Elle pleurait l'enfant qui la faisait mourir;

Ses pleurs recommandaient à l'amour paternelle

Cet enfant malheureux abandonné par elle.,

Ma mère!... à vos genoux ne la voyez-vous pas?

Redevenez mon père, et tendez-moi vos bras;

Que la voix du tombeau soit au moins entendue;

Et, pour vôtre tendresse à mes larmes rendue,

Laissez-moi conquérir, apporter en ces lieux,

Bien plus que les États soumis à vos aïeux;

Bien plus que le Potose et ses mines fécondes,

Plus que tous vos vaisseaux, vos deux mers, vos deux monde

Laissez-moi vous donner le premier bien, la paix;

Le plus grand des trésors, l'amour de vos sujets:

C'est le prix que j'attends à vos pieds que j'embrasse ;
Si ce n'est pas un prix, que ce soit une grâce ;
Mon père, exaucez-moi ; mon triomphe est certain.

PHILIPPE, sortant.

Jamais.

CARLOS, se relevant désespéré.

Jamais ! ce mot a fixé mon destin.

ACTE IV.

SCÈNE PREMIÈRE.

PHILIPPE, LE DUC D'ALBE, GOMÈS, COURTISANS, PAGES, GARDES.

PHILIPPE.

L'ACTE d'indépendance!

GOMÈS.

Oui, sire.

PHILIPPE.

Affreux mystère!

Quels noms y sont inscrits?

GOMÈS.

Il s'obstine à les taire.

PHILIPPE.

Vous n'avez rien lu?

GOMÈS.

Non; mais l'acte est sur son cœur.

PHILIPPE.

Fernand, courez chercher le grand inquisiteur:
Qu'il vienne sans tarder. Fils ingrat et perfide!

10.

D'ALBE.

Si vous voulez régner, point de pitié timide.

PHILIPPE.

Et cet acte, d'Egmont l'a remis à l'infant?

GOMÈS.

D'Egmont lui-même.

PHILIPPE.

Il part! satisfait! triomphant!
Fier d'avoir conspiré dans la cour de son maître!

D'ALBE.

Ah sire! impunément devait-il y paraître?

PHILIPPE.

D'Egmont près de Carlos était ambassadeur!

D'ALBE.

Pouviez-vous en douter?

PHILIPPE.

Une fausse grandeur,
Des exploits rappelés, son renom, ma faiblesse,
Cet orgueil imposant, même alors qu'il nous blesse,
Je ne sais quel pouvoir que je ne conçois pas,
Au moment de frapper ont retenu mon bras.

D'ALBE.

Je saurai retrouver d'Egmont et ses complices.

PHILIPPE.

Je suis content de vous, Gomès, et vos services
Jamais d'un cœur royal ne seront oubliés.

GOMÈS.

Reprenez vos bienfaits; je les ai trop payés.

Je frémis à vos yeux de mon obéissance.

Le prince m'aime encore, et j'aimai son enfance:

Je voudrais moins d'éclat, sire, et plus de repos.

PHILIPPE.

Du repos! en est-il au sein des noirs complots?

Lorsque, dans mon palais, un fils qui me déteste,

Méditant la révolte, aspirant à l'inceste,

Dévore ma couronne et calcule mes jours,

Quand il m'ose avouer ses coupables amours,

Quand la rébellion n'a rien qui l'épouvante?...

Gomès, avec d'Egmont la Reine était présente?

GOMÈS.

Oui, sire.

PHILIPPE.

Elle a connu...

GOMÈS.

J'ai rempli mon devoir:

Je n'ai pu sur la Reine et n'ai rien dû savoir.

PHILIPPE.

Elle aussi me trahir! à ce point criminelle!

Non. Sans doute elle ignore... On parlait devant elle:

Elle sait tout. Eh bien! elle a tout combattu;

Et l'on n'est point perfide avec tant de vertu.

Féria, que partout ma garde soit doublée;

Commandez, Médina, si la ville est troublée;

Lerme, qu'Élisabeth se présente à mes yeux,

Dès que l'inquisiteur aura quitté ces lieux :

Allez; de mes motifs n'instruisez point la Reine.

Vous, d'Albe, attendez-moi dans la chambre prochaine.
Gomès, voyez le prince; il doit compter sur vous.
Grands, du secret fatal vous me répondez tous;
Suivez d'Albe, et veillez au salut de l'empire.
Approchez, Spinola, vous que le ciel inspire.

(Il reste seul.)

SCÈNE II.

PHILIPPE, SPINOLA.

SPINOLA.

Quoi! vous avez déjà besoin de notre appui!
Vous n'avez pu sans doute oublier qu'aujourd'hui
Le pontife de Dieu vous trouvait moins facile.

PHILIPPE.

A la religion je fus toujours docile
Sous son pouvoir suprême abaissant mon pouvoir,
J'ai défendu ses droits.

SPINOLA.

        C'était votre devoir.
Vous n'êtes rien sans elle: un roi sage l'honore.

PHILIPPE.

Je l'ai fait respecter; aujourd'hui je l'implore.
Nos communs ennemis ont corrompu mes jours.

SPINOLA.

Dieu règne sur les rois: méritez son secours.
Je conçois quel motif à ses pieds vous ramène.

PHILIPPE.

Roi, père, époux...

SPINOLA.

L'infant et la Reine...

PHILIPPE.

La Reine!

Avant d'oser contre elle irriter mon courroux,

Arrachez-la du moins du cœur de son époux.

Laissons Élisabeth : parlons d'un fils coupable.

SPINOLA.

Des ministres du ciel l'adversaire implacable!

PHILIPPE.

D'un père et d'un monarque il a trahi les lois.

SPINOLA.

De Rome et de l'Église il méconnaît les droits.

PHILIPPE.

Je demande un conseil, hélas! que je redoute.

SPINOLA.

Votre fils, dites-vous, est coupable?

PHILIPPE.

Ah! sans doute.

SPINOLA.

Vous avez, par ce mot, prononcé contre lui.

PHILIPPE.

Que faut-il?

SPINOLA.

Le punir.

PHILIPPE.

Et quand?

SPINOLA.

Dès aujourd'hui.

PHILIPPE.

Cette nuit?

SPINOLA.

Cette nuit.

PHILIPPE.

Mais un fils!

SPINOLA.

Un rebelle.

PHILIPPE.

Je balance.

SPINOLA.

Abraham, plus ferme et plus fidèle,
Prépara de ses mains le bûcher de son fils.

PHILIPPE.

Il obéit à Dieu; mais Dieu n'a point permis
Qu'un père ait consommé cet affreux sacrifice.

SPINOLA.

Roi, pourquoi sondez-vous l'éternelle justice?
Dieu par son propre fils ne fut point désarmé;
Ce sacrifice affreux, Dieu l'a bien consommé.

PHILIPPE.

Mais pour sauver le monde, il choisit la victime.

SPINOLA.

Vous, pour servir Dieu même, et le venger du crime.
Faut-il que la balance, inégale en vos mains,
A des poids différens pèse ainsi les humains?
Brisez les échafauds dressés dans la Belgique,

Éteignez les bûchers qui couvrent le Mexique,
Ou prouvez, en frappant un ennemi des cieux,
Que tous les criminels sont égaux à vos yeux.

PHILIPPE.

Et Rome...

SPINOLA.

Applaudira.

PHILIPPE.

L'Europe...

SPINOLA.

Doit se taire.

Quand le Ciel a parlé, foulez aux pieds la terre.
Que dis-je? attendrez-vous avec tranquillité
Qu'un fils incestueux, un sujet révolté
Vienne de ce palais déshonorer l'enceinte,
Renverser les autels, brûler la cité sainte?
Israël est soumis; Lévi combat pour vous;
Jéhova vous protége et marche devant nous.

PHILIPPE, préoccupé.

Allons.

SPINOLA.

Fils de Jessé, rassemblez vos cohortes :
Le rebelle Absalon déja touche à vos portes,
Et sur l'oint du Seigneur lève un bras criminel.

PHILIPPE.

Ma puissance repose au sein de l'Éternel.
Mes grands sont réunis : près d'eux allez m'attendre;
La Reine va venir : j'ai besoin de l'entendre;
Je ne puis rien résoudre avant cet entretien.

SPINOLA.

Adieu. N'oubliez pas votre unique soutien.

Soumettez-vous, courbez votre grandeur altière;

Et qu'il n'entende pas murmurer la poussière.

Souvent pour nous instruire et pour venger ses droits,

Sa foudre doit tomber sur le palais des rois.

(Il sort.)

SCÈNE III.

PHILIPPE, ÉLISABETH.

PHILIPPE.

Qu'on fasse entrer la Reine. Approchez-vous, madame.

ÉLISABETH, à part.

Spinola !

PHILIPPE.

Je connais la candeur de votre âme :

Votre parole est pure, et je veux m'y livrer.

N'avez-vous sur l'infant rien à me déclarer?

ÉLISABETH.

Rien contre votre fils, et tout pour sa défense.

PHILIPPE.

Ce que je vous demande est de quelque importance.

Expliquez-vous. D'Egmont vous a fait ses adieux;

Le prince était présent, près de vous, dans ces lieux.

J'ignore à quel espoir d'Egmont pouvait prétendre;

Mais, tout ce qu'ils ont dit, vous avez dû l'entendre.

, ÉLISABETH.

J'ai vu partir d'Egmont aigri par vos refus;
Ses discours le prouvaient: n'exigez rien de plus.
Au milieu du Brabant votre fils magnanime
Désirait d'exercer un pouvoir légitime,
D'y faire aimer vos droits et de les maintenir:
De vos bontés sans doute il a dû l'obtenir.
Je l'ai dans cet espoir encouragé moi-même.
Cher au peuple, aux soldats, né pour un diadême,
Il pourrait...

PHILIPPE.

Oui, madame, il pourrait me trahir;
Mais qui veut commander doit savoir obéir.
Dans ma cour, à mes yeux, il ne peut se contraindre:
Vous-même, de l'infant vous auriez à vous plaindre;
Et c'est vous, plus que moi, vous qu'il ose offenser.

ÉLISABETH.

Moi, sire!

PHILIPPE.

Vous, madame. Auriez-vous pu penser
Qu'à son roi, qu'à son père, à votre époux lui-même,
L'infant ne craindrait pas d'avouer qu'il vous aime?
Qu'il vous aime!... En ce jour il me l'a déclaré;
Et ce départ si prompt, déja tout préparé,
Ce rêve d'un jeune homme enflé de sa victoire,
Ce projet d'un héros, n'est, si je veux l'en croire,
Que le reste d'un feu qu'il voudrait étouffer,
Et l'effort d'un amant qui fuit pour triompher.

ÉLISABETH.

Eh bien, s'il était vrai, se vaincre est-il un crime?
Cet amour mal éteint fut d'abord légitime;
Songez qu'en d'autres temps, par vous-même allumé...

PHILIPPE.

Je me souviens du jour où mon cœur enflammé
Vous a fait partager ma puissance et ma gloire;
Nous devions tous les trois en garder la mémoire.
Philippe, déposant vingt sceptres à vos pieds,
D'un mot d'Élisabeth les trouvait trop payés:
Vous l'avez prononcé, vous n'êtes point parjure.
J'ai cru que j'obtiendrais d'une ame noble et pure,
Sinon l'amour, au moins quelques tendres égards;
Que vous pourriez sans peine attacher vos regards
Sur un front dépouillé des fleurs de la jeunesse,
Blanchi par les travaux et non par la vieillesse:
Serais-je à cet espoir contraint de renoncer?

ÉLISABETH.

Et qui, dans votre cœur, pourrait vous y forcer?
Moi? que l'on vit toujours attentive à vous plaire!
Un fils? ce nom doit seul calmer votre colère.
Un fils! ah! qu'aisément vous le verriez soumis!
Mais nous avons tous trois les mêmes ennemis.
Ne me défendez point d'éclaircir la nuit sombre
Qui sur vos jours brillans apesantit son ombre.
Voulez-vous dissiper ce pénible tourment?
Sire, soyez époux, soyez père un moment,
Et ne repoussez plus le cri naïf et tendre

Que la nature encor cherche à vous faire entendre :
Plus que celui des rois son empire est sacré.
Un monarque puissant, un héros admiré,
Qu'entourent les flatteurs, que séduit l'imposture,
Jamais impunément n'échappe à la nature ;
Dans sa grandeur farouche à toute heure isolé,
Il gémit sur un trône, et n'est pas consolé.

PHILIPPE.

Qui peut à vos accens demeurer insensible ?
Un je ne sais quel charme, un pouvoir invincible,
Jusque dans le reproche, embellit vos discours.
J'en éprouvai cent fois les bienfaisans secours.
Loin de vous oppressé, près de vous je respire ;
Vous savez mieux que moi jusqu'où va votre empire,
Madame ; et ce n'est pas vainement qu'un époux
Du soin de son bonheur s'est reposé sur vous.
Quant à ce fils ingrat dont vous parlez sans cesse,
Oseriez-vous pour lui réclamer ma tendresse,
S'il nourrissait dans l'ame un dessein criminel ?
Si, coupable envers moi, coupable envers le Ciel...

ÉLISABETH.

Envers le Ciel et vous ! c'est l'infant qu'on redoute !

PHILIPPE.

On va plus loin.

ÉLISABETH.

Qui ? d'Albe, et Spinola, sans doute ?
Spinola, qui tantôt l'accusait à ses yeux ?
Que je viens de revoir en entrant dans ces lieux ?

PHILIPPE.

Il m'a souvent donné des conseils légitimes.

ÉLISABETH.

Vous aurait-il encor désigné ses victimes?
Voilà vos ennemis, ces conseillers flatteurs,
Ministres et bourreaux, tyrans et délateurs :
A leur ambition inquiète et jalouse
Immolant vos sujets, votre fils, votre épouse;
A vos yeux prévenus cachant la vérité;
Vous parlant de vengeance et de sévérité,
Du soin de garantir votre pouvoir immense :
Ils ne vous ont jamais parlé de la clémence.
Sous ce manteau royal, qu'ils ont ensanglanté,
Ils bravent, sans péril, tout un peuple irrité.
Séparez-les de vous, laissez-leur en partage
Des larmes pour trésors, du sang pour héritage.
Vous, dans tous vos sujets retrouvez des amis :
Commencez par l'infant, puisqu'il est votre fils;
Qu'un regard paternel l'accueille et le caresse.
Si d'un âge bouillant l'impétueuse ivresse
Dans quelques fautes même avait pu l'entraîner,
A cet âge, au malheur, on doit les pardonner.
Un bon roi les excuse, un père les oublie.
Que ce jour soit heureux; qu'il vous réconcilie;
Qu'un amour filial, des respects empressés...

PHILIPPE.

Adieu.

ÉLISABETH.

Daignez encor...

PHILIPPE.

Madame, c'est assez.

(Il sort.)

SCÈNE IV.

ÉLISABETH.

Quel époux! respirons. O rives de la France!
Je vous abandonnai dans une autre espérance.
Voilà donc ces beaux jours; voilà ce sort heureux,
Cet hymen dont ma mère a commandé les nœuds!
Un éclat, des grandeurs, que peut-être on envie;
Des sujets, une cour, mais jamais une amie
Dont les pleurs consolans répondent à mes pleurs,
Et qui daigne en son sein recueillir mes douleurs.
Ah! loin de cette cour, loin du poids qui m'oppresse,
Si, goûtant les douceurs d'une pure tendresse,
Près de lui, sans remords je pouvais me livrer...
Près de qui, malheureuse! où me vais-je égarer?
N'arrêtons pas mes yeux au fond de cet abîme.

SCÈNE V.

ÉLISABETH ; CARLOS, GOMÈS, tous deux au fond du théâtre et ne voyant point Élisabeth.

CARLOS.

Il suffit. Tu connais l'intérêt qui m'anime :
Va, cours tout préparer ; que je parte à l'instant.

GOMÈS.

Différez d'un seul jour.

CARLOS.

Un jour est important :
Il perdrait ton ami, la Reine et la Belgique.

GOMÈS.

Je cède, et vais remplir un devoir tyrannique.

CARLOS.

Je t'attends.

(Gomès sort.)

SCÈNE VI.

CARLOS, ÉLISABETH.

CARLOS, sans voir Élisabeth.

Roi cruel, c'est ton dernier refus :
Sous ton caprice altier je ne fléchirai plus.
Mais la Reine... Et je pars ! et je vivrai loin d'elle !
Je pars !... Élisabeth !

ÉLISABETH.

Qu'entends-je ? et qui m'appelle ?

CARLOS, apercevant Élisabeth.

La voici.

ÉLISABETH.

C'est vous, prince, à cette heure, en ce lieu?

CARLOS.

L'infortuné Carlos peut donc vous dire adieu?

ÉLISABETH.

Adieu?

CARLOS.

Le Roi n'a point exaucé ma prière.

ÉLISABETH.

Je le savais. La nuit, ce palais solitaire,
Loin de vous à l'instant tout devrait me bannir
Mais je vois vos périls; tout doit m'y retenir.
C'est donc en fugitif que vous quittez l'Espagne?

CARLOS.

Il le faut. La nuit même.

ÉLISABETH.

Et qui vous accompagne?
Qui veillera sur vous?

CARLOS.

Suivi du seul Gomès.

ÉLISABETH.

Imprudent! Connaît-il vos funestes secrets?

CARLOS.

Mes secrets sont les siens : c'est un ami.

ÉLISABETH.

Peut-être;
Mais souvent à la cour un ami cache un traître.

Il sait les noms de ceux que vous allez chercher?

CARLOS.

Il ignore les noms; j'ai dû les lui cacher.

ÉLISABETH.

Et vous abandonnez sans quelque répugnance
Cette enceinte, témoin des jeux de votre enfance;
Ces remparts où régnaient, où dorment vos aïeux,
Où le premier soleil vint éclairer vos yeux,
Où l'on vante aujourd'hui votre jeune courage!

CARLOS.

Dites, si vous voulez m'accabler davantage,
Ce palais où Carlos, enchaîné sous vos lois,
Vous vit, vous entendit pour la première fois.
Mais il est temps de fuir un roi qu'aigrit la plainte.
Ah! si vous aviez vu sa froideur, sa contrainte;
Comme il traitait Carlos respectueux, confus;
De quel orgueil royal il enflait ses refus!
En vain j'ai fait parler, et le doux nom de père,
Et les malheurs d'un fils, et l'ombre de ma mère,
Et mes pleurs supplians qui baignaient ses genoux...
Que vous dirai-je enfin? j'étais guidé par vous.
Rien n'a vaincu son âme inflexible et farouche;
Jamais le nom de fils n'est sorti de sa bouche.
Jusqu'à quand ses dédains seront-ils impunis?
Il n'est plus père; et moi, je resterais son fils!
Pourquoi? Le seul Philippe, en son cœur sacrilége,
D'étouffer la nature a-t-il le privilége?
Non. Je quitte ces lieux: ce n'est pas sans retour:

Plus fort, plus redouté, j'y veux rentrer un jour;
Vos yeux m'y reverront. Malheur à qui m'opprime!
Tous les nœuds sont rompus, puisqu'on me force au crime.

ÉLISABETH.

Au crime! Ah! que je puisse encor vous estimer!
Vous concevez le crime, et vous osez m'aimer!

CARLOS.

Vous connaissez Philippe, et vous blâmez ma fuite!

ÉLISABETH.

Peut-être à l'excuser vos malheurs m'ont réduite;
Mais éclairez du moins, et sauvez vos amis.
Où sont-ils ces hauts faits que vous m'aviez promis?
Ne les rendrez-vous plus, ces éclatans services
Que de votre valeur annonçaient les prémices?
Pour vous, si jeune encor, l'avenir est perdu!
Déshérité par vous d'un rang qui vous est dû,
Au rang d'usurpateur vous daigneriez descendre!
D'un projet criminel que pouvez-vous attendre?
L'opprobre qui s'attache aux malheurs mérités.
Auriez-vous prétendu, dans vos témérités,
Que de vous applaudir je deviendrais capable?
Que je consentirais à vous revoir coupable?
Qu'abandonnant mon roi, trahissant mon époux,
Contre Philippe un jour je m'armerais pour vous?
Que vous disposeriez de mon cœur adultère,
Après avoir du trône exilé votre père?...
Vous frémissez, Carlos! et vous devez frémir.
Mais seul en cette cour avez-vous à gémir?

11.

Ce n'est pas pour vous seùl que Philippe est injuste :
N'importe ; sans appui, la vertu, plus auguste,
Rentre en sa conscience avec tranquillité,
Et sait jouir encor de son adversité.
Je ne dis plus qu'un mot : le Roi vous craint ; il m'aime ;
Vous courez des périls ; j'en peux courir moi-même ;
Mais, quels que soient les coups qui vous sont préparés,
J'adopte vos malheurs si vous les honorez.

CARLOS.

Comment présumez-vous que je les déshonore ?
Gardez votre pitié, je la mérite encore.
Ne craignez point ce cœur un moment abattu :
Ah ! puisqu'il est à vous, il est à la vertu.
Je reviendrai, soumis à mon devoir austère,
Aux pieds d'Élisabeth, aux genoux de mon père.
Ma main rassemblera sur ses cheveux blanchis
Quelques lauriers trempés des larmes de son fils.

ÉLISABETH.

Vous craindrait-il encor, s'il pouvait vous entendre ?

CARLOS.

Adieu.

ÉLISABETH.

Carlos !

CARLOS.

Adieu : quel mot terrible et tendre !

ÉLISABETH.

Du bruit !

CARLOS.

J'attends Gomès.

ÉLISABETH.

Le bruit devient plus fort.

CARLOS.

C'est lui sans doute. Allons: le temps presse; tout dort.

SCÈNE VII.

PHILIPPE, ÉLISABETH, CARLOS, LE DUC D'ALBE, LE CARDINAL SPINOLA, GOMÈS enchaîné, COURTISANS, GARDES, PAGES avec des flambeaux.

PHILIPPE.

Le Roi veille.

SPINOLA.

Et le ciel.

ÉLISABETH.

C'est mon époux!

CARLOS.

Mon père!

PHILIPPE.

Non, c'est un roi trahi; c'est un juge sévère
Qui surprend le coupable et vient l'interroger.

CARLOS.

Des fers à mon ami!

PHILIPPE.

Je l'en ai fait charger.

ÉLISABETH.

Votre ami!

CÁRLOS.

Je vois trop qu'on veut une victime.
On parle de coupable : eh bien ! quel est mon crime?
Et mes accusateurs où sont-ils?

PHILIPPE.

Les voici.

D'ALBE.

Je vous accuse, infant.

SPINOLA.

Je vous accuse aussi.

D'ALBE.

Moi, d'avoir soulevé la Belgique soumise.

SPINOLA.

Moi, d'avoir attaqué le pouvoir et l'Église.

PHILIPPE.

Vous entendez?

CARLOS.

J'entends.

PHILIPPE.

Et vous alliez partir?

CARLOS.

Mais qui de mon départ a pu vous avertir?

ÉLISABETH.

C'est Gomès.

CARLOS.

Lui, madame?

ÉLISABETH.

Oui, voilà le perfide.

CARLOS.

Lui!

ÉLISABETH.

Je prends à témoin ce front pâle et livide,
Ce trouble, ce regard sur la terre attaché,
Cette honte, garant d'un repentir caché,
Ces sanglots retenus, ce pénible silence :
C'est lui-même.

CARLOS.

Est-il vrai? Vieillard, dont la prudence
Par d'utiles conseils forma mes jeunes ans,
Fallait-il d'un forfait souiller tes cheveux blancs?

GOMÈS.

Un sujet obéit.

CARLOS.

Tu pleures!

GOMÈS.

Votre père...

PHILIPPE, aux gardes.

Faites sortir Gomès.

ÉLISABETH.

Quel horrible mystère!

GOMÈS, entraîné par les gardes.

J'ai mérité la mort : j'ai trahi l'amitié.

CARLOS.

Puisque tu fus ingrat, c'est toi dont j'ai pitié.

PHILIPPE, à Carlos.

L'acte des révoltés...

CARLOS.

Gomès a pu vous dire...

PHILIPPE.

L'acte est sur votre cœur: ce mot doit vous suffire.
Livrez-le-moi.

CARLOS.

Jamais.

PHILIPPE.

Vous voyez ces soldats.

Je veux savoir les noms...

CARLOS.

Vous ne les saurez pas.

PHILIPPE.

Qu'on saisisse l'écrit.

CARLOS.

Non. Point de violence.

(Il saisit le flambeau, et brûle l'acte.)

PHILIPPE.

Que fais-tu ?

CARLOS.

Mon devoir... Malheur à qui s'avance !

PHILIPPE.

Que chez lui, sans délai, l'infant soit renfermé.

CARLOS.

Ah ! je ne crains plus rien : l'écrit est consumé.

D'ALBE.

Prince, vous entendez ce que le Roi commande :
Rendez ce glaive.

CARLOS.

A qui faut-il que je le rende?
A toi, vil oppresseur! Si tu fais un seul pas,
La Belgique est vengée.

PHILIPPE.

Infant, n'hésitez pas :
Ou déposez ce glaive, ou soyez parricide.

CARLOS.

L'empereur nous entend : que son ombre décide
Qui mérita ce titre ou de vous ou de moi.
Mon glaive est en vos mains : je ne le rends qu'au Roi.
Mes amis sont sauvés, commandez vos supplices.

PHILIPPE.

Tes amis! dis plutôt tes indignes complices;
Des révoltés!

CARLOS.

Un lâche eût pu les exposer.
L'infant m'appartient seul; j'ai droit d'en disposer.
Soldats, inquisiteurs, je suis prêt à vous suivre.

PHILIPPE.

Spinola, dans vos mains c'est l'infant que je livre :
Au sein de mon palais, par moi-même appelé,
Le tribunal suprême est déja rassemblé.

ÉLISABETH.

Déjà!

PHILIPPE.

Dictez l'arrêt; qu'on l'attende en silence.
Mon ministère cesse et le vôtre commence.

CARLOS.

Adieu, mon père.

ÉLISABETH.

Non : ne quittez point ces lieux.

(A Philippe, en lui présentant Carlos.)

Il vous nomme son père, et vous fait ses adieux.

PHILIPPE.

Mes ordres sont donnés.

ÉLISABETH.

Écoutez.

PHILIPPE.

Quoi, madame?

ÉLISABETH.

Son secret m'est connu : son sort, je le réclame.
Je veux, je dois, s'il meurt, partager son trépas.

CARLOS.

Élisabeth! Mon père, ah! ne la croyez pas.

ÉLISABETH.

Soldats, par des lauriers sa tête est défendue;
Sur lui de son aïeul la gloire est descendue;
Charles, du haut des cieux, lui prête son appui,
Et l'ombre d'un grand homme est entre vous et lui.

PHILIPPE.

Soldats, de votre roi reconnaissez l'empire.

ÉLISABETH.

Si je disais un mot!

PHILIPPE.

Et que pourriez-vous dire?

ÉLISABETH.

Un seul mot!

PHILIPPE.

Pour Carlos votre cœur enflammé...

ÉLISABETH.

Oui, c'est le mot fatal; oui, sire, il est aimé.

PHILIPPE.

Aimé!

CARLOS.

Je puis mourir.

PHILIPPE.

Aimé!

ÉLISABETH.

Tout vous l'atteste.

Il n'était pas instruit de ce secret funeste;
Il ne l'eût jamais su sans vous, sans vos fureurs.
Frappez; mettez un terme à de trop longs malheurs.

PHILIPPE.

Aimé!

ÉLISABETH.

Seule, à vos yeux que je sois criminelle.

PHILIPPE.

Nous le serons tous trois, et c'est par vous, cruelle:
Oui, vous aurez tout fait.

ÉLISABETH.

Exaucez donc mes cris;
Immolez votre épouse, et sauvez votre fils.

PHILIPPE.

Convaincu d'un forfait...

ÉLISABETH.

Il en est incapable.

PHILIPPE.

Ah! puisqu'il est aimé, madame, il est coupable.

ÉLISABETH.

Je tombe...

PHILIPPE.

Laissez-moi.

ÉLISABETH.

Je reste à vos genoux.

CARLOS, emmené par les gardes.

Ne pleurez que sur lui: je suis aimé de vous!

ACTE V.

SCÈNE PREMIÈRE.

CARLOS, SPINOLA, UN SOLDAT, GARDES.

SPINOLA.

En vain conduit aux pieds du tribunal sévère
Qu'avec un saint effroi tout Castillan révère,
Vous avez répondu par un silence altier,
Et sans daigner descendre à vous justifier.
Il pardonne à l'infant cette orgueilleuse audace;
Mais à l'infant coupable il ne peut faire grace;
Et les lois de l'Église ont réglé votre sort :
Un arrêt vous condamne.

CARLOS.
A la mort?
SPINOLA.
A la mort.
CARLOS.

Eh bien ! jouissez donc de cette horrible fête.
Qu'attendent les bourreaux quand la victime est prête?
Qu'elle tombe aujourd'hui dans ces mêmes remparts
Où du vainqueur hier flottaient les étendards.

D'Albe triomphera près du roi des deux mondes,
Près du Roi tourmenté de ses terreurs profondes,
Du meurtrier d'un peuple osant toucher la main,
Et condamnant son fils convaincu d'être humain.
Au sein du deuil public, parmi les chants des prêtres,
Tranquille, paraîtra l'héritier de vos maîtres,
Carlos allant braver la honte et le trépas,
Marchant du même front qu'il marchait aux combats.
On vit Charles vivant couronner sa famille:
Il fit monter Philippe au trône de Castille.
Philippe à mes exploits réserve un autre prix:
On verra sur quel trône il fait monter son fils.

SPINOLA.

Le poison, le secret: telle est notre sentence.

CARLOS.

Mon père approuve-t-il cet excès de clémence?

SPINOLA.

Philippe approuve tout.

CARLOS.

   Faites votre devoir.

SPINOLA.

Philippe entre nos mains a remis son pouvoir.
Le nôtre vient de Dieu, qui rend tout légitime.

CARLOS.

Dieu vous méprise bien, s'il vous condamne au crime.

UN SOLDAT, portant le vase de poison.

Prince, de vos malheurs je me sens déchirer.

CARLOS.

Quoi ! vous servez Philippe, et vous osez pleurer !

LE SOLDAT.

J'ai servi Charles-Quint : je déteste ma chaîne.

SPINOLA.

Infant, que voulez-vous faire dire à la Reine ?

CARLOS.

Que sa bouche a rendu mon trépas fortuné.

SPINOLA.

Au Roi ?

CARLOS.

Dites au Roi que l'infant condamné,
Exempt de repentir, de crainte et de colère,
Accepte et reconnaît les présens de son père.

(Ils sortent, excepté Carlos.)

SCÈNE II.

CARLOS.

Philippe, tu le veux, je suis libre aujourd'hui ;
Je meurs sans le remords ; tu vivras avec lui :
Tu vivras, mais chargé de mépris et de haine.
Toi, qui ne m'entends plus, toi, malheureuse reine,
Seul trésor, seul appui de Carlos opprimé,
Tu me soutiens encor : j'entends : « Il est aimé ! »
Que ne le disais-tu quand mon ame ravie
Respirait les parfums du matin de la vie !
Rapide et sans retour, il n'aura point de soir.

Adieu, gloire, avenir, doux songes de l'espoir;
Avant la fin du jour ma course est terminée...
Non: puisque tu m'aimas, j'ai rempli ma journée.
Pour être aimé de toi j'ai tout sacrifié;
Un mot fit mon malheur, un mot m'a tout payé.
A cet instant suprême il prête encor des charmes:
Les amans, les guerriers me donneront des larmes;
Ils diront, en pleurant l'infortuné Carlos:
Aimé d'Élisabeth, il dut être un héros.
Allons... C'est un moment; c'est le dernier breuvage:
La tempête est finie, et je touche au rivage.
Aimé d'Élisabeth, je brave le poison.
Élisabeth! je meurs en prononçant ton nom.
Si ta main généreuse eût fermé ma paupière!
Si j'avais pu te voir à mon heure dernière!
Entendre: « Il est aimé! » Vain désir!

SCÈNE III.

CARLOS, ÉLISABETH, voilée; LE SOLDAT.

LE SOLDAT.
> C'est ici.

Que n'est-il encor temps!

CARLOS, sans voir Élisabeth.
> On marche.

ÉLISABETH.
> Le voici.

CARLOS.

Une femme!

ÉLISABETH, se dévoilant.

Carlos!

CARLOS.

Que vois-je? O ciel! la Reine!

Qui vous guide en ces lieux?

ÉLISABETH.

Un destin qui m'entraîne.

Vos gardes sont séduits; je viens briser vos fers.

Ce vieux soldat restait; mon or, mes biens offerts,

Rien n'ébranlait sa foi; mais il avait une âme:

Vos malheurs l'ont touché, votre intérêt l'enflamme.

CARLOS.

D'Egmont?

ÉLISABETH.

Est sans péril. Sortez; fuyez ces lieux.

Des souterrains, creusés par les rois vos aïeux,

Du palais de Madrid mènent jusqu'au rivage

Où, parmi des jardins, naissent les flots du Tage;

Ce soldat vous conduit; venez, ne tardons plus:

Laissons le reste au ciel, au temps, à vos vertus.

CARLOS.

Plus de temps.

ÉLISABETH.

Les cruels ont rendu la sentence!

CARLOS.

Plus de temps; la mort vient, l'éternité s'avance.

ÉLISABETH.

La mort vient!

CARLOS, au soldat.

Laisse-nous.

LE SOLDAT.

Hélas! je vous entends.

CARLOS.

Au cœur d'Élisabeth je lègue tes vieux ans.

LE SOLDAT.

Il n'en est pas besoin; bientôt je vais vous suivre:
J'ai voulu vous sauver, et non pas vous survivre.

(Il sort.)

ÉLISABETH, apercevant la coupe.

O ciel!

CARLOS.

De mes destins le cours est achevé.

ÉLISABETH.

Pour ton Élisabeth tu n'as rien réservé!

CARLOS.

Vivez; je suis heureux. Que Philippe m'envie:
M'aimer, m'aimer long-temps, c'est prolonger ma vie.

SCÈNE IV.

CARLOS, ÉLISABETH, PHILIPPE, SPINOLA, LE DUC D'ALBE, COURTISANS, GARDES, PAGES avec des flambeaux.

PHILIPPE.

La Reine, dites-vous?

SPINOLA.

La Reine.

PHILIPPE.

Je la voi.

ÉLISABETH.

On ne vous trompe point : oui, Philippe, c'est moi.

PHILIPPE.

Vous, madame!

ÉLISABETH.

C'est moi, près de votre victime :
J'ai voulu, mais en vain, vous épargner un crime.

PHILIPPE, reculant à l'aspect de Carlos.

Mon fils!

CARLOS.

De votre cœur ce nom s'est élancé :
C'est bien tard; mais enfin vous l'avez prononcé.
Ce fils... qui fut le vôtre... et qui veut l'être encore...
Pour d'Egmont, pour le Belge, en mourant vous implore.
Pardonnons... O mon père... au nom de mes malheurs,
Rendez la Reine... heureuse... et vos sujets... Je meurs.

ÉLISABETH, égarée.

Carlos! mon cher Carlos!

PHILIPPE, à part.

O remords!

ÉLISABETH.

Il expire.

Arrête : ah! que la mort suspende son empire.
Quoi! si près! et si loin!.... si loin dans le trépas!
Approchez; point de bruit; marchons, parlons tout bas.
Philippe est retiré; la nuit est favorable.'
Sur le trône d'Espagne il siége un grand coupable :
Castillans, vous avez un assassin pour roi.
Mais vous baissez les yeux; d'où vient ce morne effroi?

D'ALBE.

Reine, épouse...

ÉLISABETH.

Moi reine! O rang, titre funeste!
Ne prononcez jamais ce nom que je déteste.
Épouse! il m'en souvient.... ce souvenir m'est doux :
Jeune, je vins m'unir au sort d'un jeune époux.
Oh! combien ses vertus méritaient ma tendresse!
Comme son cœur brûlant m'aimait avec ivresse!
Eh bien! dans le cercueil je veux l'accompagner.

PHILIPPE.

Vous, ô ciel!

ÉLISABETH.

De quel droit prétends-tu m'épargner?
Si je vivais encor, je serais ta complice.
Tu m'aimes : que l'amour soit ton premier supplice.

Pour souffrir une peine égale à tes forfaits,
Puisses-tu m'adorer autant que je te hais!
Plus de nœuds, plus d'hymen; tout l'enfer nous sépare
Tu ne sais qu'être roi : tu régneras, barbare;
Mais seul, mais assiégé sur un trône sanglant
Par l'ombre de ton père et l'ombre de l'infant.

PHILIPPE.

Fuyons.

ÉLISABETH.

Dans ton empire est-il un sûr asile?
En Espagne, au Mexique, au Brabant, en Sicile,
Tes crimes te suivront; tu verras des bourreaux,
Des bûchers allumés, du sang, des échafauds.
Les cavernes n'ont point d'assez sombres repaires;
Tu trouveras partout des enfans et des pères;
Et, partout soulevés, les peuples à grands cris
Diront : Voilà le roi qui fit mourir son fils!
Carlos m'attend. J'accours à sa voix gémissante;
Je recueille la mort sur sa bouche innocente;
Et mon âme, fuyant ton pouvoir odieux,
A l'époux de mon choix se rejoint dans les cieux.

(Elle meurt.)

BRUTUS ET CASSIUS,

OU

LES DERNIERS ROMAINS,

TRAGÉDIE EN TROIS ACTES.

Quæ verò tam immemor posteritas, quæ tam
ingratæ litteræ reperientur, quæ eorum gloriam
non immortalitatis memoriâ prosequantur?

CICÉRON.

ÉPITRE DÉDICATOIRE

A MON FRÈRE.

Voici, mon cher frère, une tragédie qui doit intéresser, du moins par son sujet, tous ceux qui, comme vous, aiment l'histoire et la politique. Rien de plus imposant dans les annales du monde que les derniers temps de la république romaine. C'est là qu'un poète tragique doit chercher de grands hommes à faire parler, et de grandes choses à représenter. Je n'ai point ignoré, quand j'ai entrepris cet ouvrage, que j'avais à lutter contre des idées reçues presque généralement, quoiqu'en vérité bien peu raisonnables. La Mothe, dans je ne sais quelle ode, a jugé Caton plaisamment. Voici la strophe que M. de Voltaire appelle un couplet :

> Caton d'une ame plus égale
> Sous l'heureux vainqueur de Pharsale
> Eût souffert que l'homme pliât ;
> Mais, incapable de se rendre,
> Il n'eut pas la force d'attendre
> Un pardon qui l'humiliât.

Un autre poète lyrique, mais bien plus admiré, et souvent digne d'admiration, n'a pas mieux traité Brutus dans une ode qui n'est guère meilleure :

> Toujours ces sages hagards,
> Maigres, hideux et blafards,
> Sont souillés de quelque opprobre;
> Et du premier des Césars
> L'assassin fut homme sobre.

Voilà donc Brutus, qui, selon J.-B. Rousseau, n'est qu'un assassin, cité dans cette ode à côté de deux misérables prédicateurs du temps de la ligue. Il est fâcheux de calomnier de grands hommes, même en vers excellents.

Jusqu'ici ce sont des poètes qui parlent eux-mêmes. Voici quelque chose de plus étonnant : Crébillon, dans une tragédie du *Triumvirat*, introduit Cicéron disant au premier acte :

> L'exemple de Caton serait honteux à suivre.

Et au second acte :

> Non que des conjurés j'approuve la fureur :
> Je déteste leur crime, etc.

Il n'est pas nécessaire de connaître les ouvrages de Cicéron; mais, quand on veut le faire parler dans une tragédie, je pense qu'il faudrait l'avoir lu. L'épigraphe de la pièce que je vous envoie est tirée de ce grand homme, et contient son opinion sur les conjurés. Il avait encore plus de respect pour Caton, et en cela il pensait comme tous les Romains. Ceux qui sont au fait de ces matières n'ignorent point qu'à Rome les opinions de Caton avaient force de loi; et c'est Cicéron lui-même qui nous en instruit dans une lettre à Atticus.

Peu de gens de lettres, même actuellement, se font de ces Romains une idée bien nette; et c'est pourtant le moindre obstacle qu'auront à franchir ceux qui voudront établir au théâtre le genre politique dans son auguste simplicité. L'amour s'est emparé exclusivement de la scène française. On l'a déja dit, mais il faut encore le répéter : cette passion, quelquefois si tragique, est trop souvent dégénérée en galanterie dans nos meilleurs poètes. Il y a plus : ils ont avili de grands personnages pour satisfaire le goût long-temps efféminé de la cour, et, par conséquent, de toute la France. De là, César, amoureux de cette Cléopâtre que Lucain a si bien nommée *Meretrix regina*,

> Lui trace des soupirs; et, d'un stile plaintif,
> De son char de triomphe il se dit son captif.

De là, Sertorius et Mithridate, au milieu des plus grands desseins, s'occupent d'une intrigue galante, et font l'amour en cheveux blancs. Il est possible qu'un héros, qu'un grand homme ait le ridicule d'être amoureux à soixante ans; mais pour pein-

dre des personnages intéressans, le poëte tragique
ne doit-il pas choisir les traits les plus beaux de la
plus belle nature? On peut donner des défauts à
ses héros, mais non pas des ridicules; et plus on
admirera le style enchanteur de Racine, et surtout
cette incomparable tragédie d'*Athalie,* plus on
regrettera qu'un tel homme daignât quelquefois
travailler pour *les petits-maîtres.*

Le grand Corneille avait payé le même tribut
au mauvais goût; et ce grand défaut défigure,
sinon les *Horaces,* du moins *Cinna* et la *Mort
de Pompée,* pièces d'ailleurs si fortement pensées,
et, par une conséquence nécessaire, si fortement
écrites. Les premiers ouvrages de M. de Voltaire
sont aussi gâtés par un amour déplacé. La *Mort de
César* est le premier où il ait osé ne point énerver
son sujet. Il a fallu du temps pour s'accoutumer à
ce chef-d'œuvre.

On fait à ces sortes de pièces trois reproches
principaux, répétés sans cesse par la manie d'abuser des mots, et l'incorrigible excès du mauvais
sens. On prétend qu'elles manquent d'action,
d'intérêt et de sensibilité. Ainsi Pompée, assassiné par un tyran lâche et flatteur; ainsi Auguste,
pardonnant à ceux qui ont conspiré contre lui;
ainsi Caton, victime volontaire de la liberté; ainsi
César, immolé au milieu du sénat qu'il opprimait;
ainsi Brutus, Cassius, tout ce qui reste de vrais

Romains, la république entière, expirant à la bataille de Philippe, tous ces grands sujets manquent d'action! Une pièce sans action serait en effet détestable; mais, si le sacrifice que Titus et sa maîtresse font de leur amour suffit pour former ce qu'on appelle une action, il n'est pas douteux que, de tous les sujets que j'ai cités, il n'y en a pas un dont l'action ne soit beaucoup plus noble et plus étendue.

Quant à l'intérêt, quelle idée avoir de gens qui s'intéressent plus à une intrigue d'amour qu'à une action sublime? car il en faut revenir à ce mot d'action. Comment des personnes qui croient aimer la tragédie peuvent-elles voir sans l'intérêt le plus vif les premiers personnages de l'univers, parlant, agissant, et mourant pour la cause de la justice, pour le soutien de la plus belle constitution politique qui fût jamais? Quelle idée, dis-je, avoir de gens qui pensent ainsi, et qui ont assez peu de respect humain pour l'avouer? Quelle idée ont-ils eux-mêmes de l'importance du poëme tragique?

Le dernier reproche n'est pas mieux fondé. En effet, dans cette acception, la sensibilité veut dire l'émotion des sens; et cette émotion est beaucoup plus forte dans le *Vieil Horace,* ou *D. Diègue,* ou *Brutus,* que dans *Hippolyte* ou *Xipharès.* Quand Racine fit *Esther,* madame de Sévigné disait : *Il*

aime Dieu comme il aimait ses maîtresses. Il y a
une sensibilité qui est extrêmement rare. L'amour
de la patrie, la passion pour la gloire et pour la
vertu, ne sauraient habiter dans une ame médio-
crement sensible. Ainsi le personnage de *Brutus*
bien traité est un des personnages les plus sensibles
du théâtre. C'est une vérité dont il faut être convaincu, je ne dis pas pour juger les pièces de ce
genre, mais même pour les comprendre.

Un auteur, en lisant l'*Histoire Romaine*, ou,
si l'on veut, en ne la lisant pas, a cru voir un
sujet de tragédie dans la guerre des esclaves.
Spartacus, quoique né en Thrace, érigé dans sa
pièce en fils d'un roi des Gaules, reçoit un député de la part des Romains. La fille du préteur
Crassus se trouve dans son camp, je ne sais plus
de quelle manière. Ils sont amoureux l'un de
l'autre, suivant la coutume établie au Théâtre-
Français; et, ce qui surprend plus que tout le
reste, Spartacus rougit de son amour. Enfin,
Crassus lui propose la main de sa fille, et même
un rang au sénat. Je ne pousserai pas plus loin
l'analyse. Vous concevez les nombreuses absurdités
d'une pareille fable. Vous savez que les Romains
méprisaient tellement Spartacus et son armée
qu'après avoir terminé cette guerre dangereuse
Crassus ne put obtenir que les honneurs de l'ova-
tion. Vous avez pu voir cependant cette tragédie

bizarre, et d'ailleurs si durement écrite, accueillie sur la scène française, le lendemain d'une représentation des *Horace* ou de la *Mort de César*.

C'est avec bien plus d'ignorance et de barbarie que l'Anglais Shakespeare a fait parler les Romains, dans une des scènes les plus vantées de son *Jules César*. Peut-on entendre, sans dégoût, Brutus reprocher à Cassius d'avoir des démangeaisons dans les mains?

> . . . . *Let me tell you, Cassius, you yourself*
> *Are much condemn'd to have an itching palm,*
> *To sell and mart your offices for gold*
> *To undeservers.*

Permettez-moi de vous dire, Cassius, vous paraissez vous-même très-coupable d'avoir des mains qui vous démangent, de vendre et d'engager vos emplois pour de l'or à des gens sans mérite.

Quand Brutus dit qu'il ne peut se procurer de l'or par des moyens vils, Brutus est un personnage raisonnable; mais il est insensé quand il ajoute :

> *By heaven, I had rather coin my heart,*
> *And drop my blood for drachmas, than to wring*
> *From the hard hands of peasants their vile trash,*
> *By any indirection.*

O ciel! j'aurais plutôt fait monnayer mon cœur, goutte à goutte donné tout mon sang pour des dragmes, que d'oser par détour tirer des mains du paysan sa pauvre obole.

On est encore plus révolté de ces paroles:

I had rather be a dog, and bay the moon,
Than such a Roman.

J'aime mieux être un chien, et aboyer à la lune, qu'être un pareil Romain.

Warburton défend Shakespeare sur cet article. Les gens du peuple, si l'on en croit Warburton, pensent dans quelques pays que les chiens aboient à la lune, *par envie*. Warburton aurait pu s'épargner cette savante remarque. Il aurait dû sentir qu'il ne fallait pas attribuer à Brutus une opinion du peuple, et que c'est en cela précisément que consiste l'extrême ridicule de cette phrase.

Le reste de la scène est de la même force, excepté ce qui est copié mot pour mot de Plutarque. M. de Voltaire a traduit fidèlement, à quelques endroits près, la première partie du *Jules César*, dans ses *Commentaires sur Corneille*. Vous, qui connaissez si bien la langue et la littérature anglaises, vous n'ignorez pas que les deux derniers actes de ce drame ne sont pas moins bizarres que les trois premiers. On remarque surtout, au cinquième acte, une scène entre les triumvirs et les conjurés sur le champ de bataille, avant de commencer le combat. Cette scène est un modèle du style injurieux. Les enthousiastes de Shakespeare trouvent, je ne sais comment, le moyen d'admirer tout cela. Plusieurs grands critiques, anglais, allemands, et même français, se sont avisés depuis quelque temps de rabaisser nos célèbres poètes tragiques pour exalter ce puissant génie, qui, en faisant parler des héros, a toujours travaillé pour le peuple. C'est l'éloge qu'ils lui donnent sans cesse; et, si c'en est un, véritablement il le mérite. Mais comme Aristide, Phocion, Brutus, Caton, Socrate, comme des philosophes et des hommes d'état n'ont jamais eu les idées ni les expressions du peuple, il paraît évident qu'un poète qui a travaillé pour le peuple en les présentant sur le théâtre, a composé nécessairement une mauvaise pièce. Il s'ensuit encore qu'un poète qui les a fait parler et agir comme ils devaient parler et agir, ne doit guère se flatter de faire une impression très-marquée sur le gros du public.

Au reste, s'il y a des sujets populaires, si j'ose m'exprimer ainsi, et d'autres qui ne le sont pas, *Britannicus*, pièce au moins égale à *Andromaque*, ne pouvait réussir autant qu'*Andromaque*, ni *Brutus* autant que *Zaïre*. Cette différence existe même dans la comédie. Le *Misantrope* n'a pas eu dans sa nouveauté le brillant succès de *Tartuffe*. En voici, je crois, la principale raison : Molière, dans le premier de ces chefs-d'œuvre, a peint les mœurs de la cour, et fort peu de spectateurs étaient à portée de juger si la peinture était fidèle. Dans l'autre il a peint les tracasseries d'une famille bourgeoise et les sourdes menées d'un hypocrite. Ces objets étant plus généralement connus, l'image devait en être goûtée plus généralement.

Il me reste, mon cher frère, à vous parler de l'ouvrage que je vous dédie; et je ne m'étendrai point sur cet article, car cette Épître n'est point une poétique en faveur de ma tragédie, mais une suite de réflexions fondées sur des principes et sur des faits, deux choses inaltérables et auxquelles on ne peut rien opposer de satisfaisant.

On commence à écrire de tous côtés qu'il faut dans une tragédie beaucoup d'incidents, de tableaux, de coups de théâtre. Cette extravagante théorie n'est autre chose que la pratique de plusieurs écrivains modernes réduite en préceptes. Mais, quand on se donne la peine d'examiner les ouvrages qui nous ont amené cette théorie nouvelle, on remarque, sinon avec surprise, du moins avec douleur, un défaut de connaissances poussé quelquefois jusqu'à l'excès, un manque absolu de judiciaire, et surtout l'absence totale de cette éloquence entraînante qui seule peut donner aux écrits un succès durable, et sans laquelle il n'y a point d'ouvrages de génie. Quand on n'est point en état d'instruire et d'émouvoir, il faut bien tâcher de plaire aux yeux. On est parvenu de cette manière à dénaturer la tragédie, ce chef-

d'œuvre de l'esprit humain. Elle n'est plus destinée à peindre les passions les plus énergiques,
à représenter les grandes époques de l'histoire du
monde et les hommes qui ont honoré l'humanité,
à traiter enfin ces sublimes questions de morale
et de politique qui intéressent tous les peuples.
Ce n'est plus qu'un roman dialogué, un amas
d'événemens bizarres, d'aventures incroyables,
terminé par quelque machine digne à peine du
théâtre lyrique, ou par quelque coup de théâtre
d'une exécution difficile, et dont le succès est dû,
non pas même au talent des acteurs, mais à leur
force et à leur adresse.

On a donc oublié tout-à-fait la pratique de Sophocle et de Corneille, celle de Racine et de M. de
Voltaire? Certes nous avons étrangement abusé de
quelques essais de ce grand-maître, si nous croyons
que les tableaux naturels et vraiment tragiques de-
Sémiramis et de Mahomet, soutenus d'ailleurs
d'une poésie grave, élégante et majestueuse, nous
autorisent désormais à faire de nos tragédies des
ballets pantomimes. Cet homme admirable a vu
naître dans ses dernières années ces spectacles pué-
rils et barbares; et quand son génie, s'affaiblissant
par la vieillesse, ne lui permettait plus de nous
donner des exemples, il nous donnait encore des
leçons, il s'élevait avec force contre l'abus de l'action théâtrale, et menaçait la scène française d'une

décadence honteuse, si ce détestable goût prévalait un jour.

Ceux qui ont lu l'histoire, ceux qui sont familiarisés avec Plutarque, Dion Cassius, et le recueil précieux des lettres de Cicéron, peuvent décider si j'ai été fidèle au costume, et si mes Romains sont de ce petit nombre qui, suivant l'ingénieuse expression d'Algarotti, parlent latin et non pas espagnol. Puisse cet ouvrage sévère obtenir l'estime des gens de lettres! Puisse-t-il obtenir la vôtre, mon cher frère! Ce n'est pas seulement aux liens du sang qui nous unissent que j'en fais hommage, c'est à l'amitié qui nous unit plus étroitement, c'est à l'amour des lettres qui nous unit encore, et surtout c'est à votre mérite, dont je connais toute l'étendue.

※※※※※※※※※※

BRUTUS ET CASSIUS.

PERSONNAGES.

———

BRUTUS.
CASSIUS.
PORCIUS-CATON.
MESSALA.
STATILIUS.
AGRIPPA.
PORCIE.
FULVIE.
UN ESCLAVE.
Romains de l'ordre des sénateurs.
Soldats.

La scène est à Philippe, en Macédoine, dans la tente de Brutus.

BRUTUS ET CASSIUS,

OU

LES DERNIERS ROMAINS,

TRAGÉDIE.

ACTE PREMIER.

SCÈNE PREMIÈRE.

BRUTUS.

SE peut-il? moi! qui, moi, l'ennemi des tyrans,
Je marche environné de fantômes errans!
J'ai reconnu ses traits, ses blessures livides;
J'ai reconnu surtout ses desseins parricides.
Tu m'as vu dans Sardis, tu viens de me revoir:
La liberté n'est plus. J'ai rempli mon devoir,
César: le bien public me demandait ta tête.
De mes sens agités, Dieux! calmez la tempête!
Vient-il de me parler? l'ai-je donc entendu?
Dans Sardis, à Philippe, est-ce lui que j'ai vu?
Importunes frayeurs, cessez de me surprendre:

C'est la cause des Dieux que nous allons défendre.
Si la justice est chère à leur saint tribunal,
Ce jour, de nos tyrans sera le jour fatal.
Trop long-temps a duré l'empire de leurs crimes;
Trop de sang vertueux, trop de grandes victimes
Ont de ces triumvirs signalé les fureurs:
Le moment est venu d'expier tant d'horreurs,
De venger les héros, vengeurs de la patrie,
Et de rendre à l'État sa liberté chérie.

SCÈNE II.

BRUTUS, UN ESCLAVE.

BRUTUS.

Esclave, que veux-tu?

L'ESCLAVE.

Cet écrit important
Vient de Rome, et pour toi m'est remis à l'instant.

(Il sort.)

BRUTUS.

Lisons. « Tu déployas le courage d'un homme;
« A de nouveaux revers oppose tes vertus. »
Faut-il encor pleurer sur le destin de Rome?
Poursuivons. « Sous les Dieux, fléchis, mon cher Brutus:
     « Donne des larmes à Porcie;
     « Celle qui consolait ta vie,
     « La fille de Caton n'est plus. »

O rigueur! ô tendresse! ô perte irréparable!
Mais du moins son trépas me rend seul misérable.
Je saurai dans mon sein renfermer ma douleur.
Dieux, êtes-vous contens? est-ce assez de malheur?
Je perds tout ce que j'aime; une ombre criminelle
Vient me poursuivre encor de la nuit éternelle;
Ou, si de vains objets ont effrayé mes yeux,
Quand vous m'enlevez tout, si c'est vous, ô grands Dieux,
Qui répandez en moi ces terreurs accablantes,
Détestez-vous Brutus et nos Ides sanglantes?

(Il tombe dans une profonde rêverie.)

SCÈNE III.

BRUTUS, CASSIUS.

CASSIUS.

Eh quoi! dans le sommeil est-il encor plongé?
Non; de sombres vapeurs il paraît assiégé.
Brutus!

BRUTUS.

Ah! ce n'est point un songe, un vain prestige.
A l'instant, Cassius, ô merveille! ô prodige!

CASSIUS.

En est-il?

BRUTUS.

Tu m'en vois encor tout étonné.
Aux noirs pressentimens, au trouble abandonné,
Je veillais, cher ami: César à l'instant même,

Dans ces lieux, à l'instant, tel qu'à son jour suprême,
Sanglant, couvert de coups, César m'est apparu.
Je l'ai vu.

CASSIUS.

Non, Brutus, non, tu ne l'as point vu :
Non; la vie est d'un jour, la mort est éternelle;
Et, quand il a quitté sa dépouille mortelle,
Non, l'homme, rassemblant des vestiges épars,
Ne vient pas des vivans effrayer les regards.
Pour qui n'est point crédule il n'est point de merveille.

BRUTUS.

Puis-je ainsi que mes yeux démentir mon oreille?
Il m'a parlé.

CASSIUS.

Nos sens et leurs impressions
Sont esclaves, Brutus, de nos opinions;
Et l'esprit, abusé par un charme invincible,
Bientôt croit existant ce qu'il a cru possible.
De là ces visions, ces spectres ténébreux,
Dans l'ombre de la nuit simulacres affreux,
Ces accens du trépas et ces voix importunes
Qui prédisent, dit-on, les grandes infortunes,
Ces signes précurseurs de nos calamités,
Tous ces objets trompeurs par nous-même inventés,
Ces rêves dont jadis, au temps de notre enfance,
Nous berçaient chaque jour la crainte et l'ignorance.
Laissons cela. Sais-tu que tu m'as offensé?

BRUTUS.

Moi!

CASSIUS.

Toi-même, Brutus, et mon cœur est blessé.
Ton inflexible voix a, malgré mes prières,
Accablé Lucius de peines trop sévères.
Il faut en venir tard à ces coups de vigueur,
Et l'on doit condamner l'excès de la rigueur.

BRUTUS.

Des cruautés pourtant mon âme est ennemie.
C'est lui qui, le premier, s'est noté d'infamie.
Les dons des Sardiens reçus secrètement
N'ont-ils pas, avant moi, signé son châtiment?
Ai-je, en le punissant, offensé la justice?
Le laissant impuni, j'eusse été son complice.
Je ne sais qu'un chemin, c'est celui du devoir;
Et, s'il faut dire tout, je ne puis concevoir
Qu'un crime, qui des lois appelait la vengeance,
Ait pu, dans Cassius, trouver tant d'indulgence.
Ah! pour un vil Romain qu'importe ma rigueur?
Le crime et non la peine a fait son déshonneur.

CASSIUS.

Punir a ses dangers.

BRUTUS.

Pardonner est faiblesse.

CASSIUS.

Dans les temps orageux il faut de la souplesse.

BRUTUS.

Dans les temps orageux il faut de la vertu.

CASSIUS.

Étant moins rigoureux, dis, en manquerais-tu?
Rome a besoin de bras soigneux de sa défense;
Et tu pouvais aux lois dérober leur vengeance.
Qu'importe qu'en secret les dons des Sardiens
D'un guerrier courageux aillent grossir les biens?
Ce n'est pas en des jours où tout est légitime
Qu'un chef prudent s'applique à rechercher le crime:
Il veut gagner les cœurs, et non les éloigner.

BRUTUS.

Va, les cœurs vertueux sont ceux qu'il veut gagner.
Rome n'a pas besoin d'un bras vil et coupable;
Et, quels que soient les temps, son génie indomptable
Ne voit avec plaisir qu'aux mains de l'équité
Le glaive de sa haine et de sa liberté.

CASSIUS.

Oui, tu veux t'abuser; mais mon expérience
M'a du cœur des humains donné quelque science:
Je pouvais éclairer ce courage imprudent.

BRUTUS.

Certes, pour Lucius ton zèle est bien ardent;
Et tu m'affligerais, moi, ton ami, qui t'aime,
Si, voulant l'excuser, tu t'excusais toi-même.

CASSIUS.

Épargne-moi, Brutus.

BRUTUS.

Entends la vérité.

CASSIUS.

Dieux !

BRUTUS.

Je laisse frémir ton orgueil irrité.
Tu pouvais m'éclairer, et ton expérience
T'a du cœur des humains donné quelque science :
J'y consens, je le crois ; et t'a-t-elle enseigné...
Ceci pesa long-temps sur mon cœur indigné ;
Mais je ne prétends plus calmer sa violence,
Puisque tu m'as forcé de rompre le silence.
Héritier des héros, noble soutien des lois,
Dis-moi, t'a-t-elle appris à vendre les emplois ?
Aurait-elle en effet, corrompant la justice,
Aux mains de Cassius enseigné l'avarice ?
Nous avons conspiré, nous avons combattu :
Est-ce pour des trésors, et non pour la vertu ?
S'il est ainsi, courons mendier l'esclavage ;
De nos braves aïeux déchirons l'héritage ;
Laissons à des guerriers qui ne soient point flétris
L'inestimable honneur de venger leur pays.
Du peuple et du sénat, qui rampaient en silence,
César, en son palais, rassemblait la puissance ;
Tout l'or des nations venait s'y réunir :
Il n'est plus ; maintenant c'est nous qu'il faut punir ;
Nous, que Rome estimait, que l'Univers contemple,
Et qui du tyran mort avons suivi l'exemple.

CASSIUS.

Quels reproches cruels! qu'entends-je? es-tu Brutus?
Suis-je donc Cassius?

BRUTUS.

Non, non, tu ne l'es plus.
Ne porte plus un nom dont le Tibre s'honore;
Je suis encor Brutus, je suis ton frère encore;
Mais je vois tes défauts; je vois avec horreur
Que la vertu s'éloigne un moment de ton cœur.
Tu gardes le silence, et n'oses te défendre?

CASSIUS.

Tu rougirais, Brutus, si tu pouvais m'entendre.
Songe à ces triumvirs. Leurs biens, à chaque pas,
Auraient, autour de nous, acheté nos soldats.
Connais donc maintenant l'ami que tu méprises:
Il fallait soutenir nos grandes entreprises;
J'ai vendu, je l'avoue, à des cœurs généreux
L'honneur de s'illustrer dans nos jours malheureux;
Et, sans cette conduite, injustement blâmée,
Nous aurions quelques chefs, mais non pas une armée.
User des seuls moyens que les temps ont permis,
Est-ce un crime? Il est vrai, ton frère l'a commis.
De vœux intéressés mon âme est incapable;
Mais ton cœur, qui s'obstine à me vouloir coupable,
Accueille avec plaisir des soupçons odieux,
Et de quelques méchans les cris calomnieux.

BRUTUS.

Je voudrais avoir tort.

SCÈNE IV.

BRUTUS, CASSIUS, PORCIUS-CATON,
MESSALA, STATILIUS, ROMAINS de l'ordre
des sénateurs.

PORCIUS.

Adversaires du crime,
Quelle indiscrète ardeur l'un l'autre vous anime?
Amis de la vertu, vengeurs des nations,
Ne nous accablez point de vos dissensions;
Tout l'espoir qui nous reste est dans votre prudence :
Si vous n'êtes unis, quelle est notre espérance?

CASSIUS.

Nous le serons toujours par de nobles liens;
Laissons à des tyrans, à d'ingrats citoyens,
De leurs jaloux débats la honteuse furie :
Restons amis, Brutus, et servons la patrie.

BRUTUS.

Viens, déposons tous deux dans ces embrassemens
D'un courroux passager les vains emportemens;
Tu dois me pardonner; je t'excuse sans peine;
Et les seuls triumvirs méritent notre haine.

PORCIUS.

Amis, plus que jamais nous devons les haïr.
Pour nous, pour tout l'État vous m'en voyez rougir.
On m'écrit que du monde ils ont fait le partage,
Ainsi que l'on divise un paisible héritage.

Vous frémirez bien plus; les Romains l'ont appris
Sans paraître affligés, ni contens, ni surpris:
Ce n'est plus qu'en ces lieux que la vertu respire.
Antoine désormais tiendra sous son empire
De la Seine et du Rhin les flots assujettis;
Lépide, la Durance, et l'Èbre et le Bétis;
Sous le nom de César, de l'onde Adriatique
Aux flots les plus lointains de la mer Atlantique,
Le fils de Cépias va commander aux rois,
Et le Tibre enchaîné doit couler sous ses lois.

STATILIUS.

Les scélérats!

CASSIUS.

D'Antoine, amis, voilà l'ouvrage.

STATILIUS.

On aurait dû songer à prévenir sa rage.

CASSIUS.

Tel était mon dessein; et souviens-toi, Brutus,
Que, sans tes seuls conseils, Antoine n'était plus.

BRUTUS.

Cicéron, dont la haine était trop légitime,
Cicéron, de ce monstre immortelle victime,
Quand des jours de César nos mains tranchaient le cours,
D'Antoine survivant nous reprochait les jours.
Favori de César et fier de le paraître,
J'ai vu qu'il était lâche, et qu'il voulait un maître.
De l'insolente idole il caressait l'orgueil,
Et de la liberté préparait le cercueil:

Il eut toute ma haine; et ma haine équitable
N'a frappé que César qui seul était coupable.
César, devenu roi, justifiait nos coups;
A-t-on vu les Romains se déclarer pour nous?
Ils regrettaient leur chaîne, et même les plus braves;
Et, s'il nous eût fallu frapper tous les esclaves,
J'en rougis, pouvez-vous ignorer que nos mains
Auraient sacrifié la moitié des Romains?

CASSIUS.

Mais as-tu donc si mal deviné son génie?
Moi, jusque dans ses fers, j'ai vu sa tyrannie;
J'ai vu que, de César sollicitant l'appui,
Il le laissait régner pour régner après lui.
Quoi! des illusions écoutant le langage,
N'as-tu rien vu qu'un lâche, ami de l'esclavage?
Antoine, jusqu'ici, te fut-il inconnu?
A-t-il pu t'abuser?

BRUTUS.

Non, non, j'ai tout prévu.
Alors que sa bassesse au pillage occupée
Souillait, malgré Sextus, le toit du grand Pompée,
J'ai vu, sans écouter de vaine illusion,
Jusqu'où voulait ramper sa sourde ambition;
J'ai prédit ce qu'il ose, et j'en avais pour gages
Ses débauches, son luxe, et tous ses brigandages.
Mais, quoique des forfaits nos bras soient ennemis,
Ils ne doivent punir que les forfaits commis;
Et ce n'est point aux lois à prendre pour victime

Celui qui, quelque jour, peut se noircir d'un crime.

PORCIUS.

Sur tout ce qui s'est fait à quoi bon revenir?
Le passé n'est plus rien; songeons à l'avenir.
Quand devons-nous combattre?

BRUTUS.

Aujourd'hui.

CASSIUS.

Je m'étonne
De cette impatience où ton cœur s'abandonne.
Si nous sommes vaincus nous tombons sans retour,
Et je ne voudrais point tout risquer en un jour.

PORCIUS.

Eh quoi! cet univers conquis par nos ancêtres,
Quand nous serions vaincus, les aurait-il pour maîtres?
Les bords siciliens chargés de combattans
Peuvent les arrêter encor quelques instans.
Sextus...

BRUTUS.

Ah! ne va point, crédule aux apparences,
Sur un si faible appai fonder tes espérances.
Sous le poids de son nom Sextus anéanti
Hésite encor, peut-être, à choisir un parti.
En vain il est puissant aux mers de la Sicile:
Esprit ambitieux, inquiet, indocile,
Jaloux des triumvirs plus que leur ennemi;
Ou, si dans la justice il s'est mieux affermi,
Armant pour les Romains une vulgaire épée,

Et n'ayant rien de grand que le nom de Pompée.
Rome vit en nous seuls, et périt avec nous,
Si les Dieux aujourd'hui ne guident point nos coups;
Mais ce serait trahir sa voix et notre gloire,
Qu'attendre plus long-temps la mort ou la victoire.

MESSALA.

Je ne sais, mais le ciel, oracle des humains,
Au moment de frapper semble arrêter nos mains.
N'allez pas, compagnons, négliger ses présages.
Une vapeur sanglante a rougi les nuages;
Les sinistres oiseaux prédisent nos malheurs;
L'airain sur les autels semble verser des pleurs;
De lamentables voix durant les nuits gémissent;
De spectres effrayans les forêts se remplissent.
Hier encor, hier, mes yeux épouvantés
Ont vu s'entrechoquer deux aigles irrités:
Tandis que parmi nous, dans ces fatales plaines,
Tombeau déjà fameux des légions romaines,
Le vaincu frappait l'air de ses derniers soupirs,
Le vainqueur s'envolait au camp des triumvirs.

PORCIUS.

De la haine des Dieux voilà donc les ministres!
Qu'importent, Messala, tes augures sinistres?
Ce n'est point sur la foi de ces présages vains
Qu'il nous faut reculer le bonheur des Romains.
Des guerriers tels que nous, des chefs tels que les nôtres,
Ce présage est heureux; n'en écoutons point d'autres.

14.

STATILIUS.

Des tyrans aujourd'hui meure l'indigne espoir!

PORCIUS.

Vive à jamais des lois le vertueux pouvoir!
Venez, d'un triple joug affranchissons le Tibre;
Nous resterons oisifs quand nous l'aurons fait libre.
Il gémit dans les fers, amis, et nous tardons!
Chaque jour, chaque instant qu'ici nous attendons,
Est un instant perdu pour le salut de Rome.

BRUTUS.

Mots dignes d'un Romain et du fils d'un grand homme!

CASSIUS.

Mais songez...

STATILIUS.

Combattons, guidez-nous.

CASSIUS.

Citoyens,
Vous le voulez; marchons, vos vœux seront les miens.

BRUTUS.

J'ai de quoi, Porcius, éprouver ton courage.
Le sort contre nous deux a déployé sa rage;
Il est bien des malheurs qui nous accablent tous;
Mais j'en sais de nouveaux qui n'accablent que nous.

PORCIUS.

Parle; à tous les revers mon âme est aguerrie.

BRUTUS.

Le Ciel a terminé les destins de Porcie.

PORCIUS.

De ma sœur!

CASSIUS.

Est-il vrai? Porcie...

BRUTUS.

Elle a vécu.

Son trépas me consterne et ne m'a point vaincu.

J'apprends de Décimus cette triste nouvelle.

CASSIUS.

Je t'insultais au sein de ta douleur cruelle;

Et Brutus est encor fidèle à l'amitié!

BRUTUS.

Va, je connais ton cœur, et tout est oublié.

(A Porcius.)

Gardons-nous d'amollir cette austère journée;

D'un œil calme et serein cherchons la destinée;

Combattons, Porcius; si nous sommes vainqueurs,

Nous trouverons le temps de lui donner des pleurs.

STATILIUS.

Que de vertu!

PORCIUS.

Brutus, ta noble voix m'enflamme;

Ton exemple est ma règle; il agrandit mon âme;

Et je ne serai point, je t'en donne ma foi,

Indigne de mon père et d'un chef tel que toi.

BRUTUS.

Soyez dignes de vous, compagnons intrépides.

Si j'étais entouré de citoyens timides,

Je ferais, je l'avoue, éclater à vos yeux

Une sûre victoire et la faveur des Dieux.

Je parle à des héros : sur la plus noble cause
Vainement quelquefois l'équité se repose,
Et des Cieux, trop souvent, les sublimes décrets
Ont prêté leur faveur à d'injustes projets.
Nous sommes tous Romains; nous n'avons rien à craindre;
Non, rien : dût à jamais la liberté s'éteindre.
Mais de Rome et du monde il faut mieux espérer :
Amis, pour le combat allons tout préparer.

ACTE II.

SCÈNE PREMIÈRE.

BRUTUS, PORCIE, FULVIE.

BRUTUS.

Ces cris que tout le camp jusques au ciel envoie,
Et notre étonnement, et nos transports de joie,
Après tant de douleur ne te surprendront pas :
On avait répandu le bruit de ton trépas.
Épouse de Brutus, compagne de ma vie,
Je te revois encor ! tu ne m'es point ravie ;
Décimus m'annonçait que tu ne vivais plus.

PORCIE.

Des récits indiscrets ont trompé Décimus.
Des tyrans, disait-on, la cruauté jalouse
Persécutait Brutus jusque dans son épouse.
D'une main mercenaire empruntant le secours,
On croyait que leur rage avait tranché mes jours.
Voulant cacher à tous mes projets, mon absence,
Je n'ai pas étouffé ces bruits dans leur naissance.
Un affranchi, fidèle à nos grands intérêts,

M'a conduite en ces lieux par des chemins secrets;
Et son zèle partout, partout notre silence
A trompé des tyrans la sombre vigilance.
J'arrive, je jouis de tes embrassemens,
Et je dois oublier en de si doux momens
Tous ces cruels chagrins, qui, depuis cinq années,
Des amis de Brutus troublent les destinées.
Les vengeurs des Romains vont-ils tenter le sort?

BRUTUS.

Oui, ce jour est marqué pour un si noble effort!

PORCIE.

Ce jour même!

BRUTUS.

       Ce jour, et les Romains peut-être
S'en vont revivre encore et n'auront plus de maître.

PORCIE.

C'est se hâter beaucoup. Vous auriez pu du moins
Ménager du sénat la prudence et les soins.

BRUTUS.

Nous!

PORCIE.

Vaincus cette fois, rien ne peut vous défendre.

BRUTUS.

Rome est vendue au joug; que pouvais-je en attendre?
Plébéiens, sénateurs, tout est glacé.

PORCIE.

           Non, non;
La vertu leur est chère.

BRUTUS.

Ils en aiment le nom.
Tu vois que cependant ils souffrent l'esclavage,
Et tu sais qu'il n'est point de vertu sans courage.

PORCIE.

Crois-moi, tant de forfaits, de proscrits généreux
Peuvent de nos tyrans briser le joug affreux.
Du peuple et du sénat quelle fut l'épouvante,
Quand d'un sang respecté la tribune fumante
Offrait de Cicéron les restes déchirés!
Il semblait, ò Brutus! que ces restes sacrés,
Ces mains qui des pervers accusaient l'impudence,
Cette bouche, ces traits qu'enflammait l'éloquence,
Tout-à-coup s'animant retrouvaient une voix,
Et contre Antoine encor faisaient tonner les lois.
D'un courroux vertueux les semences fécondes
Ont jeté dans les cœurs des racines profondes.
Plancus que Rome entière appelle au consulat,
Galba, Servilius, la moitié du sénat
Oppose aux triumvirs un courage intrépide;
Et, si quelques instans ils ont séduit Lépide,
On peut tenter...

BRUTUS.

Lépide a rompu tous les nœuds
Que l'hymen de ma sœur formait entre nous deux.
Épargne-moi son nom; ce monstre débonnaire
Dès qu'il fut triumvir cessa d'être mon frère.
Le cruel surpassait leurs exploits inhumains,

Alors que ces brigands, l'opprobre des Romains,
Enivrés de carnage, et de carnage avides,
Sur des tables de sang signaient les parricides.
Oserait-il encore aimer la liberté,
Suivre son étendard, lui qui l'a déserté?
Non; mais si des grands Dieux la sévère justice
Ordonne qu'à jamais la liberté périsse,
C'est vainement qu'au trône il aspire aujourd'hui;
Et ses deux compagnons domineront sans lui.
Le monde va tomber sous leur obéissance;
Ils tiennent dans leurs mains le glaive et la puissance;
Lépide est sans armée; et ce couple odieux
Veut bien l'abandonner au culte de nos Dieux,
Et voit, sans s'alarmer, entre ses mains débiles
Briller de l'encensoir les honneurs inutiles.
Mais laissons ces pervers; et puisse, en ce grand jour,
Rome et la liberté triompher sans retour!
Une chose m'alarme, une seule, te dis-je:
Ton abord en ces lieux me console et m'afflige.
Oui, je tremble pour toi: si Brutus est vaincu,
Tu n'en saurais douter, Brutus aura vécu;
Mais aux mains des brigands ma défaite te livre.

PORCIE.

Que crains-tu, si je puis te venger ou te suivre?
Je sais tous les hasards qu'il me faut partager,
Et je ne pâlis point à l'aspect du danger.
La liberté m'est chère, ô Brutus, et je t'aime!
Va, poursuis tes destins.

SCÈNE II.

BRUTUS, PORCIE, FULVIE, CASSIUS.

CASSIUS.

Brutus, à l'instant même
Agrippa dans le camp vient de se présenter.
Il voudrait nous parler.

BRUTUS.

Il le faut écouter.

CASSIUS.

Tu vas bientôt le voir. C'est un ami d'Octave,
Et malgré sa vaillance il porte un cœur d'esclave.
Déjà séduit, il veut nous séduire à son tour.

PORCIE.

Les triumvirs ont-ils redouté ce grand jour?
Et par l'impunité leur fureur enhardie
Au moment du péril s'est-elle refroidie?
Si vous aviez, Romains, triomphé sans combats!

BRUTUS.

Je le souhaite au moins, je ne l'espère pas.

CASSIUS.

Agrippa vient à nous.

PORCIE.

Le voici; je vous laisse.

(Elle sort avec Fulvie.)

SCÈNE III.

BRUTUS, CASSIUS, AGRIPPA.

AGRIPPA.

Dignes républicains, guerriers pleins de noblesse,
Voyez le sort de Rome. Assez long-temps, Romains,
Nos imprudens efforts ébranlent ses destins.
Les derniers Scipions, Caton, l'heureux Pompée,
Ont vu jusqu'aujourd'hui leur vaillance trompée.
En pleurant ces héros au tombeau descendus,
Craignez le fol espoir qui les a tous perdus;
Rendez-vous au conseil de César et d'Antoine:
Trop de sang a déjà souillé la Macédoine.
De ces vrais citoyens je vous porte les vœux:
Au-devant de la paix ils volent tous les deux;
Et sans doute...

CASSIUS.

        Lépide est aussi leur complice;
Mais tu n'en parles pas, et tu lui rends justice.
Les tyrans, toutefois, qu'espèrent-ils de nous?
Un seul fut immolé pour le salut de tous.
Sur la mort de César, pleurant en apparence,
Ils ont par intérêt épousé sa vengeance.
Tu les verras peut-être occupés d'autres soins,
Moins unis, Agrippa, plus sincères du moins,
Mais ne se bornant plus à partager l'empire:

C'est à dominer seul que chacun d'eux aspire;
Et des proscriptions le cours ensanglanté,
Crois-moi, pour quelques jours est à peine arrêté.

AGRIPPA.

Eh! ne ramenez point ces meurtres détestables
Que le malheur des temps rendait inévitables:
Acceptez désormais leur utile amitié.
Si vous êtes Romains, au nom de la pitié,
Au nom de tout l'État, que l'amitié vous lie.
Octave est outragé, mais n'importe; il oublie
Que son père adoptif est tombé sous vos coups;
Il veut au bien public immoler son courroux.

CASSIUS.

Il est vrai que nos mains ont poignardé son père:
Ce que nous avons fait, tout Romain dut le faire;
Et c'est être coupable enfin que d'épargner
Un citoyen romain qui prétend à régner.
De ses jours à grands cris la liberté dispose:
Amitié, nœuds du sang, quelques droits qu'il oppose,
Les vrais républicains n'écoutent plus ces droits,
Dès que la liberté vient d'élever sa voix.

AGRIPPA.

Mais pour la liberté qu'a produit votre zèle?

BRUTUS.

Ah! du moins il a su nous montrer dignes d'elle:
Et faut-il nous blâmer si Rome désormais
Ne sait pas recevoir les dons qui lui sont faits?
Eh quoi! n'avons-nous pas consommé sa vengeance,

Blâmé votre faiblesse et votre négligence?
Par nous l'usurpateur a trouvé le tombeau;
Et, pour prix de nos soins et d'un exploit si beau,
Rome, sous trois tyrans, courbe son front docile!
Quels tyrans, justes Dieux! un pontife imbécile,
Un enfant sans courage, un soldat dissolu:
Ils ont osé prétendre au pouvoir absolu!
O pudeur! ô mépris du nom sacré de Rome!
César fut un tyran, mais il fut un grand homme;
Sylla vit à ses pieds l'Univers abattu,
Mais Sylla n'était pas un tyran sans vertu.

AGRIPPA.

Ainsi donc, voulez-vous que par des mains romaines
Deux fois le sang romain soit versé dans ces plaines?
Ah! sous nos empereurs quand tout sera soumis,
L'esclavage et les fers ne nous sont point promis,
Mais la paix succédant à la guerre civile,
Mais une liberté moins fière et plus tranquille.
Les amis de César, en vengeant son trépas,
N'ont voulu, dites-vous, que marcher sur ses pas?
Ce sont là les humains, telle est notre faiblesse:
Par le seul intérêt, déterminés sans cesse,
Vertueux par orgueil ou par ambition,
Nos cœurs sont-ils jamais exempts de passion?
Vous-même, en observant vos efforts en Asie,
On peut vous soupçonner de quelque jalousie.
Eh bien, s'il était vrai, l'Asie est pour vous deux
Un assez beau partage et doit remplir vos vœux.

Je sais votre vaillance, et mon cœur vous honore;

Rome vous chérissait et vous estime encore.

Mais le Parthe insolent, tranquille en ses déserts,

Ose nous disputer un coin de l'Univers,

Et, le cœur enivré de sa gloire frivole,

Sur nos débris sanglans insulte au Capitole.

Allez venger Crassus, courez exécuter

Ce que notre César avait voulu tenter;

Et, des bords de l'Indus faisant votre conquête,

Que bientôt sous vos lois tout l'Orient...

CASSIUS.
Arrête.

Si Rome était tranquille, et si de la venger

Son ordre souverain nous eût daigné charger;

Ah! si nous entendions la voix de la patrie,

Sois sûr que nos efforts, à cette voix chérie,

Iraient des mains du Parthe arracher ses lauriers,

En lui redemandant le sang de nos guerriers.

Mais nous, des triumvirs suivre la politique!

Mais conquérir pour nous, non pour la république!

Cesse de nous porter à de tels attentats;

Nous n'avons pas besoin de sceptre ni d'États.

Pour des cœurs vertueux régner n'a point de charmes;

Si malgré nous enfin nous avons pris les armes,

Tu feins de l'ignorer, mais voici notre but:

Des Romains opprimés conquérir le salut,

Abattre les tyrans et le pouvoir suprême;

Et tu viens nous offrir d'être tyrans nous-même!

AGRIPPA.

Songez-vous...

BRUTUS.

       Agrippa, c'est trop nous insulter.
Nous voulons les punir, et non les imiter.
Mais tout ce que je vois a droit de me confondre;
Agrippa, c'est à toi qu'il nous fallait répondre!
As-tu pu te charger d'un si honteux emploi?
Ce paisible esclavage est-il donc fait pour toi?
Triumvirs, dans nos cœurs ils n'ont rien à prétendre;
Nous devons les haïr : nous pourrons les entendre,
S'ils veulent aujourd'hui rentrer dans le devoir,
Et vivre désormais sans maître et sans pouvoir.
Oui, parmi leurs égaux je consens qu'on me nomme;
Et je suis leur ami, s'ils sont amis de Rome.

AGRIPPA.

Mais vous qui vous croyez ses bons, ses vrais amis,
Les Parthes, les Gaulois sont moins ses ennemis.
Que prétend, dites-moi, ce langage héroïque,
Cet inflexible orgueil d'une vertu stoïque?
Oui, si tous les Romains savent vous imiter,
La forme de l'État peut encor subsister.
Mais tout est bien changé. Fiers de leur opulence,
De tous vos magistrats contemplez l'insolence;
Contemplez un État accablé de langueur,
Les vices triomphans et les lois sans vigueur,
Par des tyrans obscurs vos dignités flétries,
Vos nobles marchandant les voix des centuries,

L'or achetant le peuple et jusqu'aux sénateurs;
L'or nommant vos consuls, vos tribuns, vos questeurs,
Citoyens sans amour pour la chose publique,
Généraux éblouis du pouvoir despotique;
La liberté mourante, et l'empire incertain
Avec le glaive impie errant de main en main.
A cinq lustres à peine ont succédé cinq lustres,
Nos yeux, toujours frappés d'iniquités illustres,
Ont vu Sylla, Carbon, Marius et Cinna,
L'insolent Céthégus, l'ardent Catilina;
Ils ont tous affecté l'autorité suprême;
Et Crassus et Pompée y prétendaient eux-même.
Vous avez égorgé le seul qui pût régner;
La blessure de Rome est encore à saigner;
Rome vous blâme, et croit d'une si belle vie
Avoir trop acheté sa liberté ravie.
Insensés! l'édifice assiégé par le temps
Veut un appui solide à ses vieux fondemens;
Et le vaisseau pressé des vents et de l'orage,
Sans un pilote habile est certain du naufrage.
Pensez-y toutefois. Si César a vécu,
Vous n'avez pas dompté son génie invaincu;
Aux revers de Caton dévoués par vous-même,
Peut-être que ce jour est votre jour suprême.
Nous vous désavouons, toi surtout, toi, Brutus,
Toi qui du grand César connaissais les vertus,
Toi que César aimait d'une amitié si tendre,
A nos sages conseils toi qui crains de te rendre,

Nous plaignons tes fureurs et ton aveuglement;
Ta généreuse main nous vengea lâchement.
Mais crains...

BRUTUS.

Je suis Brutus.

CASSIUS.

Que parles-tu de craindre?

BRUTUS.

Quoi! vous portez des fers, et vous osez me plaindre!
Plaignez Rome, pleurez sur ses coupables fils,
Qui, sous un joug doré mollement asservis,
Ont du nom de Romains vendu le privilége,
Et goûtent dans l'opprobre un bonheur sacrilége.
Qu'ils reçoivent le prix qu'ils ont bien acheté;
Que d'indignes trésors comblent leur lâcheté;
Du sein de leurs honneurs ou de leur infamie
Qu'ils osent élever une voix ennemie;
Et, puisque nous avons servi Rome et les Dieux,
Qu'ils accusent nos mains d'un forfait odieux.
Si j'en crois leurs discours, Rome nous désavoue.
A ton sort, ô Caton, leur haine nous dévoue;
Et moi je les dévoue à leur vile grandeur,
Moi qui n'ai point terni ma première splendeur.
J'ai vu la république aux factions livrée,
Par ses propres enfans sans cesse déchirée,
Nos droits anéantis, l'État près de périr.
Témoin de tous ces maux, j'ai voulu les guérir:
J'ai cru (jusqu'à ce jour espérance trop vaine!)

Relever les débris de la grandeur romaine.
Le sort va décider. Je puis mourir vaincu :
Du moins je mourrai libre ainsi que j'ai vécu.
Si je touche en effet au bout de ma carrière,
Une austère vertu la marqua toute entière.
Descendant du héros qui chassa les Tarquins,
Je vous aurais rendu vos antiques destins,
Si vous les méritiez, si le peuple du Tibre
Était Romain encore et savait être libre.
Agrippa, c'est assez; rompons ces entretiens :
Nos maîtres sont les lois; retourne vers les tiens.

AGRIPPA.

Embrassez-moi tous deux, j'aime vos grands courages;
Mais vous auriez dû naître en de plus heureux âges.
Adieu, nobles Romains.

(Il sort.)

SCÈNE IV.

BRUTUS, CASSIUS.

BRUTUS.

    Et tel est cependant
De nos divisions l'exécrable ascendant!
Au sein des dignités la vile insouciance
Des Romains opprimés est la seule science.
Le crime est éveillé, le courage endormi,
Et les plus vertueux ne le sont qu'à demi.
De mes yeux, Cassius, tu vois couler des larmes.

15.

Ah! je te puis au moins confier mes alarmes.
Rome a besoin de nous, et n'a plus aujourd'hui,
Malgré tant de guerriers, que nous deux pour appui.
Notre défaite, ami, lui serait bien funeste.
Si d'un sang libre et pur quelque goutte lui reste,
Il faut un chef prudent pour l'oser secourir;
Et le fils de Caton ne saura que mourir.
Messala plus habile a moins de confiance:
Il accuse en secret nos projets d'imprudence,
Tout prêt à se soumettre à la nécessité,
Mais jusqu'au dernier jour servant la liberté.
Crois-moi, n'espérons rien de ces vertus tranquilles,
Trop faibles pour briller en des temps difficiles.
Tout fléchira bientôt sous le joug de la paix.
Aucun du bien public ne veut porter le faix:
O maîtresse du monde! ô ma chère patrie!

CASSIUS.

Mes yeux ne verront point cet avenir impie.
Et tantôt, cher Brutus, si je t'ai bien compris,
Le projet qui m'inspire occupait tes esprits.

BRUTUS.

Comment!

CASSIUS.

Dût à jamais la liberté s'éteindre,
Nous sommes tous Romains, nous n'avons rien à craindre,
Disais-tu.

BRUTUS.

Si Caton nous fraya les chemins,

Apprenons à mourir du plus grand des humains.

Jeune encore, en des jours d'audace et d'espérance,

Des Romains subjugués j'embrassai la vengeance;

Et, de mon grand dessein tout entier occupé,

J'osai blâmer Caton : le temps m'a détrompé.

Lorsqu'il attend des Cieux une éternelle haine,

L'homme n'est point coupable en secouant sa chaîne.

Un mortel vertueux, opprimé par le sort,

Peut chercher du repos dans le sein de la mort.

Aux Dieux auteurs de l'âme il ne fait point outrage,

Puisqu'il ne détruit point leur immortel ouvrage.

CASSIUS.

On vient.

SCÈNE V.

BRUTUS, CASSIUS, PORCIUS-CATON, MESSALA, STATILIUS, ROMAINS.

BRUTUS.

Fils de Caton, Albin, Statilius,

Labéon, Messala, Straton, Lucilius,

Vous, à qui la patrie, à qui les lois sont chères,

Vous de qui la vertu, digne encor de nos pères,

Ranime de l'État les débris expirans;

Nos yeux viennent de voir un ami des tyrans.

Agrippa s'est flatté de parler à des traîtres :

On nous laissait le choix de ramper sous trois maîtres,

Ou d'oser avec eux partager l'Univers :

Nous avons rejeté la puissance et les fers.
Vous ne nous blâmez point?

PORCIUS.

Nous voulons tous vous suivre:
Nous voulons comme vous agir, penser et vivre.

CASSIUS.

Ainsi, l'État changé, vous n'attendez plus rien?

STATILIUS.

Je t'en fais le serment.

PORCIUS.

Nous le jurons.

CASSIUS.

Eh bien,
Conservez dans vos cœurs ces sermens respectables,
Et marchons. Les tyrans ne sont plus redoutables.
Les craintes sont pour eux, pour eux tout le danger:
La gloire est pour nous seuls.

STATILIUS.

Et qui pourrait songer
A survivre un moment aux ruines publïques,
A servir, à ramper sous des lois tyranniques?

PORCIUS.

Ah! tout doit imiter l'exemple de Brutus.

STATILIUS.

Sans doute : et, de nos chefs si j'aime les vertus,
Si je veux, si je dois respecter leur prudence,
Je ne suis qu'un soldat, j'espère en ma vaïllance :
Il faut vaincre ou mourir; c'est la loi des grands cœurs;

C'est la vôtre, Romains; nous reviendrons vainqueurs.

BRUTUS.

Ton ardeur est illustre, et convient à ton âge :
Dans les jeunes guerriers j'aime un bouillant courage.
Je ne vois parmi nous plus d'esprits incertains :
Le ciel va prononcer; Rome est toute en nos mains.

(Brutus et tous les Romains tirent l'épée.)

Vous, dont la majesté ne fut point asservie,
Vous, de qui le trépas éternise la vie,
Vous, guerriers, dont l'Afrique en ses déserts affreux
Étale avec respect les débris généreux;
Guerriers dignes d'envie; et vous, proscrits augustes,
Vous, mortels vraiment grands, héros libres et justes,
Demi-Dieux des Romains; cendres de Cicéron,
Mânes du grand Pompée et du divin Caton;
Vous tous, dont les revers, consacrés à la gloire,
Ont de l'usurpateur éclipsé la victoire,
Oh! si, de votre olympe auguste et radieux,
Séjour où la vertu repose au sein des Dieux,
Oh! si vous présidez aux actions humaines,
Si vos regards sacrés descendent sur ces plaines,
Appuis du nom romain qui n'est plus respecté,
Si vous aimez encor la sainte liberté,
Nos bras se sont armés et pour vous et pour elle;
Voyez quels défenseurs restent à sa querelle;
Voyez vos compagnons, vos amis, vos enfans;
Guidez-les au combat, rendez-les triomphans;
Ou bien, si Jupiter autrement en ordonne,

Qu'à ces tyrans du moins aucun ne s'abandonne;
Et, puisque mourir libre est un destin si beau,
Que de tous les Romains ces champs soient le tombeau!

ACTE III.

SCÈNE PREMIÈRE.

BRUTUS, PORCIE, FULVIE.

PORCIE.

Tu pleures, cher époux! Daigne au moins me répondre,
Ne me fuis pas.

BRUTUS.

Le ciel se plaît à nous confondre.
J'ai fait ce que j'ai pu, je sais ce que je doi :
Quitte envers la patrie, et non pas envers moi,
Aux jours de Cassius je ne veux point survivre.
Héros républicains, c'est l'instant de vous suivre.

PORCIE.

Qu'entends-je ?

BRUTUS.

C'en est fait, les Romains sont vaincus,
Antoine est triomphant, Cassius ne vit plus.
Le glaive usurpateur n'a point tranché sa vie;
Désespérant trop tôt de sauver la patrie,
Dans le temps des forfaits, fatigué de ses jours,

J'ai vu que Cassius en détestait le cours.

. . . .

Il a d'un affranchi reçu le coup suprême.

PORCIE.

Il n'est plus!

BRUTUS.

Tiens, regarde, on l'apporte à nos yeux.

SCÈNE II.

BRUTUS, PORCIE, FULVIE, SOLDATS portant le corps de Cassius.

PORCIE.

Ciel!

BRUTUS.

Ose contempler ce spectacle odieux;
Le sort a de César embrassé la défense:
Ombre du dictateur, jouis de ta vengeance.
Le protecteur des lois et l'ami de Brutus,
Le dernier des Romains, c'en est fait, il n'est plus.
Ah! des plus vils tyrans si le sort est complice,
Que devient désormais l'éternelle justice?
Porcie, il n'est donc plus! et j'en suis séparé!
Oh! vois ces traits sanglans, ce corps défiguré,
Vois ces yeux qu'allumait une héroïque flamme;
Vois ce cadavre éteint: là fut une grande âme;
Là respirait l'honneur; et sache qu'aujourd'hui
Les cieux n'éclairent plus de Romains tels que lui.

PORCIE.

Calme ces vains transports où ta douleur se livre.
Libre et couvert de gloire il a cessé de vivre;
Rappelle en ce moment 'ta stoïque vertu.

BRUTUS.

Et quel esprit si fier n'en serait abattu?
Quoi! de deux scélérats les trames fortunées
Feront toujours pâlir nos grandes destinées!
Dieux, si vous existez, grands Dieux, Dieux immortels,
Justifiez nos vœux, notre encens, vos autels.
Grands Dieux, votre courroux est plus fort que le nôtre;
Ils ont bien mérité de périr l'un par l'autre.
Tombe, tombe sur eux le prix de leurs forfaits!
Entendez l'Univers dans les vœux que je fais;
Exercez à la fin des rigueurs légitimes,
Et ne vous trompez plus sur le choix des victimes.

PORCIE.

Malheureuse! quel est ce guerrier tout sanglant,
Qui dirige vers nous un pas faible et tremblant?
Straton lui sert de guide. O fortune contraire!
Il approche : c'est lui.

SCÈNE III.

BRUTUS, PORCIE, FULVIE; PORCIUS-CATON,

l'épée à la main; SOLDATS, le corps de Cassius.

PORCIUS.

Viens, Brutus.

PORCIE.

O mon frère!

Faut-il aussi te perdre?

PORCIUS.

Et qu'importe, ma sœur?

D'une si belle mort conçois mieux la douceur.

Mais je prétends ailleurs en goûter tous les charmes,

Puisqu'on nous a laissé du courage et des armes.

Tu t'es trompé, Brutus, rien n'est désespéré:

Ton cœur sur les Romains doit être rassuré;

Ils savent tous mourir; et, si tu veux m'en croire,

Peut-être nous allons ressaisir la victoire.

Conduis-nous; nos soldats, un moment effrayés,

De tous côtés, Brutus, sont déjà ralliés.

Viens, leurs vœux enflammés, leurs glaives te demandent,

Et dans la plaine encor les tyrans nous attendent.

Si je pouvais les joindre, et par d'illustres coups

Venger de Cassius les mânes en courroux!

Viens, toutefois mon sang coule pour la patrie;

Que je lui donne encor les restes de ma vie!

BRUTUS.

Nous méritions, sans doute, un sort moins rigoureux;

Vous, portez dans le camp ce Romain généreux.

Guerriers, tous les honneurs qu'un héros peut prétendre,

Après notre combat, qu'on les rende à sa cendre.

Ces restes, chère épouse, ils sont sacrés pour moi;

Et je ne veux ici les confier qu'à toi.

Songe à ce dernier prix qu'exige ma tendresse.

Adieu, Porcie.

(Il embrasse Porcie.)

PORCIE.

Adieu.

BRUTUS.

Straton, notre jeunesse,
Jadis, il t'en souvient, eut les mêmes penchans.
Tu n'as point oublié qu'en de plus heureux temps
Nous nous sommes promis une amitié fidèle;
Viens, je sens qu'aujourd'hui j'éprouverai ton zèle.
Demeure auprès de moi.

PORCIE.

Dieux puissans!

BRUTUS.

Porcius,

Allons mourir ensemble. Attends-nous, Cassius.

(Les soldats emportent le corps de Cassius; ils sortent tous, excepté
Porcie.)

SCÈNE IV.

PORCIE.

Je ne les vois plus; vous, dont la main nous opprime,
Appuis de l'injustice et protecteurs du crime,
Dieux ennemis de Rome, ô vous, Dieux irrités,
Voilà donc les mortels que vous persécutez!
Ah! qu'aux plus noirs chagrins un courage insensible,
Quand il faut l'exercer, est affreux et pénible!

Et que de la raison les importuns avis
Malgré tous nos efforts sont lentement suivis!
Sans cesse elle me dit qu'en des jours si funestes
Il faut se résigner aux volontés célestes;
Que je dois, ne pouvant détourner le malheur,
Ne pas laisser du moins triompher ma douleur:
Vaine raison, tu n'as que d'impuissantes armes,
La nature est plus forte et je répands des larmes.
Je n'ai pu, cher Brutus, accompagner tes pas,
Malheureuse! tandis qu'ils volent aux combats,
Il me faut dans ces lieux attendre ma sentence;
Et le sort n'est point las d'opprimer leur vaillance!
S'ils périssaient? eh bien, trouver ainsi la mort,
N'est-ce pas triompher des tyrans et du sort?
Que sont-ils devenus ces temps où l'hyménée
Aux destins de Brutus joignit ma destinée?
O Brutus! ô patrie! ô nom sacré d'époux!
Saint nœud, hymen formé sous un astre jaloux,
Hymen à qui les Dieux devaient un sort prospère,
Et dont s'applaudissaient les mânes de mon père!
O Rome! ô citoyens dont il était l'honneur!
Doux et libre avenir! vain espoir de bonheur!
Vous n'êtes plus qu'un songe; et mon âme abusée
Sur la foi des vertus s'était trop reposée.
C'est leur voix cependant qui me doit rassurer.
Le ciel est contre nous, mais s'il me faut pleurer,
De quelque coup affreux que m'accable sa haine,
Mes pleurs seront au moins les pleurs d'une Romaine.

SCÈNE V.

PORCIE, MESSALA.

PORCIE.

Que vois-je? Messala, que viens-tu m'annoncer?
Parle.

MESSALA.

Qu'à tout, madame, il nous faut renoncer.
Nous avons tout perdu, vous perdez tout vous-même;
Votre époux, votre frère.

PORCIE.

O puissance suprême!
Une seconde fois nous sommes donc vaincus?

MESSALA.

Hélas!

PORCIE.

Et que devient l'armée?

MESSALA.

Elle n'est plus.
Abominables fruits des guerres intestines!
O rage! ô barbarie! ô jour de nos ruines!
Plus de nœuds, plus de droits; l'ami sans frissonner
Reconnaît son ami qu'il vient d'assassiner;
Le père abat son fils, le fils frappe son père;
Le frère est étendu sous les coups de son frère:
On dirait, à les voir, l'un sur l'autre acharnés,
Se baigner avec joie au sang dont ils sont nés,

Égorger d'un œil sec de si saintes victimes,
Qu'ils prétendent lutter d'attentats et de crimes.
De notre chef auguste admirant les vertus,
Entre la tyrannie et l'aspect de Brutus,
Pendant quelques instans la fortune incertaine
Ne sait à qui donner son amour et sa haine;
Mais son choix se déclare, et tombe encor sur eux.
Votre frère, madame, en ces momens affreux,
Blessé deux fois, couvert de sang et de poussière,
Lui seul des triumvirs combat l'armée entière.
Il court, jette son casque, et montre à tous les yeux
Ces traits chéris de Rome, aux tyrans odieux.
Un affreux désespoir s'y mêlait au courage:
Il court, des pleurs amers inondent son visage;
A son premier aspect tout fuit épouvanté;
Au sein des légions il s'est précipité;
A peine daigne-t-il songer à sa défense.
Des tyrans à grands cris il demande vengeance,
Les appelle; et son glaive, inutile en sa main,
Ne peut autour de lui verser de sang romain.
Mais de tant d'héroïsme il reçoit le salaire,
Tombe, et meurt d'un trépas qu'eût envié son père.
Déjà, de tous côtés, nos soldats renversés,
Nos chefs, ou moissonnés, ou pris, ou dispersés,
Le soldat rebuté, songeant à sa retraite,
Tout du parti des lois annonçait la défaite.
Les tyrans en leurs mains tiennent Lucilius;
J'ai vu tomber moi-même Albin, Statilius;

J'ai vu se consommer l'œuvre de tyrannie ;
J'ai vu le crime heureux et la vertu punie ;
L'honneur, la liberté, la patrie aux abois,
Dans ses plus chers enfans expirant mille fois ;
La cause des méchans par les Dieux protégée ;
Dans la nuit du tombeau Rome entière plongée.
Enfin, de bouche en bouche, un bruit s'est répandu
Qu'au milieu du combat quelques soldats ont vu
De notre dictateur errer l'ombre sanglante ;
Il agitait sa main d'un glaive étincelante,
Excitait, disent-ils, les siens à le venger,
Et lui-même au carnage aimait à se plonger :
Soit pour nous opposer un éternel obstacle
Que le ciel ait permis cet effrayant spectacle,
Soit qu'ils aient cru le voir, ou qu'ils aient prétendu
Justifier ainsi leur courage perdu,
Tout meurt, fuit ou se rend ; et cette plaine esclave
Voit nos débris courir sous les drapeaux d'Octave.
Hélas ! d'un faible reste à peine environné,
Brutus lève son front pensif et consterné ;
Il regarde le ciel, et de ses yeux stoïques
Coulent sur notre sort des larmes héroïques.
« Je me suis abusé, la vertu n'est qu'un nom,
« Nous dit-il, et bientôt, prends ce glaive, Straton.... ;
« Tu me connais, tu vois qu'il n'est plus de patrie ;
« Prends, si je te suis cher, sauve-moi de la vie.
« Romains, ô mes amis, ne pleurez pas. Grands Dieux !
« Que les auteurs du mal n'évitent point vos yeux. »

Il se penche à ces mots : Straton frappe, il expire;
La république tombe et fait place à l'empire.

PORCIE.

A l'empire!

MESSALA.

Il n'est plus qu'un refuge pour nous.
Rome, je te l'ai dit, tombe avec ton époux.
Pardonne, je frémis d'un conseil si funeste :
Tendre les mains aux fers est tout ce qui nous reste.

PORCIE.

La fille de Caton tendre les mains aux fers!
Non, je les brave encor ces rois de l'Univers.

MESSALA.

Qu'espérez-vous?

PORCIE.

On vient.

MESSALA.

C'est Agrippa.

SCÈNE VI.

LES MÊMES, AGRIPPA, SOLDATS.

AGRIPPA.

Madame,

Contre tant d'infortune affermissez votre âme.
Surtout que mes guerriers n'alarment point vos yeux :
Pouvez-vous redouter un sort injurieux?
Croyez, vous le devez, que les maîtres du monde,

Tandis que la fortune aujourd'hui les seconde,
Ne vous préparent point, abusant de leurs droits,
Cet affront solennel qu'ont subi tant de rois.
Croyez que de leur gloire ils feraient peu de compte
Si leur gloire pouvait exiger votre honte,
Et que tous les Romains, touchés de vos vertus,
Respecteront en vous l'épouse de Brutus.
Octave le regrette; il fut l'honneur du Tibre:
Ses mânes frémiraient si vous n'étiez plus libre:
Vous le serez toujours.

PORCIE.

J'en ai conçu l'espoir.

AGRIPPA.

Vous savez cependant quel est votre devoir.
Cassius et Brutus, les Catons et Pompée
Ont vu jusqu'aujourd'hui leur vaillance trompée.
En pleurant ces héros au tombeau descendus,
Craignez le fol orgueil qui les a tous perdus;
Cessez de fuir un joug devenu nécessaire;
S'il fut plus d'une fois injuste et sanguinaire,
Ces temps-là sont passés.

PORCIE.

J'en prédis le retour.

Les tyrans sont unis. Tu les verras un jour,
Non plus se partager, mais déchirer l'empire:
C'est à dominer seul que chacun d'eux aspire;
Et des proscriptions le cours ensanglanté,
Crois-moi, pour quelques jours est à peine arrêté.

16.

AGRIPPA.

Eh! ne rappelez plus ces meurtres détestables,
Que le malheur des temps rendait inévitables.
De ces derniers Romains l'inflexible fierté,
Loin de parer le coup, l'a peut-être hâté :
Il est frappé, cédons. Dans les temps où nous sommes,
On voudrait vainement imiter ces grands hommes.
Enfin le sort décide; et, quand tout est soumis,
L'esclavage et les fers ne nous sont point promis,
Mais la paix succédant à la guerre civile,
Mais une liberté moins fière et plus tranquille.
Jugez donc, sans vouloir ici vous abuser,
Si c'est de tels présens que l'on doit refuser.
Fléchissez comme nous; Rome a besoin de maître :
Les deux vainqueurs, Porcie, en ce lieu vont paraître :
Du moins, si votre cœur ose les condamner,
N'insultez point à ceux qui vont vous pardonner.

PORCIE.

On pardonne au coupable; et, si le ciel propice
Daignait entendre encor la voix de la justice,
Ce sont eux, Agrippa, qui, dans leur abandon,
Viendraient aux pieds des lois implorer un pardon.
Ce jour vous a permis de fléchir sous les crimes;
Mais le sang des Catons connaît peu ces maximes.
Les tyrans vont venir; apprends que mes destins,
Malgré tant de revers, ne sont pas en leurs mains.
En vain du monde entier leur victoire m'exile :
Je puis leur échapper.

AGRIPPA.

Où sera ton asile?
Contre tant de pouvoir, où fuir? où te cacher?

PORCIE, en se tuant.

Dans les enfers. Crois-tu qu'ils m'y viennent chercher?

MESSALA.

Juste ciel!

PORCIE.

Je rejoins mon époux et mon frère,
Digne de tous les deux, digne aussi de mon père;
Servez, je meurs contente; et mes yeux expirans
Ne verront plus ce jour souillé par des tyrans.

(Elle expire.)

TIBÈRE,

TRAGÉDIE EN CINQ ACTES.

PERSONNAGES.

———

TIBÈRE, empereur.

AGRIPPINE, veuve de Germanicus.

PISON, sénateur.

CNÉIUS, fils de Pison.

SÉJAN, chevalier romain.

LES TROIS JEUNES FILS D'AGRIPPINE.

LES DEUX CONSULS.

SÉNATEURS.

PONTIFES.

MAGISTRATS.

GUERRIERS.

LICTEURS.

La scène est à Rome, dans le palais de Tibère.

TIBÈRE,

TRAGÉDIE.

~~~~~~~~~~~~~~~~~~~~~~~~~~~~~~~~~~~~~~~

ACTE PREMIER.

———◆———

SCÈNE PREMIÈRE.

PISON, CNÉIUS.

PISON.

On ne t'a point donné d'infidèles avis ;
Et Pison de retour embrasse encor son fils.
Au palais de César, quand le jour luit à peine,
Tu conçois aisément l'intérêt qui m'amène,
Et pourquoi, sans témoins, je veux t'entretenir
Sur la mort de son fils et sur mon avenir.
J'ai vu Germanicus expirer en Syrie ;
Un sort prématuré l'enlève à la patrie :
Il ne me traitait plus qu'en soldat révolté,
Et nos dissensions n'ont que trop éclaté.
J'ai fui tous les chemins où sa veuve Agrippine
A vingt cités en pleurs demandait ma ruine :
Sur les mers de Toscane, hier avant la nuit,

Jusqu'aux bouches du Tibre un vaisseau m'a conduit.
Je suis enfin dans Rome, et je viens me défendre.
Agrippine au sénat s'est-elle fait entendre?
Et déja les Romains, par la haine animés,
Sèment-ils contre moi des bruits envenimés?
Que disent l'empereur et sa mère Livie?
Séjan même avec eux menace-t-il ma vie?
Et de Germanicus tous les persécuteurs
De son ombre aujourd'hui sont-ils les protecteurs?
Parle, ô mon cher Cnéius.

CNÉIUS.

Agrippine attendue
Aux désirs des Romains n'est pas encor rendue.

PISON.

Ciel!

CNÉIUS.

Mais, aujourd'hui même, elle doit en ces lieux
Apporter d'un époux les restes glorieux.

PISON.

Que m'apprends-tu?

CNÉIUS.

Séjan, ce ministre fidèle,
Pour l'observer, sans doute, est envoyé près d'elle.

PISON.

Et Tibère, Livie?

CNÉIUS.

Hélas! avant ce jour,
Cnéius, vous le savez, ignorait leur séjour.
Le besoin de revoir et d'embrasser mon père

Pouvait seul me conduire au palais de Tibère.
Il y renferme un deuil dont la sincérité
Trouve chez les Romains peu de crédulité :
Pour lui Germanicus fut un objet d'envie ;
Et l'on se dit tout haut que Tibère et Livie,
Heureux secrètement dans le commun malheur,
Cachent leur allégresse et non pas leur douleur.

PISON.

Le peuple?

CNÉIUS.

Il adorait un prince magnanime :
Les regrets sont profonds; l'éloge est unanime ;
Et tous les vrais Romains ont accusé le sort.

PISON.

C'est moi, Germanicus, qui dois pleurer ta mort.

CNÉIUS.

Oui, vous le regrettez; je me plais à l'entendre :
Je vous retrouve juste, et j'osais y prétendre.
Quel sujet toutefois a pu vous diviser?
Quels méchans l'un à l'autre ont su vous opposer?
Quand nos jeux célébraient sa première victoire,
Germanicus parut l'emporter sur sa gloire ;
On crut voir un Camille, et l'on s'était flatté
Qu'il devait aux Romains rendre la liberté.
Souvent je me suis dit, plein de cette espérance :
Mon père à ces beaux jours prépara mon enfance.
C'est vous seul en effet, vous qui m'avez appris
Des austères vertus la douceur et le prix :

Vous conduisiez mes pas dans ces places publiques
Où sont de nos aïeux les marbres héroïques.
Sur leur postérité nos premiers sénateurs
Abaissaient tristement des yeux accusateurs.
Je respirais leur âme, et dans Rome flétrie
Cnéius, au milieu d'eux, retrouvait la patrie.
Avide, j'écoutais quand vos mâles discours
Du siècle où nous vivons me retraçaient le cours :
Ici, du dictateur la victoire fatale ;
Là, Rome, survivant aux débris de Pharsale,
A la tribune encore inspirant Cicéron ;
Nos Dieux réfugiés dans l'âme de Caton ;
Leurs temples, le sénat, et notre gloire antique
Avec lui s'exilant au sein des murs d'Utique ;
Et ces derniers Romains qui vengèrent l'État,
Quand César tout puissant, frappé dans le sénat,
Perdant sous le poignard ce qu'il dut à l'épée,
Tombait victorieux aux pieds du grand Pompée.

PISON.

O mon fils ! ton aïeul, dont tu me rends les traits,
Vit notre liberté, si chère à tes regrets,
Sous les coups de Lépide, et d'Octave, et d'Antoine,
Mourir avec Brutus aux champs de Macédoine.
L'un de ces triumvirs, dont les coupables mains
Se partageaient le monde et le sang des Romains,
Octave, héritant seul d'une fureur utile,
Enchaîna l'Univers par sa clémence habile.
A l'intérêt d'un homme il ralliait l'État ;

Il caressait le peuple, il flattait le sénat;
Agrippa dans le camp dirigeait ses cohortes;
Du temple de Janus la paix fermait les portes;
Et Mécène étouffait, sous les palmes des arts,
Les cyprès teints de sang qui couvraient nos remparts.
Auguste vieillissant fit oublier Octave.
Parlant de république au sein de Rome esclave,
Il nous berçait encor de ces mots révérés,
Vains hochets du vulgaire et fantômes sacrés,
Et, des Romains séduits trompant l'obéissance,
Du nom de liberté cimentait sa puissance.
Il étendit sur moi son charme suborneur:
Des faisceaux avec lui je partageai l'honneur;
Et, lorsque le destin, secouru par Livie,
Eut fait un dieu de plus en terminant sa vie,
Son successeur Tibère, en ce même palais,
Me retint, m'opprima sous d'horribles bienfaits.
Là, du nouveau tyran j'ai connu l'âme altière:
J'ai vu les chevaliers, le sénat, Rome entière,
Tout l'empire, à l'envi, se faisant acheter,
Briguer la servitude et s'y précipiter.

CNÉIUS.

Ah! parmi ces flatteurs, émules d'infamie,
Une tête innocente est bientôt ennemie.
Quand sous le crime heureux tout languit abattu,
Malheur aux citoyens coupables de vertu,
Et dont la gloire offense, à Rome ou dans l'armée,
Tibère impatient de toute renommée!

Les délateurs, vendant leur voix et leurs écrits,
Viennent dans son palais marchander les proscrits;
Lui seul.des tribunaux fait pencher la balance;
Le sénat le contemple, et décrète en silence;
Les regards sont muets; les lois n'osent parler;
Tibère à ses genoux voit l'Univers trembler,
Et, subissant lui-même un tyrannique empire,
Éprouve, en l'ordonnant, la frayeur qu'il inspire.
En ses yeux, qui toujours commandent les forfaits,
Son ministre devine et prévient les arrêts;
Et le ciel à-la-fois fit naître en sa colère
Tibère pour Séjan, et Séjan pour Tibère.
S'ils n'eussent divisé Germanicus et vous,
Peut-être un jour plus pur luirait encor sur nous.
Le peuple est fatigué du pouvoir despotique:
Naguère, il m'en souvient, le nom de république
A, jusque dans sa cour, effrayé l'oppresseur,
Quand, des derniers Romains et la veuve et la sœur,
La nièce de Caton, cette illustre Junie,
A leurs mânes sanglans fut enfin réunie.
Devant l'urne funèbre on portait ses aïeux:
Entre tous les héros qui, présens à nos yeux,
Provoquaient la douleur et la reconnaissance,
Brutus et Cassius brillaient par leur absence.
Que dis-je? le tyran ne peut dormir en paix:
Quand la nuit sur nos murs étend son voile épais,
Des regrets importuns fatiguent son oreille;
Des Romains opprimés la douleur se réveille;

Et leurs cris menaçans, par Tibère entendus,
Vont lui porter ces mots : « Rends-nous Germanicus ! »

PISON.

Moi-même à ses regrets que ne puis-je le rendre !
Tes vœux n'ont rien, Cnéius, qui doive me surprendre ;
Si, même en t'admirant, j'éprouve un peu d'effroi,
C'est de me voir contraint de rougir devant toi.

CNÉIUS.

Qui ? vous !

PISON.

Moi. Dût un jour la liberté renaître,
Je n'en jouirai plus ; j'ai fléchi sous un maître ;
A vivre en le servant je me suis condamné,
Soumis au bras d'airain qui me tient enchaîné.
Mais tu dois ranimer la splendeur de ta race :
O toi, dont les vertus consolent ma disgrâce,
Exemple des Romains, modèle des bons fils,
Seul appui, seul honneur de mes cheveux blanchis,
Fuis toujours le tyran ! tu vivras sans reproche.
On ouvre, et les licteurs annoncent son approche :
Va trouver mes amis, autrefois si nombreux ;
Va, recommande un père à leurs soins généreux :
Ils ont de mon crédit éprouvé l'influence ;
A leur tour maintenant qu'ils prennent ma défense,
Si, bravant toutefois les destins irrités,
Leur amitié survit à mes prospérités.

CNÉIUS.

J'y vole, et j'ose encore espérer quelque zèle ;

Mais votre fils au moins vous restera fidèle.

(Il sort.)

SCÈNE II.

TIBÈRE, PISON, sénateurs, licteurs.

TIBÈRE.

Sénateurs, je rends grace aux bontés du sénat:
Ce chagrin solennel des patrons de l'État
A mes calamités vient mêler quelques charmes;
En pleurant avec moi, vous tarissez mes larmes.
Que vois-je? est-ce Pison qui paraît à mes yeux?

PISON.

Oui, César, et c'est vous que je cherche en ces lieux;
C'est vous que j'ai servi. Je demande et j'espère
Un entretien secret que je crois nécessaire.

TIBÈRE.

Ayez quelques égards pour un père accablé:
Il s'agira de vous au sénat rassemblé.
Loin de moi le désir d'une injuste vengeance!
Mais songez-vous, Pison, qu'Agrippine s'avance?
Et même elle a de Rome abordé les remparts,
Puisque je vois Séjan s'offrir à nos regards.

SCÈNE III.

TIBÈRE, PISON, SÉJAN, sénateurs, licteurs.

SÉJAN.

Agrippine dans Rome arrive à l'instant même.
J'ai rempli de César la volonté suprême :
Deux cents prétoriens, sur mes pas réunis,
Dans Brindes attendaient Agrippine et ses fils.
La lumière trois fois avait dissipé l'ombre,
Lorsqu'aux premiers rayons d'un jour livide et sombre
Le vaisseau, traversant les flots silencieux,
De ses voiles en deuil vient affliger nos yeux.
On voit avec ses fils Agrippine descendre :
L'urne où Germanicus n'est plus qu'un peu de cendre
Paraît ; le peuple accourt sur la rive des mers ;
Les chemins, les maisons, les toits en sont couverts.
Il est muet long-temps, et long-temps immobile ;
Mais, quand le char funèbre a roulé dans la ville,
Cent mille bras vers lui sont tendus à-la-fois ;
Cent mille cris plaintifs ne forment qu'une voix.
Partout à la douleur la pompe est réunie :
Aux champs apuliens et dans la Campanie,
Les organes des lois, les ministres du Ciel,
Laissant le tribunal, abandonnant l'autel ;
Vieux guerriers, villageois, d'une course empressée,
Affrontant les rigueurs de la saison glacée,

Au héros, à la veuve, aux trois jeunes enfans,
Viennent offrir des pleurs, des vœux et de l'encens.
Non loin de Tusculum, aux murs de Palestrine,
L'un et l'autre consul accueillent Agrippine;
Et, durant la nuit même, elle marche avec nous,
Toujours tenant ses fils dormant sur ses genoux,
Toujours à nos regrets offrant l'urne adorée.
Le jour découvre enfin cette route sacrée,
Où l'on vit son époux, au sein de nos remparts,
Rapporter de Varus les sanglans étendards.
Elle entre : son cortége est bientôt Rome entière;
Et l'ombre du héros, près d'une épouse altière,
Semble, se réveillant sous l'airain sépulcral,
S'enorgueillir encor de ce deuil triomphal.
J'ai vu des légions les aigles renversées,
Des vétérans en pleurs les piques abaissées;
J'entendais à-la-fois dans ce grand citoyen
Tous les infortunés regretter un soutien,
Tous les vieillards un fils, tous les enfans un père,
L'armée un dieu vengeur, Rome un dieu tutélaire.
Si j'en crois les discours, la vestale a tremblé
Aux mourantes lueurs d'un feu pâle et voilé;
D'un son lugubre et lent les temples retentissent;
Sous leurs tombeaux ouverts nos ancêtres gémissent;
Et, jusque sur l'autel, partageant nos douleurs,
Les marbres sont émus, l'airain verse des pleurs.

TIBÈRE.

Rendez-vous, sénateurs, où Rome vous appelle :

Honorez Agrippine; allez au-devant d'elle:
Je vous attends. Pison, dans ces momens d'éclat,
Vous n'êtes pas contraint de vous rendre au sénat;
Et, si quelques dangers pour vous se manifestent,
Vous pouvez recourir aux amis qui vous restent.
Aujourd'hui, sans témoins, je consens à vous voir;
Mais entendre Agrippine est mon premier devoir.

PISON.

Moi-même, en plein sénat, je reviendrai l'entendre.
Vous connaîtrez, César, ce que j'ose prétendre:
A soutenir mes droits je suis déterminé,
Sans espérer, sans craindre, et sans être étonné.

(Il sort avec le sénat et les licteurs.)

SCÈNE IV.

TIBÈRE, SÉJAN.

TIBÈRE.

Séjan, quelle contrainte! et quel excès d'outrage!
Agrippine jouit de ce bruyant hommage;
Même au sein du néant, traînant Rome à son char,
Germanicus éteint triomphe de César.
Il me faut redouter sa veuve enorgueillie,
Et jusqu'à ce Pison, que je leur sacrifie;
Car, enfin, ne crois pas que son génie altier
Sous le poids du malheur ait fléchi tout entier.
Il fut ambitieux; je l'ai soumis au crime:

17.

Mais, docile instrument, indocile victime,
Il garde, tu le vois, en son adversité,
Des Pisons ses aïeux l'audace et la fierté;
Et dans son fils Cnéius conserve à la patrie
Une austère vertu que lui-même a trahie.
La perte de Pison marquera ton retour.
Un jour encore! Ami, qu'il sera long ce jour!
Germanicus est mort, mais non sa renommée:
Satisfaisons ce dieu de Rome et de l'armée;
Que dans sa gloire même il reste enseveli;
Qu'il obtienne un cercueil, la vengeance et l'oubli.

SÉJAN.

Tout remplira vos vœux; et d'un agent fidèle,
Avant de vous quitter, j'avais sondé le zèle:
C'était Fulcinius, ce nouveau sénateur;
Il devait de Pison se rendre accusateur.
Ordonnez : rien ne coûte à son obéissance;
Et du soin de vous plaire il fait sa conscience.

TIBÈRE.

Fulcinius est prêt; je suis content de lui.
Du sénat, par mon ordre, il s'absente aujourd'hui :
Son intérêt sur lui garantit mon empire;
Et j'ai dicté, Séjan, tous les mots qu'il doit dire.
Rome va murmurer, Rome qui tous les jours
Se permet sourdement d'injurieux discours :
Elle brigue sa honte, et sa honte l'irrite.
De mon prédécesseur la clémence hypocrite
Des partis fatigués a fait taire les cris:

Il me léguait à moi les enfans des proscrits.

Plus habile que grand, plus fortuné qu'habile,

En triomphant d'un peuple il a vécu tranquille;

Et l'heureux empereur m'a laissé recueillir

La haine que long-temps sema le triumvir.

Il régnait; je gouverne à force de puissance:

Rome par ses clameurs, même par son silence,

De mes secrets périls m'avertit chaque jour,

Et, loin de tous les yeux, me bannit dans ma cour.

SÉJAN.

Pourquoi vous condamner à tant d'inquiétude?

Quoi! le maître du monde est dans la servitude!

Aux rives de Caprée, en de pompeux jardins,

Auguste de l'empire oubliait les chagrins.

Là, vous pourriez trouver sous de rians asiles

Des cieux toujours sereins, des nuits toujours tranquilles;

Là, César tout puissant, même au sein des plaisirs,

Sans cesser de régner, goûtant d'heureux loisirs,

Plus grand par son absence, et laissant ses images

Des Romains prosternés recueillir les hommages,

Semblable aux immortels, du vulgaire adorés,

Pourrait dicter de loin ses oracles sacrés,

Dispenser des bienfaits ou lancer le tonnerre,

Et rester invisible en gouvernant la terre.

TIBÈRE.

Je vois dans l'avenir ce moment souhaité:

Il faut à Rome encor, haï, mais redouté,

Traîner de piége en piége une inquiète vie,

Empereur absolu sous les lois de Livie :
C'est ma mère ; et, d'ailleurs, puis-je oublier jamais
Que cet empire même est un de ses bienfaits ?
Je vais la prévenir du retour d'Agrippine :
Mais, quand tout de Pison garantit la ruine,
Toi, ministre zélé, digne de ma faveur,
Et le seul des Romains à qui j'ouvre mon cœur,
Intimide et corromps : c'est ainsi que l'on règne.
Rome peut me haïr, pourvu qu'elle me craigne.
Sur Agrippine enfin tente les orateurs ;
Ébranle son crédit auprès des sénateurs.
Si la haine jalouse, à tes pieds abaissée,
Voit dans les jeux publics ta statue encensée,
Mérite que bientôt, rehaussant ton éclat,
L'Empereur avec lui t'admette au consulat.

ACTE II.

SCÈNE PREMIÈRE.

TIBÈRE, PISON, CONSULS, SÉNATEURS, LICTEURS.

TIBÈRE.

Asseyez-vous, consuls; sénateurs, prenez place;
Sans l'approuver, Pison, j'estime votre audace;
Licteurs, faites entrer la veuve de mon fils.

SCÈNE II.

TIBÈRE, PISON, AGRIPPINE, LES TROIS FILS
D'AGRIPPINE, CONSULS, SÉNATEURS, PONTIFES,
MAGISTRATS, GUERRIERS, LICTEURS.

AGRIPPINE.

César, et vous, consuls, et vous, pères conscrits,
Qui, plaignant d'un héros la destinée injuste,
Frémissez à l'aspect de sa dépouille auguste,
Avec Germanicus j'ai quitté mes foyers;
J'y rentre avec sa gloire, au milieu des guerriers

Témoins de ses exploits et de son jour suprême :
En quel état, grands Dieux, il y rentre lui-même !
Ah ! combien différent de ce Germanicus
Qui monte au Capitole, et, vengeur de Varus,
Y revient déposer, de ses mains triomphantes,
D'Arminius vaincu les dépouilles sanglantes !
Voici votre soutien, le voici, mon époux :
Un triomphe n'est plus ce qu'il attend de vous ;
Contre ses ennemis la tombe est son asile.
Approchez, d'une mère espérance fragile,
Approchez, mès enfans : Romains, c'est encor lui.
Vous voyez le seul bien qui me reste aujourd'hui.

TIBÈRE.

Non : je puis vous nommer du tendre nom de fille ;
Nous vous restons encor ; Rome est votre famille.
Adoptez, sénateurs, les enfans des Césars :
Encouragés par vous, formés sous vos regards,
Tandis qu'au rang des Dieux leur père les contemple,
Ils sauront quelque jour, imitant son exemple,
Comme lui, des héros se frayant le chemin,
Être dignes de vous et du peuple romain.

AGRIPPINE.

Ah ! puisse du sénat l'honorable tutelle
Étendre sur mes fils une égide immortelle !
Mais nous n'acceptons pas l'appui d'un sénateur
Qui de Germanicus fut le persécuteur.
Il est devant mes yeux : j'étais loin de m'attendre
Qu'ici, dans ce jour même, il oserait m'entendre.

Un lieutenant du prince avec impunité
Au fils de l'Empereur aura-t-il insulté ?
Quand le premier soldat n'est qu'un chef de rebelles,
Quel chef conserverait des légions fidèles ?
Si des fils, une veuve, et les Romains en deuil,
Vont de Germanicus entourer le cercueil ;
Jeune, et toujours vainqueur, s'il vit ses destinées
Dans ses triomphes même en naissant moissonnées ;
Compagnons d'un héros, vous, dont les étendards
Ont constamment suivi l'héritier des Césars,
Je vous prends à témoin que des complots perfides
Abreuvaient mon époux de chagrins homicides.
Il luttait, mais en vain, contre la trahison :
Un homme a tout conduit ; et cet homme est Pison.

.PISON.

Sans me déshonorer par une lâche absence,
Je m'étais à moi-même ordonné le silence :
J'espérais que César, assuré de ma foi,
Daignerait se charger de répondre pour moi.
Il m'en laisse le soin. Rome, mieux informée,
Pourra savoir un jour qui souleva l'armée.
D'Agrippine, aujourd'hui, la sévère douleur
Appelle un attentat ce qui fut un malheur.
Mais dans un autre temps, dans une autre province,
Je n'étais point alors le lieutenant du prince :
Germanicus a vu ses légions sans frein.
Déja l'aigle, infidèle au pouvoir souverain,
Des marais du Batave aux champs de l'Illyrie,

De son vol orageux menaçait la patrie.
Le drapeau fut souillé; le sang fut répandu:
Et quand? lorsque d'Auguste au tombeau descendu
Tibère honorait l'ombre, et recueillait l'empire,
Dans un règne naissant, époque où l'on conspire;
Quand des soldats pouvaient, par la rebellion,
De quelque autre César aider l'ambition.

AGRIPPINE.

D'un héros qui n'est plus, intrépide adversaire,
Je vous rends grâce, à vous qui, dans sa vie entière,
Choisissez l'instant même où sa fidélité
Aux yeux des légions a le plus éclaté.
Je n'ai point oublié que dans la Germanie,
Quand il était absent, la révolte impunie
Immola des tribuns près de leurs étendards,
Et menaçait déja, devant l'autel de Mars,
Un vieillard, du sénat député consulaire,
Plancus, réfugié sous l'aigle tutélaire.
Germanicus parut; nous eûmes un appui:
Il courait des périls, j'étais auprès de lui.
« Où sont, dit le héros, les légions de Rome?
« Et comment aujourd'hui faut-il que je vous nomme?
« Soldats? de votre chef vous repoussez la voix.
« Citoyens? du sénat vous méprisez les lois.
« Ennemis? non, jamais leur haine sacrilége
« N'a des ambassadeurs blessé le privilége.
« Jules chez les Gaulois vit son camp mutiné:
« Il s'écria: Romains! et tout fut terminé.

« Les voilà ces drapeaux que vous donna Tibère :
« Quel sang les a flétris? Manderais-je à mon père
« Que ses soldats, chargés de vaincre les Germains,
« Ne savent désormais qu'égorger des Romains?
« Frappez : qu'un autre chef vous mène à la victoire ;
« Frappez, ou suivez-moi, si vous aimez la gloire ;
« Et que demain j'apprenne au nouvel empereur
« Vos combats, vos succès, et non pas votre erreur. »
Il dit ; les légions, égalant sa vaillance,
Dans le sang des Germains ont lavé leur offense.
Est-il vrai, Chéréa? Parlez, Vitellius ;
Et vous, préfet du camp, courageux Memnius ;
Vous tous... Voyez, César, les larmes qu'ils répandent ;
Ces bras cicatrisés qu'à la fois ils étendent :
Croyez vos vétérans ; ils ont vu mon époux
Parler, agir, combattre et triompher pour vous.
La victoire sous lui, par de brillans auspices,
De votre empire heureux consacra les prémices ;
Et c'est après sa mort, c'est devant ses débris,
Qu'on ose en plein sénat insulter votre fils !

PISON.

Ah! je ne prétends pas calomnier sa gloire.

AGRIPPINE.

Et que fais-tu? Comment te permets-tu de croire
Qu'il ait voulu tenter la valeur des soldats?
Non, non, Germanicus ne te ressemblait pas.
Son cœur fut toujours pur, sa foi toujours sincère.
Tu l'outrages pourtant : s'il respirait!

PISON.

Tibère!

AGRIPPINE.

Si, triomphant encore, il brillait parmi nous...
Mais approche; il est là.

PISON.

Tibère, entendez-vous?

AGRIPPINE.

Il est là, là, te dis-je; il saura te répondre;
Son ombre magnanime est prête à te confondre.
Tu pâlis!

PISON.

Et pourquoi serais-je confondu?
Je n'ai point accusé; je me suis défendu.
Faut-il d'une ombre illustre évoquer la puissance?
Vos larmes contre moi font pencher la balance.
Il n'est plus ce Pison qui vit des jours d'éclat,
Et fut avec Auguste admis au consulat.

TIBÈRE.

Ne voyez, sénateurs, que la seule justice,
Que la loi vengeresse, ou la loi protectrice,
Non le rang de Pison, ses aïeux, sa valeur,
Ou les pleurs d'Agrippine et ma propre douleur.
Vous ne pouvez, sans doute, écouter la clémence;
Mais l'équité finit où le courroux commence.

PISON.

Il faut que je m'explique; on le veut; j'y souscris:
Les Romains sauront tout. Adieu, pères conscrits.

Mon destin, quel qu'il soit, n'a rien que je redoute.

Vous, César, aujourd'hui, vous m'entendrez, sans doute.

Nous pourrons sans témoins parler en liberté

Pour ce héros, par vous justement regretté,

Dont nous voyons tous deux la veuve gémissante,

Les enfans, les débris et l'ombre menaçante.

Ah! j'ai pu le haïr; mais j'ai su l'admirer;

Et nous avons tous deux le droit de le pleurer.

(Il sort.)

SCÈNE III.

TIBÈRE, AGRIPPINE, SES TROIS FILS, CONSULS, SÉNATEURS, PONTIFES, MAGISTRATS, GUERRIERS, LICTEURS.

TIBÈRE.

Il sort; et sa douleur n'est que trop véritable.

Est-ce un remords tardif? ou n'est-il point coupable?

Aurait-il seulement haï Germanicus?

Près de moi, sénateurs, je ne l'admettrai plus:

Mais d'un plus grand délit la preuve est nécessaire,

Quand il faut condamner un vieillard consulaire.

Pison, quoi qu'il en soit, trouve un accusateur:

Demain Fulcinius, comme vous sénateur,

Devant le tribunal se dispose à paraître.

AGRIPPINE.

Fulcinius! Séjan s'apprête aussi peut-être?

Eh quoi! Fulcinius ose être mon appui!

Tes exploits, cher époux, seront vantés par lui !
Eh ! sait-il seulement quelle est ta renommée ?
Nos guerriers l'ont-ils vu ? Connaît-il une armée ?
A la cour de Séjan que pouvait-il savoir ?
D'où lui vient ce grand zèle ? et quel est son espoir ?
Sa fortune a besoin de nouvelles bassesses :
C'est Pison que j'accuse, et non pas ses richesses.
Écoutez les récits de tous ces vieux soldats :
Eux seuls de mon époux vous diront les combats ;
Combien de fois son sang coula pour la patrie
Sur les bords du Danube, aux vallons de Syrie ;
Ses vertus, ses dangers, les complots des pervers ;
Ses pleurs qu'ils ont taris, ses maux qu'ils ont soufferts.
Ou que devant le peuple on garde le silence :
L'aspect seul de cette urne aura plus d'éloquence ;
Les débris et le nom du vainqueur des Germains
Parleront assez haut dans l'âme des Romains.

TIBÈRE.

Fulcinius a-t-il mérité cette injure ?
C'est lui qui se présente ; aucun ne peut l'exclure :
Tout citoyen romain doit librement user
Et du droit de défendre et du droit d'accuser.
La loi le veut ainsi ; maintenons les lois sages.
Surtout de la tribune évitons les orages.
Les sénateurs, fuyant ce scandaleux éclat,
Doivent juger eux-même un membre du sénat.
Mais qui sera chargé du soin de le défendre ?
Eh bien, pères conscrits, vous venez de m'entendre :

Quel silence! Pison n'avait donc point d'amis?
Déja tout l'abandonne!

SCÈNE IV.

TIBÈRE, AGRIPPINE, SES TROIS FILS, CNÉIUS,
CONSULS, SÉNATEURS, PONTIFES, MAGISTRATS,
GUERRIERS, LICTEURS.

CNÉIUS.

Il lui reste son fils.
J'ai porté, sénateurs, ma prière importune.
Aux amis qu'autrefois lui donnait la fortune.
Hélas! j'ai recueilli leur stérile douleur:
Ils bornent leur courage à plaindre son malheur.
Jusqu'ici la tribune ignore ma jeunesse;
Mais l'amour filial soutiendra ma faiblesse.
Vous savez que toujours les héros, vos aïeux,
Dans l'image d'un père ont adoré les Dieux.
Sur la base des mœurs un empire suprême
Affermissait nos lois et la liberté même.
Qu'un autre par la gloire ose leur ressembler;
En piété du moins je puis les égaler.
Vous, de Germanicus épouse auguste et tendre,
Que je crains, que j'implore, et qui saurez m'entendre,
Je vous prends pour modèle en repoussant vos coups:
Vous adorez encor les cendres d'un époux;
Voilà vos fils, les siens, et ceux de la patrie;

Ils sont chéris de vous, vous en êtes chérie;
Mon père aussi mérite un fils reconnaissant.
Je le vois malheureux; je le crois innocent:
Moi-même à son destin tout entier je me livre;
S'il gémit dans l'exil, trop heureux de le suivre,
Comme il fut mon soutien, je serai son appui:
S'il ne vit plus pour moi, je périrai pour lui.

TIBÈRE.

On reconnaît Cnéius aux désirs qui l'animent.
Il était loin d'un père, et les Romains l'estiment.
Mais on peut l'accuser pour étouffer sa voix;
Et vous savez alors ce qu'exigent les lois.
Faut-il que sans témoins le sénat délibère?

AGRIPPINE.

'Si le fils de Pison peut défendre son père!
La nature et les lois, tout a délibéré;
C'est un droit: c'est bien plus, c'est un devoir sacré.
Quand j'attaque Pison, Cnéius doit le défendre;
Quel tribunal humain pourrait ne pas l'entendre?
Il n'est point accusé. Souvent Germanicus
De ce jeune Romain m'annonça les vertus.
Un fils dénaturé, de biens, de honte avide,
Séranus, élevant une voix parricide,
Naguère obtint l'exil d'un père infortuné:
Les juges l'ont absous; les Dieux l'ont condamné.
Les mères, les vieillards à son aspect frémissent;
Mais aux enfans pieux les mères applaudissent;

Et, quel que soit enfin l'opprobre paternel,
Un père aux yeux d'un fils n'est jamais criminel.

TIBÈRE.

A de tels sentimens le sénat rend hommage.
Vous, qui de Rome antique offrez encor l'image,
Qui, des Calpurniens jeune et digne héritier,
Conservez de leurs mœurs le dépôt tout entier,
C'est à vous que d'un père appartient la défense;
Et puissiez-vous, Cnéius, prouver son innocence!
Vous, consuls, sénateurs, pontifes, magistrats,
Honneur des légions, vieux Romains, vieux soldats,
Qui de Germanicus chérissez la mémoire,
Amis, admirateurs, compagnons de sa gloire,
Sur les pas d'Agrippine, allez au champ de Mars
Réunir ce héros aux débris des Césars.
Épargnez à mes yeux la pompe funéraire:
Son aïeule Livie, Antonia sa mère,
Recueillant en secret leurs pudiques douleurs,
Loin de tous les regards partageront mes pleurs.
Soyons dignes de lui : qu'un hommage unanime
Accompagne au tombeau sa cendre magnanime!
Il blâmerait lui-même un long abattement.
Les princes, les héros, ces astres d'un moment,
Vont s'éteindre à jamais dans la nuit éternelle;
Mais Rome leur survit, Rome est seule immortelle.

AGRIPPINE, l'urne dans les mains.

Jusqu'à mon dernier jour, toi que je veux pleurer,

Même de tes débris il faut me séparer.

Nouveau dieu des Romains, tourne les yeux sur Rome,

Sur la patrie en deuil, veuve aussi d'un grand homme:

Soutiens, protége encor tes soldats triomphans,

Tes foyers, tes amis, ta veuve et tes enfans.

ACTE III.

SCÈNE PRÈMIÈRE.

TIBÈRE, AGRIPPINE.

AGRIPPINE.

J'ai suivi mon époux jusqu'aux tombes sacrées
Où dorment des Césars les ombres révérées.
Je ne viens plus, Tibère, au nom de tout l'État,
Contre un lâche ennemi provoquer le sénat.
J'aspire à des bienfaits; c'est vous seul que j'implore.
Hélas! je fus épouse, et je suis mère encore.
Gardãnt quelque espérance en mes calamités,
J'ose pour mes enfans implorer vos bontés.
Des hauteurs de Livie ils souffriront peut-être;
Mais, nés du sang d'Auguste, ils ont assez d'un maître:
Les Romains de César reconnaissent la loi;
C'est à lui qu'est l'empire.

TIBÈRE.

Elle règne avec moi.
Ce discours vous surprend. J'ai, durant huit années,

18.

Parmi les Rhodiens caché mes destinées,
Loin du palais d'Auguste et plus loin de son cœur.
Seule, d'un sort jaloux fléchissant la rigueur,
Quand je n'espérais plus les faisceaux consulaires,
Elle étendait sur moi ses bontés tutélaires;
Et, par elle, un empire attendu quarante ans
De ses lauriers tardifs couvrit mes cheveux blancs.
Sous le règne d'Auguste on adorait Livie:
Celle à qui je dois tout, mon empire et ma vie,
Peut bien, ainsi que moi, sans blesser les Romains,
Gouverner l'Univers que m'ont donné ses mains;
Et puisse encor long-temps ma pieuse tendresse
Des rayons du pouvoir couronner sa vieillesse!
Vous-même, à vos destins plus soumise aujourd'hui,
Pour vous, pour vos enfans, ménagez son appui,
Loin de vouloir aigrir par un orgueil injuste
La mère de Tibère et la veuve d'Auguste.

AGRIPPINE.

Dans l'état où je suis vous m'accusez d'orgueil!

TIBÈRE.

Oui, jusque dans vos pleurs, jusque dans votre deuil,
Jusqu'en cet appareil de douleur fastueuse.
D'un héros, je le sais, épouse vertueuse,
Vous partagiez l'éclat de ses jours fortunés,
Qu'un sort inexorable a trop tôt moissonnés.
Mais enfin ce héros dans la Syrie expire;
Et, son urne à la main, vous traversez l'empire;
Vous traînez sur vos pas des peuples, des cités!

On voit les tribunaux, les temples désertés!
Pourquoi? Ces Dieux dont Rome adore les images,
Jule, Auguste, en mourant, ont reçu moins d'hommages;
Moins de deuil éclatait même aux jours malheureux
Où Rome a vu pâlir ses destins généreux,
Où Canne et Trasimène excitaient tant d'alarmes,
Où les mères, les fils, les veuves dans les larmes,
A l'ombre de Varus redemandaient en vain
Les légions d'Auguste et du peuple romaïn.

AGRIPPINE.

Et ne comptez-vous pas comme un jour déplorable
Celui qui vit tomber ce chef irréparable,
Par qui de vains regrets ne redemandaient plus
Les légions d'Auguste à l'ombre de Varus?

TIBÈRE.

Vous, ne m'accablez pas sous tant de renommée.
Avant Germanicus j'ai commandé l'armée.
On se souvient du temps où les Parthes vaincus
Rendaient à mes exploits les drapeaux de Crassus;
Quand, privés de tombeaux aux forêts d'Hercinie,
Les ossemens romains couvraient la Germanie,
Quand Varus expiait d'imprudentes terreurs,
Aux champs illyriens j'arrêtais ses vainqueurs:
Mon front ceignit deux fois la palme triomphale.
Je n'ai cependant pas d'une gloire rivale
Jusque dans son palais insulté l'Empereur,
Ni d'un peuple avili courtisé la faveur.

AGRIPPINE.

S'il était avili, quelle en serait la cause?
De la faveur du peuple est-ce moi qui dispose?
Lorsque Germanicus y conquérait des droits,
Était-cc par le crime, ou bien par des exploits?
Voulait-il de si loin briguer le rang suprême?
Il courtisait le peuple en vous servant vous-même.
Il avait un grand nom; brillant, mais faible appui;
Vingt cités l'adoraient! ah! ce n'était plus lùi.
Ces regrets si touchans, il n'a pu les entendre:
On ne le voyait plus, mais on voyait sa cendre;
De pleurs reconnaissans on venait la couvrir.
Hélas! et c'était moi qui devais les tarir!
Complice de Pison, la veuve d'un grand homme
Aurait dit à l'empire, et répété dans Rome:
César est indigné de ce deuil solennel;
En pleurant un héros on devient criminel!

TIBÈRE.

Oui: voilà les discours que vos amis répandent,
Que vous favorisez, que ces voûtes entendent;
Et voilà seulement ce qui peut m'indigner.
Vous n'avez qu'un chagrin; c'est de ne pas régner.

AGRIPPINE.

Moi!

TIBÈRE.

Vous. En d'autres temps vous l'avez fait connaître,
Quand sur les bords du Rhin tout le camp vit paraître
Votre jeune Caïus, promené sur un char,

Revêtu des habits et du nom de César.

AGRIPPINE.

Pour calmer, pour vous rendre une armée en furie,
Est-on coupable encor quand on sert la patrie?
De Caïus, de mes fils, les droits sont-ils perdus?
Quoi! le nom de César ne leur appartient plus!
Et qui donc maintenant soutiendra leur enfance?
Quelle était, cher époux, ta dernière espérance?
Ah! mes tremblantes mains, en de cruels instans,
Sur son lit de douleur rassemblaient ses enfans:
Il les pressait tous trois dans ses bras héroïques:
Tous trois il les baignait de larmes prophétiques:
« Si le sort, me dit-il, se déclarait contr'eux,
« Et si, comme leur père, ils étaient malheureux,
« Dieux, veillez sur mes fils! Dieux, protégez leur mère!
« Germanicus expire, et les lègue à Tibère.
« Ah! je l'ai bien servi. Pour me récompenser
« Qu'un regard paternel daigne les caresser.
« Tendre et fidèle épouse, arme-toi de courage:
« Nos enfans, que tes soins vont sauver du naufrage,
« Recueillis par César retrouveront en lui
« Un père aussi sensible, un plus puissant appui;
« Et ton cœur, pénétrant sous le froid mausolée,
« Sentira tressaillir mon ombre consolée. »

TIBÈRE.

Pourquoi rappelez-vous ces douloureux discours?
C'est de votre infortune éterniser le cours.
Le malheur n'est vaincu que par la résistance:

Il dompte la faiblesse, il cède à la constance.
Obéissez du moins aux conseils d'un époux.
Pour ses fils toutefois que me demandez-vous?
Parlez: qu'espèrent-ils?

AGRIPPINE.

Qu'élevés par vous-même,
Partageant tout l'éclat qui suit le rang suprême,
A côté de Drusus, près de vous réunis...

TIBÈRE.

Avez-vous oublié que Drusus est mon fils?

AGRIPPINE.

Non, mais Rome a connu deux enfans de Tibère;
Et souvent mon époux vous appelait son père.

TIBÈRE.

Lui! ce rival de gloire à Tibère opposé!
Lui mon fils!... Par Auguste il me fut imposé.

AGRIPPINE.

Par Auguste! Et vous-même, au déclin de sa vie,
Ne lui fûtes-vous pas imposé par Livie?

TIBÈRE.

Il est vrai; mais comment osez-vous le savoir,
Me braver dans ma cour, et tenter mon pouvoir?

AGRIPPINE.

Dût ce pouvoir un jour accabler Agrippine,
Des fils de votre fils voudrait-il la ruine?
Quel mal vous ont-ils fait? Des enfans délaissés,
Par le sort infidèle un moment caressés,
Vous alarmeraient-ils dans un âge si tendre?

Et que m'annonce encor ce que je viens d'entendre?
Est-ce aujourd'hui Pison que vous voulez venger?
Est-ce Germanicus qu'on s'apprête à juger?

TIBÈRE.

J'ai souffert la demande; écoutez la réponse:
Ce n'est point l'Empereur, c'est la loi qui prononce:
Mais la loi ne punit que des crimes prouvés;
Et ce sont des décrets au sénat réservés.
Il n'est pas un vengeur, mais un juge équitable.
Moi-même, partageant son emploi redoutable,
Je serai sans colère, au-dessus du soupçon,
Et sévère, mais juste, à l'égard de Pison.

AGRIPPINE.

A l'égard de mes fils serez-vous donc moins juste?
Et les punirez-vous du choix fait par Auguste?

TIBÈRE.

Je connais mon devoir, et respecte ce choix.
Des Césars, vos enfans, j'affermirai les droits.
Donnez-leur vos vertus: mais dans ces jeunes âmes
D'un orgueil dangereux n'attisez point les flammes.
Un jour, peut-être, un jour, ils pourront seconder
Et Tibère, et Drusus né pour lui succéder.
Dites-leur de briller aux champs de la victoire,
D'espérer les honneurs, de mériter la gloire,
D'obtenir le triomphe au sein de nos remparts,
De grossir les lauriers cueillis par les Césars,
De prétendre au respect qu'un nom fameux inspire,
D'aspirer aux grandeurs, mais jamais à l'empire.

AGRIPPINE.

Je vois que ma prière aigrit votre courroux :
Cet entretien vous pèse; et Séjan vient à nous.
Je vais trouver mes fils. Déjà privés d'un père,
Ah! doivent-ils long-temps conserver une mère?
Si régner était l'art qu'il faut leur enseigner,
L'exemple est devant eux: Tibère sait régner.
Je leur conseillerais d'imiter sa prudence,
La sagesse d'Auguste et surtout sa clémence,
D'écouter les amis, d'éloigner les flatteurs,
De ne point accueillir les cris des délateurs,
Et de faciliter l'accès du rang suprême
Au malheur, à la plainte, à la liberté même.
Pour un sort moins brillant j'élèverai mes fils :
Ils ne seront pas craints, mais ils seront chéris.
La faveur, les trésors ne sont point mon partage :
Je pourrai leur laisser, du moins, pour héritage,
Une fierté tranquille en leur adversité,
Un cœur paisible et pur, un courage indompté :
Leur nom sera béni par la reconnaissance :
Ils sauront de César révérer la puissance;
Ils pourront quelque jour obéir à Drusus;
Mais ils seront encor fils de Germanicus.

(Elle sort.)

SCÈNE II.

TIBÈRE, SÉJAN.

SÉJAN.

Quoi! lorsque, d'Agrippine adoptant la vengeance,
En secret de Pison vous dictez la sentence,
Agrippine, étalant ses pleurs ambitieux,
Ose vous outrager par d'insolens adieux!

TIBÈRE.

Pour ses fils désormais Agrippine respire.
Quand ils sont nés à peine, ils rêvent un empire.

SÉJAN.

Sans cesse elle nourrit leurs désirs criminels.

TIBÈRE.

Ombragés en naissant des lauriers paternels,
Bercés des longs honneurs prodigués à leur race,
D'une orgueilleuse mère ils ont déjà l'audace;
Et j'entrevois, surtout dans les yeux de Caïus,
Les vices de Sylla, mais non pas ses vertus.
Il naquit oppresseur: sa tyrannique enfance
Bégaie insolemment la menace et l'offense.
Puisse Rome, en effet, tomber entre ses mains!
Ma haine avec plaisir le conserve aux Romains.
Timides artisans des discordes civiles,
Rebelles en secret, publiquement serviles,
Du sein de leur bassesse ils osent m'outrager:
C'est en me succédant qu'il pourra me venger.

Écrasés par le fils, ils maudiront le père,
Et, sous Caligula, regretteront Tibère.

SÉJAN.

Ah! sans daigner savoir si le peuple est ingrat,
Régnez, régnez long-temps pour l'honneur de l'État.
Quelques noms trop chéris vous sont-ils redoutables?
Occupez le sénat: faites-lui des coupables.
Vous avez deux soutiens: les dignités et l'or.
En condamnant Pison, ses juges vont encor,
Tout prêts à secourir la puissance suprême,
Condamner, s'il le faut, Agrippine elle-même.
Je viens vous l'annoncer. De zélés orateurs,
De tous vos ennemis futurs accusateurs,
Natta, Balbus, Afer, se vouant avec joie,
Attendent que César ait désigné leur proie.

TIBÈRE.

Agrippine me craint: moi, sans la redouter,
Je prépare les coups que je veux lui porter.
Que de Germanicus la veuve criminelle
Dans sa chute bientôt précipite avec elle
Silius, Sabinus, à me nuire attachés,
Ses partisans publics, mes ennemis cachés.
Crémutius, de Rome écrit, dit-on, l'histoire:
Il veut à l'avenir dénoncer ma mémoire.
Scaurus peint des tyrans les tragiques destins:
C'est moi que sur la scène il désigne aux Romains.
Ils méprisent tous deux cette foule empressée
Dont je puis chaque jour acheter la pensée:

Mais tout prince absolu, s'il ne veut s'affaiblir,
Doit punir les talens qu'il ne peut avilir.
Consommons toutefois un premier sacrifice.
L'intérêt de l'État veut qu'un homme périsse :
C'est Pison. Le voici : tiens-toi près de ces lieux ;
Et, dès qu'il sortira, reparais à mes yeux.

(Séjan sort.)

SCÈNE III.

TIBÈRE, PISON.

PISON.

Nous voilà seuls, Tibère, et vous pouvez m'entendre.
Ce moment, il est vrai, s'est fait long-temps attendre.
Rome ne m'offre plus que des yeux ennemis.
Mes jours sont-ils donnés ? mes biens sont-ils promis ?
Ah ! Tibère est prudent ; mais Tibère est-il juste ?
On va juger l'ami, le collègue d'Auguste !
On parle de punir ; le glaive est suspendu
Sur un patricien de Numa descendu !
Quelle étrange union conspire à ma ruine !
Le parti de Séjan combat pour Agrippine !
Quoi ! ce Fulcinius, apprenti sénateur,
Descend par habitude au rang de délateur !
Et vous le permettez !

TIBÈRE.

Votre courroux s'abuse.
On n'est point délateur alors qu'on vous accuse.

Ce droit de dénoncer, qui vous semble odieux,
Fut, dans les plus beaux temps, utile à nos aïeux.
Je ne veux point choisir un exemple vulgaire:
Cet orateur fameux, plébéien consulaire,
Cicéron, qui toujours soutint avec éclat
Le sénat près du peuple et le peuple au sénat,
N'a-t-il pas accablé de foudres équitables
Verrès, que protégeaient ses richesses coupables?
N'a-t-il point accusé l'orgueilleux Lentulus,
L'ardent Catilina, l'effréné Céthégus;
Et, des rois abolis craignant peu l'influence,
Armé contre un Pison sa sévère éloquence?

PISON.

Que font ces traits amers avec choix rassemblés?
Notre âge est-il pareil aux temps dont vous parlez?
La liberté régnait sur les rives du Tibre:
César y règne seul, et seul y reste libre.
Chaque mot du sénat par César est dicté.
Oui, vous approuvez tout; mon arrêt est porté:
Avec l'art de Séjan ces trames sont conduites.
César en a, je pense, examiné les suites;
Il a vu quels seraient les droits de l'accusé.

TIBÈRE.

Il n'a vu qu'un devoir à César imposé,
Et dont il faut subir les lois inexorables.

PISON.

César, faut-il aussi punir tous les coupables

TIBÈRE.

Sur des preuves, sans doute. Ainsi le veut la loi.

PISON.

César sera puni.

TIBÈRE.

Qui l'accuserait?

PISON.

Moi,

Ses ordres à la main. Je les ai.

TIBÈRE.

Téméraire!

Vous les avez gardés?

PISON.

Je connaissais Tibère.

TIBÈRE.

Et des audacieux connaissez-vous le sort?

PISON.

Vous ne pouvez, César, commander que ma mort.
On verra si Pison brave les destinées,
Ou s'il a dans les camps perdu quarante années.

TIBÈRE.

J'estime sa fierté; je crains peu son courroux.
Pison, votre péril m'attache encore à vous.
Le sénat frémirait de voir un consulaire
Divulguant sans pudeur, aux yeux de Rome entière,
Un ordre faux peut-être, ou mal interprété;
Et, du chef de l'État bravant la majesté,
Par vos respects, du moins, méritez sa clémence;

Songez que l'Empereur est sûr de sa défense.
Au sénat qui vous juge on comptera ma voix;
Et tout aveu d'un crime anéantit vos droits.

PISON.

Mes droits! je n'en ai plus aux yeux de la justice:
J'en ai sur vous encor; je suis votre complice.

TIBÈRE.

Pison!

PISON.

Vous le savez. Auriez-vous prétendu
Que, par mon trépas même, à vous plaire assidu,
En bénissant vos coups, victime complaisante,
J'irais tendre aux bourreaux ma tête obéissante?
Tibère, osant pleurer les malheurs qu'il a faits,
Sur ses propres agens punirait ses forfaits!
Non; vous ne l'aurez pas, ce sanglant privilège.
Il faut que de Pison le juge sacrilège,
Plus fidèle aux devoirs qui lui sont imposés,
Descende en criminel au rang des accusés.

TIBÈRE.

Je n'y descendrai point, je saurai vous confondre;
Et déjà d'un coup-d'œil je pourrais vous répondre.
Si l'on hait ma puissance, elle inspire l'effroi.

PISON.

J'abandonne mes jours; elle a fini pour moi.

TIBÈRE.

Non; vous avez un fils : vous la craindrez encore.

PISON.

Oseriez-vous, cruel !...

TIBÈRE.

Un fils qui vous honore ;
Un fils qui vous chérit, que vous devez chérir.

PISON.

S'il m'est cher !

TIBÈRE.

Qui pour vous serait prêt à mourir.

PISON.

Ah ! je sais de quels traits sa grande âme est capable :
Il ne méritait pas un père aussi coupable ;
Et le seul châtiment que je craigne aujourd'hui,
C'est l'affreux désespoir d'être indigne de lui,
De lui léguer la honte.

TIBÈRE.

Avez-vous pu le croire ?
La honte ! à lui ! jamais. Il est né pour la gloire :
Déjà même il l'obtient en protégeant vos jours.
Eh ! quand vous n'auriez pas ses généreux secours,
Quand d'un puissant parti vous péririez victime,
Faudrait-il, en tombant, vous accuser d'un crime ?
Est-ce là ce courage au-dessus du trépas ?
Les Pisons vos aïeux mouraient dans les combats :
A Rome, ils triomphaient d'une ligue ennemie.
On peut braver la mort, mais non pas l'infamie.
Que dis-je ? votre arrêt est-il donc prononcé ?
Voyez-vous seulement le débat commencé ?

Est-ce moi qui menace? Ai-je ameuté l'empire?
Agrippine dénonce, et peut-être conspire;
Elle a sur tout ce peuple un dangereux pouvoir.

PISON.

Agrippine! elle est juste; elle a fait son devoir:
Bien plus qu'elle ne croit, sa haine est légitime.
Elle sait ma révolte; elle ignore un grand crime.
Vous, pour qui j'ai tout fait, vous qui m'abandonnez,
Vous, à qui j'appartiens, mais qui m'appartenez,
César, écoutez moins l'orgueil qui vous enivre:
Ah! croyez que pour moi c'est un tourment de vivre
Sans gloire, sans vertu, chaque jour poursuivi
Par l'impuissant remords de vous avoir servi:
Cette peine est horrible, et pourtant je l'affronte;
Pour l'honneur de mon fils, j'en dois subir la honte.
Rome, l'empire entier, tout se tait devant vous;
On ne murmure point, on pleure à vos genoux.
Vous seul êtes chargé du soin de ma défense:
Consultez-vous. Demain, si le débat commence,
Si ce Fulcinius, dont vous avez fait choix,
Si quelque accusateur veut élever la voix,
Moi-même du forfait j'établirai la preuve;
Du héros qui n'est plus j'irai chercher la veuve;
Pison, par vous coupable et par vous accablé,
Paraîtra devant elle au sénat rassemblé:
Devant elle, au sénat, Tibère entendra lire
Les ordres qu'en secret il osait me prescrire;
Et, dussent les Romains n'en pas être surpris,

Ils sauront que Tibère a fait périr son fils.
Adieu, César.   (Il sort.)

TIBÈRE.
(Seul.)
Adieu. Demain! la nuit me reste.
Séjan!

SCÈNE IV.

TIBÈRE, SÉJAN.

SÉJAN.
Que veut César?

TIBÈRE.
Rompre un dessein funeste.

SÉJAN.
De Pison?

TIBÈRE.
De lui-même. Il menace, et demain
Veut paraître au sénat mes ordres à la main.

SÉJAN.
La nuit n'a pas encore éclipsé la lumière...

TIBÈRE.
Cette nuit pour Pison doit être la dernière.
Mais, avant de servir un trop juste courroux,
Amène-moi Cnéius.

SÉJAN.
Ah! que prétendez-vous?
Le punir?

Le tromper. Il faut avec adresse
D'un favorable accueil caresser sa jeunesse :
Cet entretien peut même écarter le soupçon.
La nuit, fais investir le palais de Pison.
En proscrivant ses jours, que tout un peuple nomme
Et la veuve et l'époux, ces idoles de Rome :
Que le nom de César ne soit pas prononcé :
Des menaces, du bruit; mais point de sang versé.
Que des agens discrets, des orateurs habiles,
A tous ces mouvemens président immobiles.'
Dès qu'auront éclaté les cris séditieux,
Convoque le sénat; qu'il accoure en ces lieux :
Reviens pour m'annoncer que le trouble commence;
Et sur les derniers coups j'instruirai ta prudence.

SÉJAN.

Je cours exécuter vos ordres absolus.

TIBÈRE.

Sitôt qu'en mon palais tu conduiras Cnéius,
Que j'en sois informé : je serai chez Livie.

SÉJAN.

Les amis de Séjan vous consacrent leur vie.
César se souviendra de leur fidélité?

TIBÈRE.

Ils obtiendront le prix qu'ils auront mérité.

SÉJAN.

Un regard? des faveurs?

TIBÈRE.

Dis ma reconnaissance,
Séjan, tous mes trésors et toute ma puissance.

SÉJAN.

Natta, Balbus, Afer, nos zélés orateurs?

TIBÈRE.

Du crédit, des emplois d'édiles, de questeurs.

SÉJAN.

Les agens plus obscurs d'une émeute docile?

TIBÈRE.

De l'or.

SÉJAN.

Fulcinius?

TIBÈRE.

La préture en Sicile.

SÉJAN.

Et les cris importuns de ce peuple odieux?

TIBÈRE.

Du pain, les jeux du cirque, un sacrifice aux Dieux.

ACTE IV.

SCÈNE PREMIÈRE.

CNÉIUS, SÉJAN.

CNÉIUS.

Moi, dites-vous, Séjan, moi, César veut m'entendre?

SÉJAN.

Vous-même. A cet honneur n'osiez-vous donc prétendre?

CNÉIUS.

Jeune encore, à Tibère, à sa cour inconnu...

SÉJAN.

Par des marques d'estime il vous a prévenu.

CNÉIUS.

Et que suis-je? Veut-il me parler de mon père?

SÉJAN.

Je ne suis point admis aux secrets de Tibère.

CNÉIUS.

Séjan, pour un ministre, est bien mal informé.

SÉJAN.

Je crois que sans motif vous seriez alarmé.

CNÉIUS.

Je le suis toutefois.

SÉJAN.

Sur quelle conjecture?

Pourquoi?

CNÉIUS.

Fulcinius est votre créature.
Sa voix contre mon père est prête à s'élever.

SÉJAN.

Et si c'était, Cnéius, pour vous le conserver?

CNÉIUS.

Pour conserver Pison faut-il tant d'artifice?
N'a-t-il donc plus les lois, le sénat, la justice?

SÉJAN.

De puissans ennemis l'accablent sous leurs coups.

CNÉIUS.

Nul n'est puissant à Rome, hormis César et vous.

SÉJAN.

Moi?

CNÉIUS.

Cependant mon père est traîné dans le piège.

SÉJAN.

Ne repoussez donc pas la main qui le protège.

CNÉIUS.

Vous, protéger Pison! vous, Séjan!

SÉJAN.

Cet orgueil,
De vos aïeux, Cnéius, fut l'ordinaire écueil.

Songez-y: la hauteur ne saurait que vous nuire.
Adieu; dans l'art des cours César peut vous instruire;
De ce qu'il veut bientôt vous serez éclairci :　　　.
Je l'ai fait prévenir, et déjà le voici.

(Il sort.)

SCÈNE II.

TIBÈRE, CNÉIUS.

TIBÈRE.

De vos froideurs, Cnéius, j'aurais lieu de me plaindre.
A venir dans ma cour faut-il donc vous contraindre?
Si d'un masque imposteur le vice est revêtu,
Mon œil à des traits purs reconnaît la vertu.
Quoi! d'un patricien, digne de sa naissance,
Deviez-vous si long-temps m'envier la présence?
Un Romain tel que vous à l'empire appartient.

CNÉIUS.

Moi, seigneur!

TIBÈRE.

　　　C'est aux rois que ce titre convient.
Ah! laissez prononcer aux esclaves d'Asie
Les noms avilissans qu'obtient la tyrannie.
Je ne commande point; j'obéis à la loi;
Et je suis à l'État; l'État n'est point à moi.
C'est le sang des Pisons qui coule dans vos veines.
On connait leur fierté: plein des vertus romaines,
De ces grands souvenirs votre cœur enchanté

Sait palpiter encore au nom de liberté.

Ne vous défendez pas de mériter l'estime

Vous servirez, Cnéius, un pouvoir légitime

Mieux que des courtisans par intérêt soumis,

Amis de la grandeur, mais des lois ennemis,

Et qui, toujours du prince étudiant les vices,

Lui vendent des forfaits qu'ils nomment leurs services.

CNÉIUS.

J'étais loin de prévoir en mon obscurité

Un accueil si flatteur et si peu mérité.

D'un courtisan novice excusez l'ignorance.

Permettez-moi, César, d'écouter l'espérance;

Et laissez-moi penser que je dois cet honneur

Aux exploits de mon père, et même à son malheur.

TIBÈRE.

Ses exploits laisseront un souvenir durable;

Je crois que son malheur n'est point irréparable.

Cet amour filial qui vous attache à lui

Tous les deux vous honore, et lui donne un appui.

Mais faut-il à ces soins borner vos destinées?

Qu'à l'aspect des vertus qu'ils ont abandonnées,

Apprenant à rougir, les Romains sous vos yeux

Rentrent dans les sentiers que frayaient leurs aïeux.

Le sénat, les faisceaux, les honneurs militaires,

Attendent l'héritier de tant de consulaires.

A ce bel avenir voulez-vous renoncer?

CNÉIUS.

Moi, des honneurs, César! est-il temps d'y penser?

C'est l'avenir d'un père, hélas! qui m'intéresse.
Si le pieux effort que tente ma jeunesse
Mérite un peu d'égards, et même quelque prix,
Sauvez, sauvez mon père, et laissez là son fils.

TIBÈRE.

Je veille sur Pison; je sais l'aimer, le plaindre;
Je fais plus. Toutefois Agrippine est à craindre:
On connaît les soupçons qu'elle ose fomenter.
Où s'arrêtera-t-elle? On me fait redouter
Des brigues, des excès, peut-être même un crime.

CNÉIUS.

César, on vous abuse; elle est trop magnanime;
C'est l'âme d'un héros, l'âme de son époux:
Pison même se fie à son noble courroux.

TIBÈRE.

Puisse-t-elle répondre à tant de confiance!
C'est elle cependant qui demande vengeance;
Si Pison dans l'armée a des accusateurs...

CNÉIUS.

Et Séjan les choisit parmi les sénateurs!

TIBÈRE.

Séjan peut vous servir. Doutez-vous de son zèle?
Il sait ce que je pense, et Séjan m'est fidèle.

CNÉIUS.

A ce nom de Séjan quelque doute est permis.

TIBÈRE.

Vous fiez-vous, Cnéius, à vos seuls ennemis?

CNÉIUS.

Un fils craint aisément pour un père qu'il aime.
Souffrez que j'ose à vous me plaindre de vous-même.

TIBÈRE.

De moi !

CNÉIUS.

De vous, César. La cause est en vos mains :
C'est le sénat qui juge, et non pas les Romains.
Que ne conservait-on ces formes respectées,
Par les seuls criminels si long-temps redoutées ?
L'État n'est point à vous : il s'agit de l'État :
C'est au peuple à juger d'un pareil attentat.
Il répand les discours que la haine publie,
Les croit bientôt lui-même, et bientôt les oublie.
Non, le cœur des Romains ne se fermerait pas
Devant un sénateur blanchi dans les combats;
D'un soldat vénérable, usé par les services,
On aurait pu compter les nobles cicatrices.
Loin d'élever ma voix contre Germanicus,
J'aurais brigué l'honneur de vanter ses vertus;
On eût vu de mon père éclater l'innocence;
Avec moi ses aïeux auraient pris sa défense;
Et nous aurions trouvé des pères et des fils
Que la crainte et l'orgueil n'ont jamais endurcis.

TIBÈRE.

Y pensez-vous, Cnéius? cette imprudente audace
Aurait de votre père assuré la disgrâce.
Agrippine, étalant de fastueux débris,

Devant le peuple entier voulait porter ses cris.

Près du peuple souvent, quand la haine dénonce,

La haine écoute encor, la haine encor prononce;

Tandis que le sénat est, pour un sénateur,

Un tribunal paisible et même protecteur.

Je promets l'équité: j'espère l'indulgence.

Adieu, rassurez-vous: Agrippine s'avance.

Votre aspect dans ces lieux peut aigrir ses douleurs;

Moi-même, en ce moment, j'éviterai ses pleurs:

Vos soutiens sont nos lois, votre cause, vous-même,

Le sénat qui la juge, et César qui vous aime.

(Il sort.)

SCÈNE III.

CNÉIUS, AGRIPPINE.

AGRIPPINE.

Tibère en me voyant s'éloigne avec effroi,

Et le fils de Pison demeure auprès de moi!

CNÉIUS.

Ne vous offensez point, vertueuse Agrippine,

Si, d'un père chéri redoutant la ruine,

En ces lieux un moment j'ose vous arrêter:

Sans haine et sans courroux pouvez-vous m'écouter?

AGRIPPINE.

Je ne hais que le crime; et qu'importe ma haine?

Vous avez vu celui dont la voix souveraine

Peut condamner Pison, peut le justifier.

CNÉIUS.

Oui, j'ai vu, malgré moi, Tibère tout entier.

AGRIPPINE.

Qui vous y forçait?

CNÉIUS.

     Lui, puisqu'il est notre maître;
Lui, l'ennemi de Rome, et le vôtre peut-être;
Lui, dont la tyrannie irrite nos débats.

AGRIPPINE.

Si vous étiez Séjan, je ne répondrais pas.
Mais Cnéius, indocile au frein de l'esclavage,
N'a point cultivé l'art de farder son langage;
Vrai dans tous ses discours, par tant de liberté
Il ne tend pas un piège à ma sincérité.
Toutefois que craint-il en sa faveur nouvelle,
Quand Tibère me fuit, quand Tibère l'appelle?

CNÉIUS.

Tout, j'ose l'avouer, jusqu'à cette faveur
Dont je n'accepte pas le brillant déshonneur.
Le tyran m'a flatté; mais je suis libre encore:
Il m'invite à vous craindre, et c'est vous que j'implore.

AGRIPPINE.

Moi-même, en implorant la justice et les lois,
Vous le savez, Cnéius, j'ai respecté vos droits.
J'accuse un criminel que vous devez défendre:
Vous étiez au sénat; vous avez pu m'entendre:
Là, j'ai plaint les vertus d'un Romain généreux,

Digne d'un autre père et de temps plus heureux.
Mais, quand je sollicite un arrêt légitime,
Qu'oseriez-vous prétendre, excepté mon estime?

CNÉIUS.

Rien pour le défenseur, mais tout pour l'accusé.
Songez au tribunal qui nous est imposé.
Un ami de Séjan va dénoncer mon père:
Et qui nous jugera? le sénat de Tibère.
A la cour du tyran vous parlez de nos droits!
Vous invoquez sous lui la justice et les lois!
Les lois! mais en est-il? est-il une justice,
Inflexible au coupable, à l'innocent propice,
Qui sache, en la blâmant, pardonner à l'erreur,
Qui sache lire un crime au front de l'Empereur?
Tibère corrompt tout par son fatal génie:
Ce qu'on nomme équité n'est que sa tyrannie.
En vain, dans ses discours de pompe revêtus,
De ses vices masqués il se fait des vertus;
Nous pouvons aisément, malgré tant d'artifices,
Dans ses fausses vertus démasquer tous ses vices.
Il récuse le peuple, et commande au sénat:
Vous l'avouez enfin, lui seul est tout l'État.
Sa vengeance proscrit, sa faveur déshonore;
Plus il est odieux, plus il faut qu'on l'adore;
Et, tremblant devant lui, le pâle genre humain
Le maudit à ses pieds, l'encensoir à la main.

AGRIPPINE.

Vous dites vrai, Cnéius; mais de la servitude,

Même en la détestant, Rome a pris l'habitude.
De peur que le sénat ne décide entre nous,
Faut-il vous immoler l'honneur de mon époux?
Dans cet humble sénat César tient la balance:
Je le sais; toutefois dois-je attendre en silence
Que d'un vain tribunal les Romains détrompés
Revendiquent leurs droits si long-temps usurpés?
Je tente avec douleur une sévère épreuve;
Mais de Germanicus ne suis-je point la veuve?
Ainsi que mes enfans n'ai-je pas tout perdu?
Germanicus enfin nous sera-t-il rendu?
Ne prétendait-on pas, en divisant l'armée,
Du chef qui la guidait flétrir la renommée?
Il n'est plus; et Pison fut son persécuteur.
Un ami de Séjan se rend accusateur;
J'en ai rougi : n'importe : une main ennemie
D'un pareil défenseur me gardait l'infamie.
Je ne puis que gémir des abus du pouvoir,
Vous séparer d'un père, et remplir mon devoir.

CNÉIUS.

D'un père! ah! quel que soit le sort qu'on lui prépare,
Que l'exil, que la mort, que rien ne m'en sépare.
Pour vous, qui, sous l'empire, exigez des Romains
L'antique austérité des camps républicains,
Savez-vous quels ressorts divisaient en Syrie
Les soldats de Tibère et non de la patrie?
Pison dirigeait-il ses propres étendards?
Un héros, cher au peuple, et du sang des Césars,

Germanicus aimait la liberté romaine :
Jugez si de Tibère il méritait la haine.
Ah! des dissensions que l'on vit éclater
Le vrai motif un jour peut se manifester.
Je forme des soupçons qui vont trop loin peut-être ;
Mais, quand tout se dira, craignez de reconnaître
Que mon père, en luttant contre Germanicus,
A rempli de César les ordres absolus.

AGRIPPINE.

Je le crois. Aujourd'hui l'insensible Tibère
Aux yeux des sénateurs cachait mal ce mystère.
D'une bouche hypocrite il regrettait son fils ;
Mais son cœur s'indignait de les voir attendris.
Du héros avec peine il célébrait la vie ;
Jusqu'en l'urne funèbre il lui portait envie ;
Et, d'un front abattu démentant les douleurs,
Sa parricide joie éclatait dans ses pleurs.

CNÉIUS.

Et vous balanceriez ! il peut tout pour le crime ;
Vous pouvez plus que lui : qu'un pardon magnanime
Termine par vous seule un scandaleux débat ;
N'occupez point de vous Tibère et son sénat.
Que Séjan se repose ; et que sa créature
D'un homicide appui vous épargne l'injure :
Ne brisez point vous-même, à la voix du courroux,
La barrière qui reste entre Tibère et vous.
N'exposez point vos fils à des haines durables ;
Ah! de l'amour du peuple ils sont déjà coupables ;

Plus coupables bientôt, ils auront des vertus ;
Ils sont fils d'Agrippine et de Germanicus.
Seront-ils sans danger si près d'un rang suprême ?

AGRIPPINE.

Non ; mais répondez-moi, j'en appelle à vous-même :
Tous vos traits ont porté dans ce cœur maternel ;
Que lui demandez-vous ? un pardon criminel.
Si j'étais l'offensée, écoutant l'indulgence,
J'abdiquerais pour vous le droit de la vengeance ;
Mais, quand j'aurai trahi mon époux au cercueil,
De quel front le nommer ? comment porter son deuil ?
Dans sa tombe après lui comment oser descendre ?
A Rome, où je n'ai pu rapporter que sa cendre,
Si les Dieux protecteurs nous l'avaient ramené,
Qu'eût fait Germanicus ?

CNÉIUS.

        Il eût tout pardonné.
Vous sauriez, dites-vous, oublier votre injure !
Vos âmes s'entendaient : lui-même il vous conjure,
Il vous presse avec moi, du fond de son tombeau,
De ne point lui ravir ce triomphe nouveau,
D'accueillir la douleur, d'exaucer la prière
D'un fils désespéré qui vous demande un père,
Qui tremble, qui gémit, qui, les larmes aux yeux,
Vous implore à genoux, et comme on parle aux Dieux.
Que Séjan soit vaincu : Rome entière attendrie
Pourra croire un moment qu'il est une patrie ;
Et, de tant de vertus admirant les effets,

Bénira son héros vengé par des bienfaits.

AGRIPPINE.

Tu l'emportes, Cnéius; cette ombre que j'adore,
Cet époux, ce héros, j'ai cru l'entendre encore.
Ah! je ne crains plus rien: ses mânes offensés
Ne démentiront pas les pleurs que j'ai versés.
Lève-toi; de Pison que la faute s'oublie:
Avec Germanicus je le réconcilie.
Il osa le combattre; il pourra le bénir:
Nos guerriers se tairont, je cours les prévenir.
Peut-être malgré lui Pison devint coupable.
L'audace le soutient, le repentir l'accable;
Et dans sa fierté même il paraît abattu:
Non, puisqu'il est ton père, il n'est pas sans vertu.
Qu'il vive: sois long-temps l'honneur de sa vieillesse:
Qu'il vive: et, pour son fils redoublant de tendresse,
Qu'il redevienne encor digne d'un tel appui,
De Rome, et du pardon qu'il obtient aujourd'hui.

(Elle sort.)

SCÈNE IV.

CNÉIUS.

Ah! je respire enfin. Quelle âme noble et pure
Repousse avec orgueil les droits de la nature?
Un Tibère, un Séjan, peuvent s'en affranchir;
Mais Agrippine est mère, et j'ai dû la fléchir.

Dans le sein paternel courons porter la joie :
Que Pison... c'est lui-même, et le ciel me l'envoie.

SCÈNE V.

CNÉIUS, PISON.

PISON.

Mon fils, qu'ai-je entendu? puis-je croire un tel bruit?
On dit que, par Séjan dans ces lieux introduit,
Tu dois entretenir son redoutable maître.

CNÉIUS.

J'ai vu Séjan ; Tibère a voulu me connaître ;
J'ai déjà, sans témoins, paru devant ses yeux :
Il m'a long-temps parlé du rang de mes aïeux ;
Il m'offre des honneurs peu faits pour ma jeunesse.

PISON.

Je tremble, ô mon cher fils ! le tyran te caresse.

CNÉIUS.

Des bontés du tyran vainement menacé,
Du nom de citoyen je ne suis point lassé :
Mais, lorsqu'en vous donnant des louanges contraintes,
Tibère, un peu confus, répondait à mes plaintes,
Quand sa bouche avec art consolait ma douleur,
Son cœur était muet.

PISON.

Tibère a-t-il un cœur?

20.

CNÉIUS.

Agrippine a bientôt dissipé mes alarmes :
D'un Romain suppliant elle exauce les larmes.

PISON.

Agrippine, dis-tu, m'oserait pardonner !

CNÉIUS.

De ce trait généreux pourquoi vous étonner?

PISON.

Agrippine !

CNÉIUS.

A son nom quel trouble inconcevable...

PISON.

Ne vois-tu pas, mon fils, que ton père est coupable?

CNÉIUS.

Contre Germanicus vous formiez un parti ;
Je le sais : votre cœur au moins s'est repenti.
N'est-il pas vrai, mon père?

PISON.

Il est trop vrai. N'importe :
Contre un vain repentir Germanicus l'emporte.

CNÉIUS.

Sa veuve a pardonné.

PISON.

Non, jamais, non : dis-lui
Que je n'accepte point son imprudent appui ;
Non : dis-lui qu'au pardon le coupable s'oppose ;

Dis-lui que de mon sort un seul homme dispose;
Que je suis à Tibère.

CNÉIUS.

Y pensez-vous? ô ciel!

PISON.

Malheur à qui rampa sous un maître cruel!
Misérable, il ne peut sortir de l'infamie;
Avec sa conscience il a livré sa vie.
Un tyran ne sait pas rougir impunément:
Il rompt de ses forfaits le docile instrument;
Et, faisant aux faveurs succéder les supplices,
Avilit, récompense et punit ses complices.

CNÉIUS.

Vous parlez de forfaits! ce mot me fait trembler.

PISON.

Je te remplis d'effroi; je vais t'en accabler.
Apprends... puis-je le dire? oui; j'ai pu davantage;
J'aurai, pour mon tourment, cet horrible courage.

CNÉIUS.

Mon père, à votre fils qu'allez-vous découvrir?

PISON.

Ton père! ah! tu l'aimais, et tu vas le haïr.

CNÉIUS.

Moi!

PISON.

Tu vas pénétrer dans ce mystère sombre;
Et la nuit qui descend vient me prêter son ombre.

Écoute-moi. Ce fils par Tibère adopté...
Tu frémis !

CNÉIUS.

Ce héros dans sa course arrêté...

PISON.

Oui, digne ainsi que toi de l'antique patrie,
Et que si jeune encor vit tomber la Syrie,
Germanicus...

CNÉIUS.

Eh bien?

PISON.

Périt empoisonné.

J'ai tout su.

CNÉIUS.

Dieux !

PISON.

Tibère avait tout ordonné.

CNÉIUS.

C'est un crime de plus ; c'est un jour de Tibère :
Qui peut s'en étonner? mais vous! mais vous, mon père!

PISON.

Oui, j'ai su qu'un esclave à Tibère vendu,
Et du jeune héros surveillant assidu...

CNÉIUS.

Un esclave !

PISON.

C'est lui de qui la main perfide

Prépara,. présenta le breuvage homicide.

CNÉIUS.

Mon père, eh! c'est alors que vous deviez parler;
C'est lui qu'avant son crime il fallait immoler.

PISON.

Il fallait conserver l'espérance de Rome,
Lutter contre Tibère en faveur d'un grand homme,
A l'appui des soldats hautement recourir,
Avertir le héros, le sauver et mourir.
Et je pourrais, chargé d'une honte éternelle,
Rendre de mon forfait sa veuve criminelle!
D'Agrippine abusée évitant le courroux,
Je pourrais la couvrir du sang de son époux!
Ah! je dois bien plutôt provoquer ma sentence,
Maudissant l'Empereur, abhorrant l'existence,
Abandonné de Rome et des Dieux ennemis,
De la nature entière, et même de mon fils.

CNÉIUS.

Non; le crime entre nous n'a point mis de barrière;
Non; je vous tiendrai lieu de la nature entière.
Hélas! plus de pardon, plus d'avenir pour nous;
Mais vous aviez un fils; il est toujours à vous.
J'ai juré de vous suivre, et je le jure encore
Par ces Dieux outragés que ma douleur implore.
Ah! si de la vertu, premier de leurs bienfaits,
Un précipice affreux sépare les forfaits,
Le remords, franchissant cet intervalle immense,

Devant ces Dieux peut-être est encor l'innocence.

PISON.

Laisse là mes remords; parle de mes complots :
Trop souvent un coupable est le fils d'un héros :
Mais un espoir me luit dans l'horreur qui m'accable;
Un héros quelquefois est le fils d'un coupable.
Si ton père est flétri, rappelle tes aïeux.
Moi, faisant éclater ma honte à tous les yeux,
Rejetant le pardon, n'aspirant qu'au supplice,
Demain, je veux dans Rome accuser mon complice,
Déclarer en public et son crime et le mien,
Entendre mon arrêt et prononcer le sien.

CNÉIUS.

Vous pourriez...

PISON.

Je lirai les ordres de Tibère.
Il connaît mon dessein. Va, ton malheureux père,
Ayant perdu sa gloire, ose encor la chérir,
Et du moins en mourant veut la reconquérir.

CNÉIUS.

Ah! c'est elle qui parle, elle qui vous anime,
Qui peut seule inspirer cet abandon sublime.
Du crime tout puissant quittant l'affreux séjour,
Demain, quand le sommeil ramènera le jour,
Dévoilez tout, mon père; et que Rome s'explique.
Et vous, Dieux, citoyens, qui, sous la république,
Des Catons, des Brutus entendiez les sermens;

Puisque les lois, les mœurs, les nobles sentimens
Ne peuvent respirer l'air souillé par un maître,
Puisse, puisse à jamais la liberté renaître
Sur les sanglans débris des tyrans abattus,
Pour que le genre humain conserve des vertus!

ACTE V.

SCÈNE PREMIÈRE.

TIBÈRE, SÉJAN.

SÉJAN.

Les ordres sont donnés; tout marche, tout s'agite;
Mes soins ont eu recours à des amis d'élite:
Bientôt les sénateurs vont se rendre en ces lieux;
Et, docile au ressort qui se cache à ses yeux,
Déjà, dans la nuit sombre, une foule amassée
Est par un art tranquille au tumulte poussée.
Mais il faut tout prévoir: forcé dans son palais,
Pison peut à Cnéius dévoiler ses secrets;
Quelques gens éprouvés, dont le zèle est habile,
Du moment que l'émeute aura troublé la ville,
Loin du toit paternel entraîneront Cnéius.
C'est au nom d'Agrippine et de Germanicus
Qu'aux publiques fureurs la victime est livrée.
La perte d'Agrippine est de loin préparée.
Par les mêmes moyens nous pourrons voir un jour
Les amis de Pison la frapper à son tour.

TIBÈRE.

Séjan, ne donnons point d'exemple redoutable :
Que le peuple en fureur intimide un coupable ;
Qu'il n'exerce jamais le droit de l'immoler.

SÉJAN.

Vous avez le sénat ; mais Pison veut parler.
Ordonnez.

TIBÈRE.

Que Pison près de l'heure suprême,
Sans même se défendre ou s'accuser lui-même,
Pour un fils innocent implore mes faveurs,
Et de Germanicus, désigne les vengeurs.
Qu'attend-il ? Son arrêt ? Oh ! quelle nuit propice,
Si Pison de sa main prévenait son supplice !
Si je ne craignais plus ses insolens discours !

SÉJAN.

Je vous entends, César.

TIBÈRE.

Porte-lui des secours ;
Que tes prétoriens s'enflamment de ton zèle ;
Prodigue mes trésors : va, ministre fidèle ;
Rends la paix à César, à Rome, à tout l'État,
Et reviens sans délai rassurer le sénat.

SÉJAN.

Vos vœux seront remplis.

(Il sort.)

SCÈNE II.

TIBÈRE.

                    Encor cette victime.
Je renonce au pouvoir si je renonce au crime :
A la haine, au remords je dois me résigner,
Tout oser, mais tout craindre. Et c'est donc là régner !
Quel prestige maintient cet empire suprême,
Pesant pour les sujets, pour le tyran lui-même ?
Un seul, maître de tous, ordonnant de leur sort,
Et promettant la vie, ou prescrivant la mort !
Un seul ! et les Romains tremblent devant un homme !
Les Romains ! Où sont-ils ? Dans les tombeaux de Rome.
Les Romains ! deux encor sont dignes de ce nom :
Cette fière Agrippine et le fils de Pison.
Cnéius est vertueux ; c'est un héros peut-être :
Au temps de ses pareils Cnéius aurait dû naître.
Mais que sont désormais les pères de l'État ?
Un fantôme avili qu'on appelle sénat.
O lâches descendans de Dèce et de Camille !
Enfans de Quintius ! postérité d'Émile !
Esclaves accablés du nom de leurs aïeux,
Ils cherchent tous les jours leurs avis dans mes yeux,
Réservent aux proscrits leur vénale insolence,
Flattent par leurs discours, flattent par leur silence.
Et, craignant de penser, de parler et d'agir,
Me font rougir pour eux, sans même oser rougir.

SCÈNE III.

TIBÈRE, SÉNATEURS, LICTEURS.

TIBÈRE.

Veillons, pères conscrits, Rome n'est pas tranquille;
Un illustre accusé tremble dans son asile;
Et de Germanicus les imprudens amis
Pourraient, en le vengeant, déshonorer mon fils.
Sa veuve a de Pison résolu la ruine.
Oserait-elle?... On vient. Qui s'avance?

SCÈNE IV.

TIBÈRE, AGRIPPINE, SÉNATEURS, LICTEURS,
GUERRIERS.

AGRIPPINE.

Agrippine.

Aujourd'hui, sénateurs, j'ai dénoncé Pison.

TIBÈRE.

Que voulez-vous encore?

AGRIPPINE.

Obtenir son pardon.

TIBÈRE.

Son pardon!

AGRIPPINE.

Ma démarche a lieu de vous surprendre

César, écoutez-moi; sénat, veuillez m'entendre.

TIBÈRE.

Parlez.

AGRIPPINE.

J'avais rempli mon devoir rigoureux;
Et, bientôt l'abjurant pour un droit généreux,
Mon cœur s'applaudissait: j'apprends en mon asile
Que demain le pardon pourrait être inutile.
Ces guerriers à l'instant sont venus m'annoncer
Que Pison par des cris s'entendait menacer,
Qu'on demandait sa tête, et qu'un ordre suprême
Convoquait le sénat au sein de la nuit même.
Leurs voix contre Pison ne s'élèveront plus;
Comme eux je viens le rendre aux vertus de Cnéius.
A de longs repentirs mon courroux l'abandonne.
Auguste a pardonné: Germanicus pardonne.
De ses persécuteurs il fut long-temps l'appui;
Sa veuve en l'imitant reste digne de lui:
Il lui suffit des pleurs qu'il vous a fait répandre;
Les regrets des Romains ont bien vengé sa cendre;
Et, dût ce pardon même être accusé d'orgueil,
Des hommages sanglans souilleraient son cercueil.

TIBÈRE.

Qu'entends-je! le sénat peut souffrir ce langage!
Romains dégénérés, prêts à tout esclavage,
Au gré de son caprice, Agrippine, en un jour,
Pourra-t-elle accuser, pardonner tour à tour?
Non; que Pison périsse, ou qu'il se justifie.

Flétrir un sénateur en lui laissant la vie!
Non : respectéz sa gloire, et surtout l'équité;
Non : du sénat romain gardez la dignité.
Cet insolent pardon n'a rien de magnanime :
Si Pison fut coupable, on vous demande un crime
Envers les saintes lois dont vous êtes l'appui.;
Et, s'il est innocent, le crime est envers lui.

SCÈNE V.

TIBÈRE, AGRIPPINE, CNÉIUS, sénateurs, licteurs, guerriers.

CNÉIUS.

Sénat!

TIBÈRE.

Venez, Cnéius; joignez-vous à Tibère :
Défendez avec moi l'honneur de votre père :
Celle qui l'accusait ose lui pardonner,
Tandis qu'ailleurs peut-être on veut l'assassiner.

AGRIPPINE.

Moi! grands Dieux! moi, Tibère! Ah! faut-il me défendre?

CNÉIUS.

A vous justifier pourquoi daigner descendre?
Le nom seul d'Agrippine interdit le soupçon,
Et vous ne craignez pas les secrets de Pison.
Mais vous, pères conscrits, vous devez tout connaître :
On vient de m'arracher du toit qui m'a vu naître;

J'entends partout les cris de ce peuple égaré ;
Partout le nom d'un père aux insultes livré ;
Partout Germanicus ! Agrippine ! vengeance !
Pison !... Sur l'Empereur on garde le silence.
J'apprends que le sénat vient d'être convoqué ;
J'accours : je n'aurai pas vainement invoqué
Votre appui, la justice et nos lois tutélaires ;
Envoyez vos licteurs, vos tribuns militaires :
Que l'accusé, couvert de votre autorité,
Sorte de son palais, et parle en liberté ;
Sans délai devant vous ordonnez qu'il se rende :
Devant vous, sénateurs, que Tibère l'entende.

AGRIPPINE.

Oui ; vous reconnaîtrez, j'en atteste les Dieux,
Contre Germanicus un complot odieux.
C'est son ombre, c'est lui, c'est moi que l'on outrage.

TIBÈRE.

Et César encor plus ; mais il brave l'orage.
Rassurez vos esprits justement effrayés ;
Par moi-même à l'instant des secours envoyés...

CNÉIUS.

Des secours !

AGRIPPINE.

     Qui ?

TIBÈRE.

     Séjan, la garde du prétoire.

AGRIPPINE.

Séjan !

CNÉIUS.

Séjan!

AGRIPPINE.

Guerriers, c'est un jour de victoire.
Vous n'étiez point venus demander au sénat
De venger un héros par un assassinat.
Eh! qui peut le venger, quand sa veuve pardonne?
Ne pensez pas, Cnéius, que je vous abandonne.
A de vils meurtriers opposons mes amis,
Et l'aspect d'Agrippine, et les larmes d'un fils.
Le dieu se cache encor, mais je vois la victime:
Pison pouvait subir un arrêt légitime;
Aux lois, à la clémence on voudrait l'enlever;
Des secours de Séjan courons le préserver.

CNÉIUS.

Agrippine, à ces traits on doit vous reconnaître.
Courons; et que Séjan... Dieux! je le vois paraître!

AGRIPPINE.

Quel est ce fer sanglant qu'ose agiter sa main?

SCÈNE VI.

TIBÈRE, AGRIPPINE, CNÉIUS, SÉJAN, SÉNATEURS, LICTEURS, GUERRIERS.

SÉJAN.

Le poignard que Pison s'est plongé dans le sein.

AGRIPPINE.

Pison! par quel motif?

SÉJAN.

Vous le savez sans doute.

TIBÈRE.

Parle au sénat qui juge, à César qui t'écoute.

SÉJAN.

Je vois ici Cnéius; et vous aurez appris
Qu'une foule homicide exaltait dans ses cris
Le vainqueur des Germains, sa veuve magnanime;
Qu'au nom de leurs vertus on réclamait un crime.
Mais les prétoriens me prêtaient leur appui,
Ils appelaient Pison; j'arrivais jusqu'à lui,
Quand déjà, croyant voir la troupe forcenée,
Pison, d'un coup trop sûr, tranchait sa destinée.
Dès qu'il entend parler de César et des lois,
D'une âme ferme encor, mais d'une faible voix:
« C'en est fait, me dit-il; la trahison m'assiége;
« Tu sais quels ennemis m'ont préparé le piége:
« On les nomme, on les vante; et, certain de périr,
« Je leur prouve du moins qu'un Romain sait mourir.
« Il faut, sans leur parler de crime ou d'innocence,
« Annoncer que Pison succombe à leur puissance,
« Leur présenter ce fer, ainsi qu'à mes amis,
« Le porter au sénat, le donner à mon fils. »

CNÉIUS.

Donne.

SÉJAN.

« Et si l'on croyait mon trépas légitime,
« Que Pison condamné soit la seule victime.
« Fier, orgueilleux peut-être en ma calamité,
« Je n'ai point de Tibère imploré la bonté;
« Mais qu'à mon dernier vœu Tibère soit propice:
« Pour un fils innocent j'implore sa justice. »
Il expire à ces mots. Soit pitié, soit remord,
Tout frémit dans la place en apprenant sa mort;
Des plus séditieux j'ai vu tomber la rage,
Pareille aux flots mourans à la fin d'un orage.
Tout ce bruyant amas, par la haine assemblé,
Morne et silencieux s'est en foule écoulé;
Et les mêmes Romains qui demandaient vengeance,
Qui de Pison vivant prononçaient la sentence,
De leur succès honteux semblent déjà confus,
Et vont donner des pleurs à Pison qui n'est plus.

AGRIPPINE.

César, et vous, sénat, vous venez de l'entendre :
On attaque Pison; Séjan court le défendre;
Mais Séjan n'a porté que d'impuissans secours;
Pison n'est plus, lui-même il a tranché ses jours;
Séjan seul est témoin de cette mort si prompte;
Des discours de Pison Séjan vient rendre compte;
Pison, nous dit Séjan, parle de trahison;
Et Séjan tient le fer qui poignarda Pison!

TIBÈRE.

Aux leçons du malheur Agrippine indocile

21.

Commence à fatiguer ma bonté trop facile;
Et détourne avec art des soupçons odieux,
Quand le sénat sur elle ouvre déjà les yeux.
Séjan m'est nécessaire; et qu'aucun ne l'ignore:
J'honore un tel ministre, et prétends qu'on l'honore.
Quant au vœu de Pison, sans peine j'y souscris;
Cnéius a des vertus dont je connais le prix:
Que d'un malheureux père il garde la fortune;
Plus d'orageux débats, de recherche importune.
Pison long-temps encore aurait servi l'État,
S'il avait mieux connu l'équité du sénat.
D'un crime, je le sais, Pison fut incapable.

CNÉIUS.

Vous vous trompez, César; mon père était coupable.

AGRIPPINE.

Cnéius, après sa mort osez-vous l'outrager?

CNÉIUS.

Écoutez, Agrippine, avant de me juger.

SÉJAN.

Ah! s'il eut des secrets, pouviez-vous les connaître?

CNÉIUS.

Aussi bien que Séjan connaît ceux de son maître.

TIBÈRE.

Seriez-vous un ingrat? M'insultez-vous, Cnéius?

CNÉIUS.

Mon père était coupable, et Tibère encor plus.

AGRIPPINE.

Ciel!

TIBÈRE.

Moi!

SÉJAN.

César!

CNÉIUS.

César. Oui, Tibère, vous-même.
Hélas! j'accuse un père : on verra si je l'aime.
Agrippine à mes pleurs l'avait enfin rendu ;
Mon père, en l'apprenant, égaré, confondu,
De la mort d'un héros s'est déclaré complice :
Tibère commanda l'horrible sacrifice.
Demain Pison lui-même aurait tout révélé :
Tibère le savait, Pison s'est immolé !

AGRIPPINE.

Quel abîme!

SÉJAN.

Imposteur...

CNÉIUS.

Ministre nécessaire,
Avez-vous supprimé les ordres de Tibère?

SÉJAN.

Que prétends-tu? la mort?

CNÉIUS.

Je ne sens point d'effroi.
César est immobile et calme ainsi que moi.
Vous tremblez, sénateurs : attendez en silence
Que César d'un coup-d'œil vous dicte ma sentence.
Et toi, qui dans un cœur de crimes déchiré

Savoures le tourment que tu m'as préparé,
Tyran profond, mais vil, honte et fléau de Rome,
Éclipsé dans ta cour par l'ombre d'un grand homme,
Quand, de tes attentats ministre infortuné,
Pison par son complice expire assassiné,
Tu m'offres des trésors teints du sang de mon père!
Garde pour un Séjan les faveurs d'un Tibère.
C'est le prix des forfaits; je ne l'accepte pas
Rien de toi, rien, César, pas même le trépas.
Un sort plus glorieux doit être mon partage.
Le poignard de Pison, voilà mon héritage.
Ce fer me suffira. Tu pâlis, malheureux!
Va, je te le rendrai teint d'un sang généreux;
Un autre aura l'honneur de venger tes victimes;
Séjan respire encor; tu puniras ses crimes:
J'ai vécu, je meurs libre, et voilà mes adieux.
Il est temps de placer Tibère au rang des Dieux.

(Il se tue.)

OEDIPE-ROI,

TRAGÉDIE EN CINQ ACTES.

PERSONNAGES.

———

OEDIPE, roi de Thèbes.

JOCASTE, épouse d'OEdipe.

CRÉON, frère de Jocaste.

TIRÉSIAS, prophète.

POLICLÈS. }
PHORBAS. } bergers.

LE GRAND-PRÊTRE DE JUPITER.

LE CHOEUR.

Un enfant.

Jeunes Thébaines.

Les deux filles d'OEdipe.

La scène est dans la place publique de Thèbes.

OEDIPE-ROI,

TRAGÉDIE.

~~~~~~

ACTE PREMIER.

SCÈNE PREMIÈRE.

OEDIPE, LE GRAND-PRÊTRE, LE CHOEUR.

OEDIPE.

Enfans, du vieux Cadmus postérité nouvelle,
Aux portes du palais quel danger vous appelle?
Pourquoi ces voiles saints, emblèmes des douleurs?
L'encens fume partout; partout je vois des pleurs.
Répondez pour le peuple, ô vieillard vénérable:
Que veut de supplians cette foule innombrable?
Il n'est rien dans ses maux qui me soit étranger.
OEdipe, heureux encor s'il peut les soulager;
OEdipe, dont la Grèce a vanté la fortune,
Vient partager au moins l'adversité commune.

LE GRAND-PRÊTRE.

Digne chef de l'État, vous voyez en ces lieux

Le pontife éploré du souverain des Dieux,
Des sacrificateurs courbés par la vieillesse,
Des enfans, des guerriers, fleur de notre jeunesse.
Des branches dans les mains, ou ceints de verts rameaux,
Ils implorent Pallas en ses temples gémeaux,
L'autel hospitalier de vos dieux domestiques,
Apollon de l'Ismène et ses feux phophétiques.
Dans les flots du malheur une triste cité
Lève péniblement son front ensanglanté.
Un dieu sèche l'espoir de nos champs solitaires,
Fait périr les enfans dans le sein de leurs mères,
Sur les fils d'Agénor promène ses fureurs;
Et l'avare Achéron s'enrichit de nos pleurs.
Ce peuple, qui jadis vous dut sa délivrance,
Fait reposer sur vous sa dernière espérance.
L'Olympe vous protège: il vous a secouru
Quand, des murs de Corinthe en nos murs accouru,
Vous avez, jeune encore, affranchi cette terre
Qui du sphinx inhumain fut long-temps tributaire.
Par des bienfaits nouveaux cimentez vos bienfaits;
Soyez encore OEdipe, et sauvez vos sujets;
Pour nous avec les Dieux que la terre conspire;
Ou bientôt, roi de nom, vous n'aurez plus d'empire;
Et vos yeux, sur un sol par la mort habité,
Ne verront qu'un désert où fut une cité.

OEDIPE.

Que ne puis-je, et les Dieux entendent ma prière,
En me sacrifiant sauver la ville entière!

Dans le commun péril chacun gémit pour soi;
Mais les malheurs de tous sont rassemblés sur moi.
La nuit d'un jour trop lent redouble les alarmes,
.Et le jour me retrouve abreuvé de mes larmes.
Dans les secours humains je n'ai rien oublié:
Le frère de Jocaste, à Delphes envoyé,
D'Apollon par mes soins consulte la prêtresse;
Créon ne revient pas; le temps fuit; le mal presse;
Mais, quand sur nous enfin Delphes aura parlé,
Du céleste courroux puisse OEdipe accablé
Courber sous l'infortune un front sans diadême,
S'il ne remplit du dieu la volonté suprême!

LE GRAND-PRÊTRE.

Rien ne dément le cours de vos prospérités.
Déjà Créon s'avance à pas précipités:
Sur son front satisfait on voit briller encore
Ce laurier cher au dieu qu'à Delphes on implore,
Et dont les supplians, devant lui prosternés,
En abordant l'autel sont toujours couronnés.

SCÈNE II.

OEDIPE, CRÉON, LE GRAND-PRÊTRE, LE CHOEUR.

OEDIPE.

Approchez-vous, Créon; ces fortunés auspices
Nous annoncent des Dieux devenus plus propices.

Le trépied prophétique exauce-t-il nos vœux?

CRÉON.

Oui, si nous remplissons un devoir rigoureux:
Dans la seule équité plaçons notre espérance.
Puis-je hors du palais parler en assurance?

OEDIPE.

Ah! le salut de tous m'est plus cher que le mien.
Parlez devant le peuple, et ne redoutez rien.

CRÉON.

Apollon nous prescrit de réparer un crime.
C'est parmi les Thébains, ici, qu'est la victime.

OEDIPE.

Nommez-la.

CRÉON.

Nous devons chercher le criminel.
La misère, l'opprobre, un exil éternel,
Tel est l'arrêt porté contre sa tête impie.
Le sang fut répandu; Thèbe entière l'expie.

OEDIPE.

Quel sang, des immortels allume le courroux?

CRÉON.

Le sang du grand Laïus, qui régnait avant vous.

OEDIPE.

Et parmi les Thébains son meurtrier respire!
Si j'obtins de Laïus et la veuve et l'empire,
Pour remplir mon devoir et venger son trépas
Je ne demande au ciel que de guider mon bras.
Où trouver l'artisan des publiques alarmes?

Je n'ai point vu le roi que regrettent vos larmes;
Mais, si l'on m'a dit vrai, ce prince infortuné
Loin des remparts thébains périt assassiné.

CRÉON.

Il tomba sous les coups d'une main meurtrière,
Quand des États voisins il touchait la frontière.
Succombant tour à tour, après un long effort,
Les compagnons du roi partagèrent son sort.
Un seul a reparu; mais, indigné peut-être
D'avoir osé survivre au trépas de son maître,
Il a loin de nos murs enseveli ses jours.
Si l'on peut toutefois en croire ses discours,
Sous des brigands armés Laïus perdit la vie.

OEDIPE.

Par la haine sans doute elle était poursuivie;
Et leur main sacrilège, en cet évènement,
Fut des complots cachés le vénal instrument.

CRÉON.

On forma des soupçons; on parla de complices;
On voulut du forfait suivre tous les indices.
Telle est d'un peuple ému la première chaleur:
Du nom de la vengeance il nourrit sa douleur.
On négligea depuis des rigueurs légitimes;
Le sphinx à chaque instant dévorait ses victimes;
Et jusqu'au souvenir d'un désastre passé
Par le danger présent fut bientôt effacé.

OEDIPE.

Quand vous avez, Thébains, oublié la justice,

Ne vous étonnez pas que le ciel vous punisse.

Si vos maux sont cruels, vos maux sont mérités :

Fallait-il que des Dieux, justement irrités,

Au sein de vos remparts le courroux vînt descendre?

D'un héros massacré vous entendiez la cendre.

Successeur de Laïus, je veux être son fils ;

De ses mânes vengeurs j'apaiserai les cris ;

Pour la seconde fois j'affranchirai ces rives.

Rassurez-vous, enfans, dont les tribus plaintives

De pleurs religieux ont baigné ces autels :

La voix des supplians fléchit les immortels.

Vous, pontifes, rentrez au fond du sanctuaire ;

Et vous, sage Créon, mon allié, mon frère,

Venez avec OEdipe, auprès de votre sœur,

Dans son cœur gémissant verser quelque douceur.

Thébains, remplissons tous un devoir qui nous presse ;

Écoutez, retenez, rappelez-vous sans cesse

Les ordres, les sermens, les vœux de votre roi.

LE CHOEUR.

Pour tout le peuple, OEdipe, ils seront une loi.

OÉDIPE.

Citoyen comme vous, et, dans le rang suprême,

Aux décrets du pouvoir obéissant moi-même,

Je jure de venger l'héritier de Cadmus ;

Je jure de punir l'assassin de Laïus.

Oui, puisque notre loi n'admet pas les supplices,

Que banni des cités, exclu des sacrifices,

Privé de l'eau lustrale et de l'aspect des Dieux,

Misérable partout, et partout odieux,
Aveugle, vagabond, mendiant un asile,
De tous les champs thébains le meurtrier s'exile.

LE CHOEUR.

Ces malheurs lui sont dus.

OEDIPE.

Qu'ils retombent sur moi
Si jamais, oubliant mon devoir et la loi,
Je cache en mon palais sa tête criminelle.
Si, malgré ma défense, un Thébain le recèle,
Que des fruits de la terre il soit déshérité;
Sans amis, sans épouse et sans postérité,
Qu'il meure solitaire, en digne appui du crime,
Sous la contagion dont le poids nous opprime.

LE CHOEUR.

Puisse-t-il du proscrit partager les tourmens!

OEDIPE.

Vous, qui de votre Olympe entendez mes sermens,
Épargnez les Thébains en frappant le coupable;
Et, tandis que des cieux la foudre inévitable
Ira dans leur repaire atteindre les forfaits,
Sur un peuple innocent répandez vos bienfaits.

(Il sort avec Créon et le grand-prêtre.)

SCÈNE III.

LE CHOEUR.

Voix mélodieuse et puissante

Qui du trépied divin dévoiles les secrets,
Delphes te fait entendre, et Thèbes gémissante
  Adore en tremblant tes décrets.

  Armez-vous pour sa délivrance,
  Gloire, fille de l'espérance;
Fille de Jupiter, immortelle Pallas;
Diane protectrice; Apollon tutélaire,
Dont la main nous guérit, dont le char nous éclaire,
Et dont le carquois d'or lance au loin le trépas.

  Près des morts sans mausolées
  Le danger sèche les pleurs;
  Et les mères désolées
  Avortent dans les douleurs.
  Chaque jour mille victimes,
  En peuplant les noirs abîmes,
  Dépeuplent nos champs déserts:
  Tels, sous des flèches rapides,
  On voit les oiseaux timides
  Tomber du sommet des airs.
  Tout périt; des morts sans nombre
  Souillent ce pompeux séjour;
  Ce qu'épargne la nuit sombre
  Est dévoré par le jour.
  Mères, épouses plaintives,
  Font retentir sur nos rives
  Le nom du dieu de Délos;
  Ses temples et ses images
  Ne reçoivent pour hommages

Que de stériles sanglots.

Bacchus, jeune amant d'Érigone,
Allume tes flambeaux qui ramènent les jeux;
Dieux des monts Lyciens, Dieux, enfans de Latone,
      Préparez vos traits et vos feux.
      Et toi, dieu puissant d'Olympie,
      Viens foudroyer le Mars impie
Qui fait peser sur nous son bras ensanglanté:
Que le monstre inhumain coure et se précipite
Dans les mers de la Thrace, où mugit Amphitrite,
Sur des bords inconnus à l'hospitalité.

ACTE II.

SCÈNE PREMIÈRE.

OEDIPE, LE CHOEUR.

OEDIPE.

Jusque dans mon palais vos plaintes retentissent;
Mais, quand sur vous encor les maux s'appesantissent,
L'oracle vous promet un avenir plus doux;
Et, si pour apaiser le céleste courroux
Vous croyez découvrir quelque nouvelle voie,
Docile à vos conseils, je la tente avec joie.

LE CHOEUR.

Il est, fils de Polybe, un prophète sacré,
Chez le peuple thébain dès long-temps révéré;
L'éternelle lumière, à ses yeux éclipsée,
Éclaire encor son âme, et luit dans sa pensée;
Rien ne fuit sa science; et d'un regard certain
Il lit dans l'avenir les arrêts du destin:
Le dieu qui nous poursuit le protège et l'inspire;
Au sein de nos remparts Tirésias respire.

OEDIPE.

Je le sais, et déjà vos vœux sont exaucés;

Sur l'avis de Créon, mes ordres empressés
Ont de Tirésias réclamé l'assistance :
Guidé par un enfant, je le vois qui s'avance.
Puisse-t-il mettre un terme à nos calamités!

SCÈNE II.

OEDIPE, TIRÉSIAS, LE CHOEUR, UN ENFANT.

OEDIPE.

Aveugle, à qui les Dieux, contre nous irrités,
Ont des temps à venir révélé le mystère,
A qui rien n'est caché, dans les Cieux, sur la terre,
Parlez, Tirésias : vous savez nos malheurs,
Et, vous seul, des Thébains pouvez tarir les pleurs.
Un mal contagieux ravage mon empire :
Delphes a prononcé : pour que ce mal expire,
Il faut que de Laïus l'assassin criminel
Subisse avec opprobre un exil éternel.
Vous, confident des Dieux, et notre unique asile,
Nommez cet assassin; qu'il parte, qu'il s'exile :
Pour un homme, et surtout pour un homme inspiré,
Secourir les humains est un devoir sacré.

TIRÉSIAS.

Hélas!

LE CHOEUR.

Faites cesser la publique infortune.

TIRÉSIAS.

O vérité céleste, aux mortels importune!

Quel tourment de savoir ce qu'on doit ignorer!

OEDIPE.

A d'injustes regrets pourquoi donc vous livrer?

TIRÉSIAS.

Souffrez que je retourne en mon foyer paisible.

OEDIPE.

Aux maux que nous souffrons restez-vous insensible?

TIRÉSIAS.

Ah! je ne devais point aborder ce séjour.

OEDIPE.

Songez que ces remparts vous ont donné le jour.

TIRÉSIAS.

Si vous saviez l'objet de vos vœux téméraires!

LE CHOEUR.

Des Thébains supplians exaucez les prières.

TIRÉSIAS.

Infortunés Thébains, qu'osez-vous souhaiter?
Pour guérir tant de maux, faut-il les augmenter?

OEDIPE.

Laisserez-vous périr Thèbes qui vous vit naître?

TIRÉSIAS.

Je m'en remets aux Dieux: ils feront tout connaître.

OEDIPE.

Cessez de prolonger ces importuns débats.

TIRÉSIAS.

Vous l'exigez... mais non; je ne parlerai pas.

OEDIPE.

Si je ne puis fléchir ce silence implacable,

Du meurtre de Laïus je vous croirai coupable.

TIRÉSIAS.

Ah! puisqu'il est ainsi, puisqu'il faut révéler
Des horreurs qu'à jamais j'aurais voulu céler,
Vous-même avez porté les lois qui vous condamnent;
Sortez de ce palais que vos crimes profanent;
Fuyez, roi des Thébains; terminez nos revers:
C'est vous que, sur le mont redoutable aux pervers,
A signalé du dieu la voix terrible et sainte;
De ces murs désolés vous qui souillez l'enceinte;
Vous, qu'au salut de tous il faut sacrifier;
Vous, qui du grand Laïus êtes le meurtrier.

OEDIPE.

Moi!

LE CHOEUR.

Grands Dieux!

OEDIPE.

Qu'as-tu dit, prophète sacrilège?

TIRÉSIAS.

J'ai dit la vérité; sa force me protège.

OEDIPE.

A m'accuser ainsi qui t'a donc excité?

TIRÉSIAS.

Vous, imprudent, vous-même: en vain j'ai résisté.

OEDIPE.

Réponds; déclare enfin le nom de l'homicide.

TIRÉSIAS.

Voulez-vous me tenter, ou me rendre timide?

OEDIPE.

Mettre un terme à nos maux, voilà mon seul dessein.

TIRÉSIAS.

Je l'ai dit; de Laïus vous êtes l'assassin.

OEDIPE.

D'horreur et de courroux tout mon cœur se soulève!

TIRÉSIAS.

Et que sera-ce encor, malheureux, si j'achève?

OEDIPE.

Qu'importent tes discours? ils ne sont qu'un vain bruit.

TIRÉSIAS.

Dans le lit nuptial le crime vous poursuit.

OEDIPE.

Tremble. Il est des vengeurs de mon pouvoir suprême.

TIRÉSIAS.

Apollon plus puissant se vengera lui-même.

OEDIPE.

Ah! Créon veut régner, et voilà mon forfait.

TIRÉSIAS.

Créon ne vous nuit point; vous seul avez tout fait.

OEDIPE.

Gloire, empire, trésors, science de la vie,
Sans donner le bonheur, vous irritez l'envie!
Ai-je envahi l'État? m'a-t-on vu sans pudeur
Par la ruse ou la force assurer ma grandeur?
Thèbes m'a fait son roi; ma puissance vient d'elle;
Et Créon, cet ami que j'ai cru si fidèle,

Levant jusqu'à mon trône un œil usurpateur,
Déchaîné contre moi ce prophète imposteur,
Aveugle sur mon sort, sur le sort de l'empire,
Mais non sur l'intérêt, le seul dieu qui l'inspire.
Toi prophète! et comment l'as-tu pu devenir?
Depuis quand? où lis-tu? d'où sais-tu l'avenir?
N'y peux-tu découvrir que d'horribles présages?
Quand l'aigle à voix humaine infestait ces rivages,
Quand il fallait sauver un peuple gémissant,
Pourquoi ton art divin restait-il impuissant?

TIRÉSIAS.

Tirésias, des Dieux révérant la puissance,
Ne leur demande point raison de leur silence.
Ils vous ont à plaisir prodigué leurs faveurs
Pour vous précipiter du sommet des grandeurs.

OEDIPE.

Je n'ai rien fait aux Dieux, et ma victoire est pure;
J'employai le courage et non pas l'imposture;
Je n'interrogeai point un mortel inspiré,
Ni le chant des oiseaux, ni le trépied sacré:
Si le Ciel me frappait, où serait sa justice?
Fuis auprès de Créon, va trouver ton complice;
Va: mais n'espérez pas de rester impunis;
Vous vouliez me bannir, et vous serez bannis:
Dans les secrets des Dieux voilà ce qu'il faut lire;
Et, si je n'épargnais ta vieillesse en délire,
Cette main, te payant par un juste trépas,
D'un vil agent du crime eût purgé mes états.

TIRÉSIAS.

Vos menaces n'ont rien qui doive me confondre.
Vous régnez; cependant j'ai droit de vous répondre.
Avoué par le ciel, et sujet d'Apollon,
Quel besoin puis-je avoir de l'appui de Créon?
Reprochez-moi la nuit qui couvre ma paupière;
Si vos yeux sont encore ouverts à la lumière,
Ils sont fermés déjà sur vos calamités.
Savez-vous bien quels lieux par vous sont habités?
Quelle épouse avec vous partage la puissance?
Savez-vous seulement qui vous donna naissance?
Non, tout vous est caché. Fléau de vos parens,
De ceux qui ne sont plus, de ceux qui sont vivans,
A leur voix, avec eux, on verra les furies,
Unissant contre vous leurs mains de sang flétries,
Vous chasser, vous vomir du trône et de ces lieux,
Misérable, et privé de la clarté des cieux.
Où ne parviendront pas vos sanglots lamentables?
Quel Cithéron bientôt, dans ses bois redoutables,
Ne prolongera point les cris d'un malheureux
Qui, se liant jadis par un hymen affreux,
Sur le trône thébain fut jeté par l'orage,
Et dont l'éclat trompeur n'est qu'un brillant naufrage?
Voyez-vous des enfers tous les maux amassés,
Sur vous, sur vos enfans, tomber à flots pressés?
Dites qu'avec Créon je suis d'intelligence;
Préparez, consommez une injuste vengeance:
Avant vous nul mortel, exemple de douleur,

N'aura porté si loin le crime et le malheur.

OEDIPE.

Tu mens au nom du ciel, et le ciel te déteste;
Mais pourquoi, dans ces lieux, ta présence funeste
Outrage-t-elle encore un peuple désolé?

TIRÉSIAS.

Je ne vous cherchais point: vous m'avez appelé.

OEDIPE.

Insensé! pouvait-on prévoir un tel outrage?

TIRÉSIAS.

Je vous semble insensé: vos parens m'ont cru sage.

OEDIPE.

Qui? Polybe! réponds.

TIRÉSIAS.

Tout se dévoilera:
Ce jour vous fera naître, et ce jour vous perdra.

OEDIPE.

Des mots mystérieux!

TIRÉSIAS.

OEdipe les devine.
Ce qui fit vos grandeurs fera votre ruine.

OEDIPE.

Ah! quand tu dirais vrai, je bénis mes destins:
Mon sang est trop payé: j'ai sauvé les Thébains.

TIRÉSIAS.

Enfant, reconduis-moi. La vérité vous blesse:
Sachez-la tout entière avant que je vous laisse.
C'est en face du peuple, ici, qu'est l'assassin,

Cru long-temps étranger, mais cependant Thébain.

Bientôt privé du jour, qui maintenant l'éclaire,

Sur un trône aujourd'hui, demain dans la misère,

Il ne lui restera qu'un horrible avenir,

Et d'un bonheur passé le cuisant souvenir.

Il se verra le fils et l'époux d'une mère,

L'héritier de la couche et l'assassin d'un père;

Il sera de ses fils frère et père à la fois:

J'ai tout dit. Jouissez, régnez, enfant des rois;

Revoyez ce palais où Thèbes vous implore;

Quand du sein de la nuit, qui les recèle encore,

Apparaîtront au jour ces funestes secrets,

Vous saurez si les Dieux m'ont dicté leurs décrets.

(Il sort avec OEdipe et l'enfant.)

SCÈNE III.

LE CHOEUR.

D'où part-il ce forfait insigne,

Que le Tartare veut cacher?

Quel est-il, l'assassin que Delphes nous désigne

De son prophétique rocher?

Il est temps qu'il se bannisse;

C'est le jour de la justice;

Apollon d'un vain bruit n'a point frappé les airs,

Et déjà sur le coupable

Fond un bras inévitable,

Armé de feux et d'éclairs.

Des saintes hauteurs du Parnasse
L'oracle est parti comme un trait.
Un taureau vieillissant, dans la sombre forêt,
Vaincu, va cacher sa disgrâce.
Ainsi, loin des cités, le coupable aura fui,
Cherchant d'un pied furtif un antre solitaire;
Mais l'arrêt prononcé dans les flancs de la terre
S'élance et vole autour de lui.

Tirésias d'un parricide
Accuse OEdipe, notre Roi;
Nous devons, en silence, attendre avec effroi
Que l'avenir entre eux décide.
Mais d'un prince adoré des enfans de Cadmus
Tout révèle à nos yeux l'infaillible innocence:
De Polybe, à Corinthe, il reçut la naissance:
A-t-il jamais connu Laïus?

Voyant l'avenir sans nuage,
Apollon lit au fond du cœur.
Rien n'abuse les Dieux: le devin le plus sage
Est homme et sujet à l'erreur.
O ciel! instruit par lui-même,
OEdipe, d'un art suprême,
En d'horribles dangers, nous prêta le secours.
Choisis une autre victime:
Comment soupçonner d'un crime
Celui qui sauva nos jours?

ACTE III.

SCÈNE PREMIÈRE.

CRÉON, LE CHOEUR.

CRÉON.

LE croirai-je, Thébains? je suis, dit-on, coupable;
De reproches sanglans c'est le Roi qui m'accable!
Veut-il, en répétant d'injurieux discours,
M'enlever votre estime et la paix de mes jours?
Au malheureux Laïus je dois porter envie,
Si le Roi près de vous a pu noircir ma vie.
Mais il vient. La colère éclate dans ses yeux.

SCÈNE II.

OEDIPE, CRÉON, LE CHOEUR.

OEDIPE.

Perfide! oses-tu bien me braver en ces lieux,
A l'aspect, sous les murs du palais où je règne?
Suis-je donc sans pouvoir? crois-tu que je te craigne?

Est-ce mon trône, enfin, que tu veux usurper?
Par un stérile espoir tu t'es laissé tromper;
Tu brigues, mais en vain, la faveur populaire;
Sur tes projets, Créon, ma fortune m'éclaire:
J'ai su les découvrir; je saurai me venger.

CRÉON.

Daignez m'entendre, OEdipe, avant de me juger.

OEDIPE.

Va, renonce aux détours de ta vaine éloquence.

CRÉON.

Si je suis criminel, quelle est donc mon offense?

OEDIPE.

Eh bien, Tirésias ici même, a parlé:
C'est d'après vos conseils qu'il était appelé.

CRÉON.

Et d'après le désir de cette ville entière.

OEDIPE.

Répondez; quand Laïus termina sa carrière,
Le devin par les Dieux était-il inspiré?

CRÉON.

Oui: tout rendait hommage à son nom révéré.

OEDIPE.

Avait-il, sur OEdipe, observé le silence?

CRÉON.

Jamais il n'en parla, du moins en ma présence.

OEDIPE.

Et pourquoi taire alors ce qu'il dit aujourd'hui?

CRÉON.

Je ne sais. Son motif n'est connu que de lui.

OEDIPE.

Mais vous n'ignorez pas du moins ce qui vous touche?

CRÉON.

Parlez. La vérité sortira de ma bouche.

OEDIPE.

Du meurtre de Laïus je me vois accusé.

CRÉON.

Vous?

OEDIPE.

Par Tirésias. Sans vous l'eût-il osé?

CRÉON.

Je vous ai répondu. Voulez-vous me répondre?

OEDIPE.

Oui, Créon, je le veux, mais pour mieux vous confondre.

CRÉON.

De Jocaste, ma sœur, n'êtes-vous point l'époux?

OEDIPE.

Cet hymen fait ma gloire.

CRÉON.

Elle règne avec vous.

OEDIPE.

Ses désirs sont mes lois, pour elle je respire.

CRÉON.

Je suis, après vous deux, le premier de l'empire.

OEDIPE.

Et d'un indigne ami telle est la trahison!

CRÉON.

Je ne vous trahis point; consultez la raison.
Sur un trône envié la crainte vous réveille;
Exempt d'inquiétude, à vos pieds je sommeille.
Vous régnez sans jouir; de vos faveurs comblé,
Je jouis du pouvoir sans en être accablé.
Pour aller jusqu'à vous, c'est moi que l'on implore;
Moi que, pour vous fléchir, on sollicite encore;
Et ma main, tous les jours, tarissant quelques pleurs,
Dispense vos bienfaits, et jamais vos rigueurs.
Pourrais-je préférer à ce noble avantage
L'éclat trop acheté d'un royal esclavage,
Fouler aux pieds les droits d'une longue amitié,
Et m'armer sans pudeur contre mon allié?
Si d'un projet si noir je me trouve complice,
Vous m'entendrez moi-même ordonner mon supplice.
Du décret d'Apollon daignez vous informer;
Tous ceux qui m'ont suivi pourront le confirmer.
Près de Tirésias éclairez ma conduite;
D'un sévère examen je ne crains pas la suite;
Mais ne renoncez pas aux utiles secours
D'un ami, doux trésor, peu connu dans les cours;
Et songez que du temps la suprême puissance
Sait dévoiler le crime et prouver l'innocence.

OEDIPE.

Le temps aussi, Créon, peut mûrir vos complots:
Mais ne présumez pas qu'en un lâche repos
J'attende qu'un perfide ait assuré ma perte;

Attaqué sourdement, j'attaque à force ouverte :
Par l'équité sévère un trône est affermi.

CRÉON.

Eh bien ! qu'ordonne OEdipe à Créon, son ami ?

OEDIPE.

De sa cour et de Thèbe OEdipe vous exile.

CRÉON.

Je resterai dans Thèbe, où j'ai le droit d'asile.

OEDIPE.

Vous désobéissez aux volontés d'un roi ?

CRÉON.

Oui : son pouvoir n'est rien, séparé de la loi.

OEDIPE.

Vos crimes...

CRÉON.

Prouvez-les.

OEDIPE.

Vous parlez en rebelle.

CRÉON.

Vous, en tyran.

OEDIPE.

Thébains !

CRÉON.

C'est moi qui les appelle :
Nos libertés, nos jours ne sont pas votre bien ;
Vous êtes roi de Thèbe, et j'en suis citoyen.

SCÈNE III.

OEDIPE, CRÉON, JOCASTE, LE CHOEUR.

JOCASTE.

OEdipe, et vous, Créon, quelle fureur soudaine
Allume entre vous deux les flambeaux de la haine?
Vos cris dans le palais sont venus jusqu'à moi.
Des Thébains consternés vous augmentez l'effroi :
Chaque jour, chaque instant redouble leurs alarmes.
Dans le danger public, réunis par vos larmes,
Ah! du moins respectez une épouse, une sœur,
La présence du peuple et surtout son malheur.

CRÉON.

Votre époux me bannit.

OEDIPE.

Votre frère conspire.

CRÉON.

Dieux puissans! s'il dit vrai, que devant vous j'expire!

JOCASTE.

Vous l'entendez, OEdipe; il atteste les Dieux.

OEDIPE.

Vains sermens! je connais son art insidieux.
N'importe: à mon pouvoir rien ne peut le soustraire;
Qu'il ne soit point banni, puisqu'il est votre frère.
Dans les remparts thébains je veux bien le souffrir;
Mais, du moins, à mes yeux qu'il craigne de s'offrir.

Je crois, par cet arrêt, écouter l'indulgence.

CRÉON.

Telle est votre faveur! quelle est votre vengeance?
D'un frère et d'un ami voilà donc les adieux!
Sur vos prospérités puissent veiller les Dieux!
Puissent-ils m'épargner la douleur de vous plaindre!
Mais, si par des retours qu'un roi même doit craindre,
Les destins sur OEdipe étendent leur courroux,
Pour essuyer vos pleurs je serai près de vous.

(Il sort.)

SCÈNE IV.

OEDIPE, JOCASTE, LE CHOEUR.

JOCASTE.

Vous avez entendu son adieu magnanime:
Contre lui, cependant, quel sujet vous anime?
Sur vos jours glorieux pourrait-il attenter?

OEDIPE.

Oui. Ce Tirésias, qu'il m'a fait consulter,
Du meurtre de Laïus ose accuser OEdipe!

JOCASTE.

De vos dissensions voilà donc le principe!
D'un aveugle devin les frivoles discours
Du long bonheur d'OEdipe ont pu troubler le cours!
A de justes mépris livrez-vous sans scrupule:
Ces mortels qui, trompant la faiblesse crédule,

Prétendent dévoiler l'avenir à nos yeux,

Sont de vils imposteurs parés du nom des Dieux.

Laïus, en écoutant leur crainte tyrannique,

Sans préserver ses jours, perdit son fils unique.

On citait d'Apollon l'oracle solennel;

On menaçait ce fils du meurtre paternel;

Souvenir déchirant! sa tremblante paupière

N'était pas même encore ouverte à la lumière:

Des pontifes affreux, par le zèle endurcis,

Près du lit d'une mère ont condamné son fils.

Ils étaient criminels pour éviter un crime.

Il semblait qu'en naissant l'innocente victime

D'un funeste avenir pressentît la douleur;

Et son premier soupir fut le cri du malheur.

OEDIPE.

Mais du meurtre d'un père a-t-il été complice?

JOCASTE.

Qui? lui! mon fils! Un père ordonna son supplice;

Arraché de mes bras, à la mort destiné,

Mon fils, en un désert, périt abandonné.

Laïus, durant le cours d'un sinistre voyage,

Rencontra des brigands, et tomba sous leur rage:

C'était loin de nos murs, en un triple chemin;

Mon fils n'eut point de part à cet acte inhumain.

C'est un crime étranger que cette ville expie;

Tout prophète est menteur, et tout oracle impie;

Les célestes arrêts n'ont point d'obscurité;

Les Dieux d'un trait divin marquent la vérité.

OEDIPE.

Qu'avez-vous dit, Jocaste?

JOCASTE.

Éclaircissez ce trouble.

OEDIPE.

En voulant le calmer, chaque mot le redouble.

JOCASTE.

Quel mot, dans mes discours, l'aurait donc redoublé?

OEDIPE.

En un triple chemin Laïus fut immolé!

JOCASTE.

Ainsi l'on raconta cet horrible homicide.

OEDIPE.

Mais où fut-il commis?

JOCASTE.

En Phocide.

OEDIPE.

En Phocide!

JOCASTE.

A l'endroit où Daulis se présente aux regards,
Où Delphes sur les monts prolonge ses remparts.

OEDIPE.

En quel temps?

JOCASTE.

La nouvelle était encor récente
Quand vous vîntes régner sur Thèbes gémissante.

OEDIPE.

Quels sont, ô Jupiter, tes ordres révérés?

JOCASTE.

Vous frémissez! pourquoi?

OEDIPE.

Bientôt vous le saurez.
Mais, avant, de Laïus dépeignez-moi l'image.

JOCASTE.

Il n'était point flétri par les rides de l'âge;
Et, malgré la vieillesse, on voyait dans ses yeux
Étinceler encor le sang des demi-Dieux;
Sur son front héroïque, en sa démarche altière,
La majesté d'un roi se peignait tout entière:
Le dirai-je?... souvent j'ai cru revoir en vous
Les yeux, le port, les traits de mon premier époux.

OEDIPE.

Ai-je, sans le savoir, prononcé ma sentence?

JOCASTE.

Pour vous d'un tel rapport quelle est donc l'importance?

OEDIPE.

Le prophète aurait-il deviné mon destin?
Encore un mot: fixez mon esprit incertain.

JOCASTE.

Expliquez-vous.

OEDIPE.

Laïus, en quittant ses provinces,
Avait-il cet éclat qui distingue les princes?
Des soldats devant lui répandaient-ils l'effroi?

JOCASTE.

Cinq guerriers seulement suivaient le char du roi.

OEDIPE.

C'était lui!

JOCASTE.

Quel mystère! et qu'allez-vous m'apprendre?

OEDIPE.

Un témoin vous a dit ce que je viens d'entendre?

JOCASTE.

Un compagnon du roi.

OEDIPE.

Ne fut-il point frappé?

JOCASTE.

Blessé légèrement, il est seul échappé.

OEDIPE.

Est-il dans ce palais?

JOCASTE.

Non: quand votre vaillance
De Laïus au tombeau vous donna la puissance,
Quand Thèbes vous nomma son maître et mon époux,
Les yeux baignés de pleurs, Phorbas à mes genoux
Me pria de souffrir qu'en un rustique asile
Il cachât sa présence à la cour inutile,
Se réservant encor, pour ses derniers instants,
La garde des troupeaux, soin de ses premiers ans.
J'ai rempli les désirs d'un serviteur fidèle:
C'est le moindre bienfait que méritait son zèle.

OEDIPE.

Ordonnez qu'au plus tôt il se rende en ces lieux.

JOCASTE.

J'y consens ; mais pourquoi ce désir curieux ?
Qu'importe ce vieillard ?

OEDIPE.

Il vit périr son maître.

JOCASTE.

Que dira-t-il de plus ?

OEDIPE.

Ce que j'ai fait peut-être.

JOCASTE.

A ma tendresse au moins daignez vous confier ;
Dites-moi quel secret peut tant vous effrayer.

OEDIPE.

Vous allez concevoir et partager ma crainte.
Je naquis héritier du sceptre de Corinthe ;
Cependant, jeune encor, j'ai quitté sans retour
Et Polybe et Mérope, à qui je dois le jour.
Ils m'aiment ; loin de moi la douleur les accable.
Mais un de leurs sujets, heureusement coupable,
M'a fait abandonner les foyers paternels :
Cet homme osa me dire, en des jeux solennels,
Que Mérope et le roi ne m'avaient point fait naître.
Je rougis de l'affront que je leur fis connaître ;
Tous deux loin de leur cour bannirent l'imposteur.
Un soupçon toutefois s'éleva dans mon cœur :
Je partis, résolu de consulter encore
L'oracle d'Apollon qu'à Delphes on implore.
J'aborde avec respect ce trépied souterrain,

Ces feux toujours veillans sur des autels d'airain;
Du laurier solennel je couronne ma tête:
Qui suis-je? ô Cinthien! Dieu du jour! Dieu prophète!
Des destins, m'écriai-je, apprends-moi le secret.
Déjà muet, craintif, j'attendais mon arrêt;
Déjà la Pythonisse, errante, échevelée,
Sous le pouvoir du dieu gémissait accablée:
Sur le trépied fatal je la vis tressaillir,
Les autels se voiler, les feux sacrés pâlir;
La foudre à longs replis vint sillonner les ombres;
La terre au loin trembla dans les cavernes sombres;
Et des flancs du rocher, qu'habite un saint effroi,
J'entendis retentir et monter jusqu'à moi
Ces mots affreux: OEdipe égorgera son père.

JOCASTE.

OEdipe? ô ciel!

OEDIPE.

OEdipe épousera sa mère.
OEdipe produira des enfans odieux.

JOCASTE.

Quel oracle!

OEDIPE.

En quittant ces formidables lieux,
Certain de ma vertu, je conçois l'espérance
D'échapper au destin à force de prudence,
D'enchaîner l'avenir, de triompher du dieu,
Et je dis à Corinthe un éternel adieu.

JOCASTE.

Je respire!

OEDIPE.

Ah! tremblez. Aux champs de la Phocide,
De ce triple chemin, route affreuse, homicide,
Un voyageur osa me disputer l'accès.
Vous m'avez peint son âge et sa taille et ses traits.
Il était sur un char: cinq guerriers de sa suite
Voulurent, mais en vain, me contraindre à la fuite;
Le vieillard me frappa d'un coup mal assuré;
Je m'élançai soudain, de vengeance altéré;
Irrité par le nombre et devenu terrible,
Je frappai le vieillard d'un coup plus infaillible.

JOCASTE.

Il périt?

OEDIPE.

Il périt. Ses compagnons blessés,
A mes pieds tour à tour tombèrent renversés.

JOCASTE.

Dieux!

OEDIPE.

Si ce voyageur, ce vieillard vénérable
Était... concevez-vous un sort plus déplorable?
Nul Thébain désormais ne peut me recevoir:
Plus d'asile pour moi; plus d'amis, plus d'espoir:
L'arrêt, l'arrêt terrible est sorti de ma bouche:
Un roi fut ma victime, et j'ai souillé sa couche.
Tous mes jours sont flétris, tous mes pas sont impurs.

Quel parti prendre, ô Ciel? fuir à jamais ces murs...
Fuir! où fuir, malheureux? chez les miens? et qu'y faire?
Au sein de mon pays mettre un pied téméraire!
Pourquoi? pour m'y baigner dans le sang paternel!
Pour unir à ma mère un enfant criminel?
Grands Dieux, qui dans vos mains tenez ma destinée,
Épargnez-moi ce sang, cet horrible hyménée;
Frappez: l'heureux OEdipe, à l'abri des forfaits,
En tombant sous vos coups bénira vos bienfaits!

JOCASTE.

Dans vos prospérités mettez plus d'assurance.

OEDIPE.

J'ose écouter encore une ombre d'espérance:
J'étais seul à Daulis, en ce fatal chemin
Où mon bras indigné versa du sang humain;
Seul.

JOCASTE.

   Eh bien?

OEDIPE.

      Quand Laïus périt sur cette route,
Phorbas l'accompagnait; il a dit vrai sans doute;
Et, si par des brigands le Roi fut égorgé,
Ah! peut-être sur eux ma main l'aura vengé.

JOCASTE.

Oui, Phorbas a parlé; c'est lui qu'il faut en croire:
Thèbes de son rapport conserve la mémoire;
Vous l'entendrez lui-même; et, sans plus de délais,
Je vais mander Phorbas; rentrons dans le palais.

Bannissez, cher époux, la crainte qui vous presse ;
D'Apollon, consulté, qu'avait dit la prêtresse ?
Par la main de son fils, Laïus devait périr :
Ce fils, ô Cithéron, tes bois l'ont vu mourir :
Delphes, pour le sauver, fut stérile en miracles :
C'est un trépied menteur qui rendit vos oracles.
La fortune avec vous a toujours combattu ;
Reposez-vous sur elle et sur votre vertu.

(Elle sort avec OEdipe.)

SCÈNE V.

LE CHOEUR.

Conduis-nous, ô Minerve ! éclaire-nous sans cesse.
Puissions-nous conserver, par tes heureux secours,
  Dans nos mœurs l'austère sagesse,
  La sainteté dans nos discours !
En un muet effroi que notre âme révère
  Ces lois dont l'Olympe est le père,
Ces immuables lois qui descendent des cieux,
Faites sans les humains, des humains souveraines,
  Des Dieux mêmes contemporaines,
  Éternelles comme les Dieux.

On méconnaît en vain la suprême justice.
Un roi, de ses grandeurs se laissant enivrer,
  Tombé du faîte au précipice,
Fléchit sous un pouvoir qu'il feignait d'ignorer.
  Nous, plus soumis et plus sincères,

Aux Dieux vengeurs du peuple, à ces Dieux nécessaires,
    Offrons un hommage épuré.

Malheur à qui, du ciel blessant le privilège,
Foule aux pieds ses décrets, arbitres des humains!
    A l'usurpateur sacrilège
Qui s'ouvrit, pour régner, d'homicides chemins!
    Au courtisan pusillanime
Qui, pour les voluptés, pour les trésors du crime,
    Dans le crime a trempé ses mains!

Et pourquoi nous mêler aux danses, aux cantiques?
Pourquoi de jeux sacrés, de larmes et d'encens,
    A Delphes, aux champs olympiques,
    Fatiguer des dieux impuissans?
Leurs oracles sont vains, et l'on cesse d'y croire;
    Apollon, déchu de sa gloire,
Voit mépriser l'arrêt qu'a dicté son autel.
Jupiter, sous tes lois si le monde respire,
    Roi des Dieux, prouve ton empire;
    Révèle ton règne immortel.

ACTE IV.

SCÈNE PREMIÈRE.

JOCASTE, LE CHOEUR, JEUNES THÉBAINES.

JOCASTE.

Redoutant du devin la menace frivole,
Le Roï n'écoute plus ma voix qui le console;
Et, tel que dans l'orage un pilote égaré,
Il répand la frayeur dont il est pénétré.
Jeunes filles, portez cet encens, ces offrandes;
Aux autels d'Apollon suspendez ces guirlandes,
Et bientôt, sur vos pas, moi-même à ses genoux
J'irai... mais un vieillard s'avance auprès de nous.

(Les jeunes Thébaines s'en vont.)

SCÈNE II.

JOCASTE, POLICLÈS, LE CHOEUR.

POLICLÈS.

Enseignez-moi, Thébains, le palais de vos princes.

Je veux parler au roi qui régit ces provinces.

LE CHOEUR.

Vous voyez son épouse, et voici son palais.

POLICLÈS, à Jocaste.

Daignent sur vous les Dieux verser tous leurs bienfaits!

JOCASTE.

Puissent nos vœux du moins apaiser leur colère!

POLICLÈS.

Elle est bien loin d'OEdipe; OEdipe a su leur plaire.

JOCASTE.

Et qui donc êtes-vous, généreux étranger?

POLICLÈS.

Mon nom est Policlès, et je suis un berger.

JOCASTE.

Votre pays?

POLICLÈS.

Corinthe; et Mérope m'envoie
Pour apporter ici la douleur et la joie.

JOCASTE.

La joie et la douleur! Mérope! expliquez-vous.

POLICLÈS.

Ah! n'ayez point de crainte. OEdipe, votre époux,
Doit être par le peuple élu roi de Corinthe.

JOCASTE.

En me l'interdisant, vous m'inspirez la crainte.
Polybe n'est plus roi!

POLICLÈS.

Polybe est au cercueil.

JOCASTE.

Hélas! de mon époux vous augmentez le deuil.
Rassurons cependant sa pieuse tendresse:
Que l'on cherche le Roi, qu'il vienne, qu'il se presse.
Qu'êtes-vous maintenant, vains oracles des Dieux!
Pour ne point se souiller par un meurtre odieux,
Un fils, loin de Polybe, en gémissant s'exile;
Et sous le poids des ans Polybe meurt tranquille!

SCÈNE III.

JOCASTE, ŒDIPE, POLICLÈS, LE CHŒUR.

ŒDIPE.

Un désastre nouveau viendrait-il m'accabler?

JOCASTE.

Écoutez ce vieillard: cessez de vous troubler.

ŒDIPE.

Se peut-il qu'à sa voix mon trouble se dissipe?

JOCASTE.

Le sceptre de Corinthe attend l'heureux ŒEdipe.

ŒDIPE.

Mais Polybe mon père est roi de ce séjour.

POLICLÈS.

Polybe ne voit plus la lumière du jour.

ŒDIPE.

Quel mal, quel accident l'enlève à ma tendresse?

POLICLÈS.

Le plus puissant des maux : l'incurable vieillesse.

OEDIPE.

O Delphes! dans tes murs qui voudra désormais
De l'autel prophétique implorer les décrets?
Verra-t-on maintenant la piété craintive
Écouter, observer d'une oreille attentive,
Les chants mystérieux du peuple ailé des airs?
Mes crimes prétendus sont au fond des enfers :
Sur les pas de Polybe ils viennent d'y descendre.
Mais ne puis-je donner des larmes à sa cendre?
Quoi, mon père n'est plus! et moi, fils odieux,
J'ose de son trépas remercier les Dieux!

JOCASTE.

Il vous reste son peuple; et ce peuple est fidèle.

OEDIPE.

Il me reste une mère. Ah! du moins puisse-t-elle
Ne point courber son front sous des Dieux irrités,
Et ne jamais survivre à ses prospérités!
Je n'irai point, Jocaste, affronter sa présence.

JOCASTE.

Le ciel ordonne-t-il cet excès de prudence?
Cher OEdipe, un mortel, qui se dit inspiré,
Vous rend-il innocent, ou coupable, à son gré?
L'inceste est-il plus vrai que n'est le parricide?
Au fond de votre cœur votre avenir réside :
Une veuve, une mère, en proie à ses douleurs,
Attend la main d'un fils pour essuyer ses pleurs.

POLICLÈS.

De Corinthe au plus tôt revoyez le rivage.

OEDIPE.

Une femme, étranger, m'interdit ce voyage.

POLICLÈS.

Quelle femme en nos murs vous cause tant d'effroi ?

OEDIPE.

Mérope, qui jadis épousa votre roi.

POLICLÈS.

Mérope? ô ciel! comment pourrait-elle vous nuire?

OEDIPE.

Les Dieux par un oracle ont daigné m'en instruire.

POLICLÈS.

Quel est donc cet oracle, et qu'a-t-il annoncé?

OEDIPE.

Le crime et le malheur. Je me vois menacé
De porter sur mon père une main criminelle,
Menacé de flétrir la couche maternelle.

POLICLÈS.

Ainsi, pour conjurer les destins en courroux...

OEDIPE.

De mes plus chers parens j'ai fui l'aspect si doux.

POLICLÈS.

Pourquoi vous imposer un exil tyrannique?

OEDIPE.

Je vous l'ai dit : la crainte en fut la cause unique.

POLICLÈS.

D'une vaine frayeur je puis vous délivrer.

OEDIPE.

Malgré la voix des Dieux m'osez-vous rassurer?

POLICLÈS.

Mérope à vos destins fut toujours étrangère.

OEDIPE.

Polybe son époux...

POLICLÈS.

N'était point votre père.

OEDIPE.

Du nom sacré de fils Polybe m'a flatté.

POLICLÈS.

Polybe dès long-temps vous avait adopté.

OEDIPE.

Qui le déterminait à cacher ma naissance?

POLICLÈS.

Ses fils morts, le besoin d'affermir sa puissance.

OEDIPE.

Quel étonnant secret! qui donc l'a dévoilé?

POLICLÈS.

Polybe. En expirant il a tout révélé.

OEDIPE.

Et nul autre que lui ne savait ce mystère?

POLICLÈS.

Seul du secret du roi j'étais dépositaire.

OEDIPE.

Seul! et par quels moyens y fûtes-vous admis?

POLICLÈS.

A Polybe autrefois mes mains vous ont remis.

OEDIPE.

C'est donc vous, ô vieillard, vous qui m'avez fait naître?

POLICLÈS.

Non.

OEDIPE.

Quels sont mes parens?

POLICLÈS.

Je n'ai pu les connaître.

OEDIPE.

Quoi! leur nom, leur destin, tout m'est-il enlevé?

POLICLÈS.

Je ne sais que les lieux où vous fûtes trouvé.

OEDIPE.

Trouvé! quels sont ces lieux témoins de mon enfance?

POLICLÈS.

Sur le mont Cithéron, délaissé sans défense...

JOCASTE.

Ciel!

OEDIPE.

Achevez.

POLICLÈS.

Des cris d'une plaintive voix
Vous perciez faiblement la profondeur des bois.
J'approche; un dieu sans doute auprès de vous m'amène:
Des liens suspendus aux rameaux d'un vieux chêne
Nouaient les pieds sanglans d'un enfant malheureux.

OEDIPE.

Vous pâlissez, Jocaste, à ce récit affreux!

24.

POLICLÈS.

Vos pieds de ces liens portent les cicatrices.

OEDIPE.

Ah! je reconnais trop ces funestes indices!

POLICLÈS.

Le nom d'OEdipe, enfin, qui vous est demeuré,
Des maux de votre enfance est un gage assuré.

OEDIPE.

Vous sauvâtes mes jours?

POLICLÈS.

Si j'eus cet avantage,
Instruit de vos destins, un autre le partage.

OEDIPE.

Et qui donc?

POLICLÈS.

Un mortel né dans les champs thébains.
Il détacha vos nœuds, vous remit en mes mains,
Me dit, baigné de pleurs et glacé par la crainte:
« Recueillez cet enfant ; menez-le dans Corinthe;
« Par des parens cruels il est sacrifié... »

OEDIPE.

Quel était ce thébain sensible à la pitié?

POLICLÈS.

Un berger de Laïus.

OEDIPE.

Et son nom?

POLICLÈS.

Je l'ignore;

Mais dans mon souvenir son image est encore.

OEDIPE.

Eh! qui dissipera ces nuages confus?
Qui pourra m'indiquer ce berger de Laïus?
Thébains, dirigez-moi dans ma route incertaine.

LE CHOEUR.

Un berger de Laïus! interrogez la Reine.

JOCASTE.

OEdipe, au nom du ciel, ne m'interrogez pas.

LE CHOEUR.

Vous saurez tout peut-être; on amène Phorbas.

OEDIPE.

Phorbas!

LE CHOEUR.

            Il fut pasteur.

JOCASTE.

                    Évitez sa présence.

OEDIPE.

Vous pleurez!

JOCASTE.

            D'Apollon redoutez la vengeance.
Nous avons irrité l'inexorable dieu.

OEDIPE.

Je connaîtrai mon sort.

JOCASTE.

                    Vous le voulez: adieu.

OEDIPE.

Vous fuyez un époux!

JOCASTE.

Quel nom terrible et tendre!
Je ne puis plus vous voir, vous ¡parler, vous entendre.
O de tous les humains le plus infortuné!
Enfant né pour le trône, en naissant condamné,
Un envieux destin vous entoura de pièges.
Périssent l'hyménée et ses feux sacrilèges,
Et la mère, et l'épouse, et son coupable amour,
Et le sein malheureux qui vous donna le jour!

(¡Elle sort.)

SCÈNE IV.

OEDIPE, POLICLÈS, PHORBAS, LE CHOEUR.

OEDIPE.

Quel sombre adieu! Pourquoi des sanglots et des larmes?
Quel mélange d'horreur, de tendresse et d'alarmes!
Frémir au nom d'époux! Je vois que sa fierté
S'indigne en rougissant de mon obscurité.
N'importe. De mon sort fixons l'incertitude,
Dussé-je en mon berceau trouver la servitude.
Par un fils couronné des esclaves chéris
Pourront m'aimer du moins et m'appeler leur fils.

PHORBAS.

Devant le roi de Thèbe à quoi bon me conduire?

OEDIPE.

Sur la mort de Laïus tu peux seul nous instruire.

PHORBAS.

Ciel!

OEDIPE.

Approche. Quels traits! Où donc les ai-je vus?

PHORBAS.

A Daulis.

OEDIPE.

A Daulis!

PHORBAS.

Où je suivais Laïus.

OEDIPE.

Tu fus blessé?

PHORBAS.

Par vous.

OEDIPE.

Je suis donc l'homicide!
Mes heureux compagnons sont morts dans la Phocide.
Pour un affreux destin j'ai conservé le jour.

POLICLÈS, regardant Phorbas.

Est-ce lui?

OEDIPE.

Lorsqu'après tu revis ce séjour,
Tu dis que des brigands avaient frappé ton maître?

PHORBAS.

J'ai commis cette faute : il le fallait peut-être.

OEDIPE.

Pourquoi?

PHORBAS.

Je vous ai vu; jugez de mon effroi :
Vous possédiez le trône et l'épouse du roi;
Thèbes vous entourait de sa reconnaissance.
Comment parler? j'ai fui loin de votre puissance;
Sous un rustique toit mes jours étaient cachés :
J'y gardais mon secret, et vous me l'arrachez!

OEDIPE.

C'en est fait!

POLICLÈS.

C'est lui-même. Il est glacé par l'âge;
Ses cheveux sont blanchis : mais plus je l'envisage...

OEDIPE.

Phorbas vous est connu?

PHORBAS.

Que veut cet étranger?

POLICLÈS.

C'est lui, roi des Thébains, c'est ce même berger...

OEDIPE.

Est-il vrai?

POLICLÈS.

Qui jadis me remit votre enfance.
Il peut de vos parens vous donner connaissance.

PHORBAS.

Moi! craignez d'écouter, éloignez l'imposteur.

POLICLÈS.

Des troupeaux de Laïus n'étiez-vous point pasteur?

PHORBAS.

Oui.

POLICLÈS.

Du mont Cithéron vous recherchiez les ombres :
Je guidais, comme vous, dans ces profondeurs sombres,
Les troupeaux dé Polybe, à mes soins confiés.

PHORBAS.

Pourquoi retracez-vous des temps presque oubliés?

POLICLÈS.

Non, je ne croirai pas que votre cœur oublie
L'enfant qui, sans nous deux, allait perdre la vie.

PHORBAS.

Qu'as-tu dit!

POLICLÈS.

Cet enfant règne aujourd'hui sur vous.

PHORBAS.

Ah! puisses-tu des Dieux éprouver le courroux!

OEDIPE.

Réponds sans te permettre un vœu si téméraire.

PHORBAS.

Il parle en imprudent; il dit ce qu'il doit taire.

OEDIPE.

Tu parleras toi-même, et fût-ce malgré toi.

PHORBAS.

Épargnez un vieillard; que voulez-vous de moi?

OEDIPE.

As-tu livré l'enfant?

PHORBAS.

Mes mains le délièrent.

OEDIPE.

Au berger que tu vois tes mains le confièrent?

PHORBAS.

A lui. Ce jour fatal eût dû finir mes jours.

OEDIPE.

Suis-je ton fils?

PHORBAS.

Mon fils, exposé sans secours!

OEDIPE.

L'enfant fut exposé?

PHORBAS.

Par un ordre suprême.

OEDIPE.

Qu'ordonnait-on?

PHORBAS.

Sa mort.

OEDIPE.

Qui?

PHORBAS.

Son père lui-même.

OEDIPE.

Quelle raison dictait cet arrêt odieux?

PHORBAS.

La peur de l'avenir, un oracle des Dieux.

OEDIPE.

Où naquit cet enfant?

PHORBAS.

Ces remparts l'ont vu naître.

OEDIPE.

Il est né d'un Thébain, d'un esclave peut-être?

PHORBAS.

Plût au ciel!

OEDIPE.

Sous le chaume?

PHORBAS.

Au palais de Laïus.

OEDIPE.

Et de qui?

PHORBAS.

Par pitié, n'exigez rien de plus.

OEDIPE.

De qui?

PHORBAS.

Voyez la Reine; elle sait tout.

OEDIPE.

Son père?

PHORBAS.

Son père était Laïus; Jocaste était sa mère.

LE CHOEUR.

Dieux puissans!

OEDIPE.

Inhumains, pourquoi me secourir?
Vous étiez moins cruels en me laissant mourir.

PHORBAS.

Prenez nos derniers jours.

OEDIPE.

Je vous ferai justice.

Craignez mon désespoir; fuyez votre supplice.
Mes forfaits sont connus; les oracles certains:
Les voiles déchirés: j'ai rempli mes destins.
Celui qui m'a fait naître a péri ma victime;
Sous le toit de Laïus je vis au sein du crime;
Il faut venger son ombre, et les Dieux et les lois;
O soleil! je t'ai vu pour la dernière fois.

(Il sort avec Policlès et Phorbas.)

SCÈNE V.

LE CHOEUR.

Gloire, édifice mobile,
Élevé sur le néant;
O félicité fragile,
Éclair qui luis un instant;
OEdipe est éclipsé; vous fuyez loin d'OEdipe.
Il fut grand; il fut roi; tant d'éclat se dissipe:
Un souffle des destins a terni sa splendeur.
Ah! pour Thèbes consternée
Quelle humaine destinée
Aura le nom de bonheur?

OEdipe! à nos rives tremblantes

Ta généreuse main prodiguant les bienfaits,
De l'aigle altéré de forfaits
Abattit les ailes sanglantes :
Mais, au sommet de ton pouvoir,
La foudre a plané sur ta tête ;
Tu t'écroules sous la tempête,
Submergé dans l'opprobre et dans le désespoir.

Ton sort fut-il jamais prospère ?
C'est dans la même couche, et dans le même sein,
Qu'un incestueux assassin
Se vit enfant, époux et père !
Ah ! comment le lit paternel
N'a-t-il pas demandé vengeance ?
Comment souffrait-il la présence
D'un enfant, d'un époux, d'un père criminel ?

Le temps sévère, mais juste,
Tenant l'œil toujours ouvert,
Hymen, de ton voile auguste
A vu l'inceste couvert.
Qui viendra maintenant dissiper nos ténèbres ?
Sans toi, fils de Laïus, en ces remparts funèbres,
Tous les yeux se fermaient au soleil qui nous luit ;
Mais le héros tutélaire
Qui nous rendit la lumière,
Nous replonge dans la nuit.

ACTE V.

SCÈNE PREMIÈRE.

LE GRAND-PRÊTRE, LE CHOEUR.

LE GRAND-PRÊTRE.

ÉLITE des Thébains, déjà sur ces rivages
Un fléau destructeur n'étend plus ses ravages;
Les Dieux sont apaisés, mais, hélas! à quel prix!
Comment annoncerai-je à vos cœurs attendris
Tous les maux rassemblés dans ces lieux homicides?
Les fleuves des États soumis aux Labdacides
N'ont point assez de flots pour laver les forfaits
Qui du fils d'Agénor ont souillé le palais.

LE CHOEUR.

Expliquez-vous.

LE GRAND-PRÊTRE.

Jocaste a vu son jour suprême.
Elle a reçu la mort.

LE CHOEUR.

Ciel! de qui?

LE GRAND-PRÊTRE.

D'elle-même.

LE CHŒUR.

La Reine?

LE GRAND-PRÊTRE.

Pâle et sombre, elle quittait ces lieux;
Ses longs regards semblaient prononcer des adieux.
Seule, au fond du palais elle s'est retirée;
Elle a fermé la chambre à l'hymen consacrée.
C'est là que, suppliante, elle adresse, à genoux,
Des vœux et des sanglots à son premier époux;
Elle invoque, en pleurant, la couche solennelle,
Autrefois vertueuse, aujourd'hui criminelle,
Où, sur la foi d'hymen et des autels chéris,
Au fils de son amour elle a donné des fils.
OEdipe, cependant, que la fureur entraîne,
Ignorant, comme nous, le destin de la Reine,
Veut au moins, par le glaive, échapper au remord;
Il implore à grands cris le bienfait de la mort;
Il demande à revoir une épouse trop chère,
La mère de ses fils, hélas! qui fut sa mère.
A ses vaines clameurs on ne répondait pas.
Mais je ne sais quel dieu précipitait ses pas:
Sous l'effort de ses mains conduites par la rage,
La porte, en se brisant, laisse un libre passage;
Il entre: autour de lui nous courons effrayés;
Il appelle Jocaste; elle était à ses pieds.
La mort décolorait son front sans diadême;

Cet éclatant tissu, marque du rang suprême,
Prêtant au désespoir un horrible secours,
De ses jours malheureux avait tranché le cours.
Tout gémit. Le Roi seul, dans un affreux silence,
Contemple ces débris, et tout-à-coup s'élance :
Une agrafe où brillaient l'or et les diamans,
Et qui de votre reine ornait les vêtemens,
Devenant pour OEdipe une arme meurtrière,
De ses yeux déchirés arrache la lumière.
Leurs vestiges encore, attestant ses douleurs,
Avec des flots de sang laissaient tomber des pleurs.
Des maux que peut unir la colère céleste
Nul aujourd'hui ne manque à ce couple funeste,
Modèle d'un bonheur qui s'est évanoui,
D'infortune et de crime assemblage inoui.

LE CHOEUR.

Et maintenant OEdipe est délaissé peut-être ?
Que fait-il ?

LE GRAND-PRÊTRE.

Devant vous OEdipe va paraître.
Il veut, hors du palais, avant de fuir ces lieux,
Étaler au grand jour, montrer à tous les yeux,
Le fils deux fois coupable, et la tête proscrite
Sur qui des immortels la vengeance est écrite ;
Celui qui de son père a tranché les destins ;
Qui de sa mère... On ouvre ; et le voici, Thébains.
Contemplez votre roi. Le malheur qui l'accable
Arracherait des pleurs à la haine implacable.

LÉ CHŒUR.

O spectacle effrayant, mais digne de pitié!
Ah! quel que soit le crime, il est trop expié!

SCÈNE II.

OEDIPE, LE GRAND-PRÊTRE, LE CHŒUR.

OEDIPE.

Ciel! où fuir? où traîner mon existence affreuse?
Où suis-je? et quelle est donc cette voix généreuse?
O Fortune, où vas-tu? Gloire, où m'as-tu conduit?

LE CHŒUR.

Dans l'abîme des maux.

OEDIPE.

O longue, ô sombre nuit!
Immense obscurité! ténèbres éternelles!

LE CHŒUR.

Cher OEdipe!

OEDIPE.

C'est vous? vous, mes amis fidèles?

LE CHŒUR.

Avec tant de rigueur quel dieu vous a puni?

OEDIPE.

Apollon commandait; mes mains ont obéi.

LE CHŒUR.

O décret inhumain! fatale obéissance!

OEDIPE.

Périsse le cruel qui, durant mon enfance,
Sauva dans les forêts OEdipe abandonné,
Et brisa les liens dont j'étais enchaîné!
C'est lui qui m'a rendu meurtrier de mon père,
Frère de mes enfans, et mari de ma mère.

LE CHOEUR.

Votre supplice, OEdipe, est pire que la mort.

OEDIPE.

Ah! tout blessait ma vue; et, même au sombre bord,
J'aurais de mes parens trouvé l'aspect funeste:
Ici, qu'aurais-je vu? les enfans de l'inceste,
Thèbes, ses murs, ses tours, ses temples et ses dieux.
Tout ne fut-il donc pas interdit à mes yeux?
J'ai prononcé l'arrêt; et je suis la victime.
Oui, j'ai cessé de voir les témoins de mon crime;
Mais je puis les entendre, et c'est mon désespoir.
Cithéron! dans tes bois pourquoi me recevoir,
Ou ne pas m'engloutir sous ton ombre éternelle?
O Corinthe! ô maison que je crus paternelle!
Polybe, en fils de roi devais-tu m'élever?
Était-ce un assassin qu'il fallait conserver?
O chemin de Daulis! ô Delphes! ô Phocide!
De quel sang j'abreuvai ton sentier parricide!
Hymen, horrible hymen! toi qui m'as enfanté,
C'est toi qui rends OEdipe aux flancs qui l'ont porté.
Tu produis, tu confonds des frères et des pères,
Des fils et des époux, des femmes et des mères;

Tout ce qui des humains peut exciter l'effroi,
Des forfaits, des malheurs inconnus avant moi!
Amis, délivrez-moi du fardeau de la vie:
Approchez. Craignez-vous de toucher un impie?
Mes crimes, mes tourmens, n'iront pas jusqu'à vous:
Terminez-les.

LE GRAND-PRÊTRE.

Créon s'avance auprès de nous.
Il vient pour vous prêter un appui secourable.

OEDIPE.

Hélas! envers Créon je fus aussi coupable.

SCÈNE III.

OEDIPE, CRÉON, LE GRAND-PRÊTRE, LE CHOEUR, LES DEUX FILLES D'OEDIPE.

CRÉON.

Je ne viens pas, OEdipe, en ces extrémités,
Insulter sans pudeur à vos calamités.
Vous, Thébains, du soleil respectez la lumière:
N'étalez point aux yeux de cette ville entière
Son roi que les destins ont privé sans retour
Des saintes eaux du ciel et des rayons du jour.
Ce palais fut le sien: qu'on ouvre les portiques.
Des parens, réunis dans les maux domestiques,
Prodiguent aux parens des soins consolateurs,
Et par des pleurs au moins répondent à des pleurs.

OEDIPE.

Ainsi votre vertu punit mon injustice !

Vengez-vous, ô Créon, par un dernier service ;

Non pas en me rouvrant le palais de Laïus ;

Mon aspect l'a souillé : je n'y rentrerai plus.

Je demande une grâce. Ai-je droit de l'attendre ?

CRÉON.

Oui. Tout ce que les Dieux n'ont pas voulu défendre.

OEDIPE.

Ne songez point à moi : daignez de votre sœur

Recueillir les débris, étendus sans honneur.

OEdipe, loin d'ici cachant son existence,

De ses parens, trop tard, subira la sentence.

J'irai sur ma colline, encore abandonné,

Retrouver le tombeau qu'ils m'avaient destiné.

Mes fils, du sort jaloux bravant le long outrage,

Seront, avec le temps, les fils de leur courage

Mais que seront, grands Dieux ! mes filles, qui toujours

Dans les bras paternels voyaient couler leurs jours ?

Qui toujours recevaient d'une bouche innocente

L'aliment préparé par ma main caressante ?

Ah ! prenez-en pitié. Ne puis-je, en ces momens,

Les couvrir de mes pleurs, de mes embrassemens ?

Pour la dernière fois les presser, les entendre ?

Ciel ! de faibles sanglots ! un cri naïf et tendre !

Est-ce vous, mes enfans ?

CRÉON.

        J'ai deviné vos vœux.

OE D I P E.

Pour prix de vos bienfaits, ayez un règne heureux.
Oh! oui. Je les entends. Mais, hélas! où sont-elles?
Mes filles, approchez de ces mains paternelles;
Pressez, baisez ces mains, ces mains qui m'ont puni:
Je ne puis plus vous voir, ô filles d'un banni!
Je pleure... et de mes yeux c'est le dernier usage;
Je pleure, mais sur vous, mais sur votre héritage.
Si dans les jeux publics vous traînez vos malheurs,
Seules dans vos maisons vous reviendrez en pleurs.
Où seront vos époux? quelle famille amie
Osera, par l'hymen, s'unir à l'infamie?
Du meurtre de son père un père ensanglanté
Vous fit sortir des flancs qui l'avaient enfanté:
Vous entendrez les mots d'inceste et d'adultère;
Jamais les noms si doux et d'épouse et de mère.
Créon, vous remplacez et votre sœur et moi:
Aimez-les, ô Créon, donnez-m'en votre foi;
Qu'elles ne portent point la peine de mes crimes:
Désormais, d'un coupable innocentes victimes,
Pauvres, dans l'abandon, sans appui, sans époux,
Songez qu'elles n'ont rien, rien que le ciel et vous.
Oh! recueillez encor, vous, mes filles si chères,
Non des conseils perdus, mais des vœux, des prières:
Que vos paisibles jours soient bénis par les Dieux!
Thébains, de votre roi recevez les adieux.

(Il sort avec ses deux filles et Créon.)

SCÈNE IV.

LE GRAND-PRÊTRE, LE CHŒUR.

LE CHŒUR.

Cruel abaissement, que tant de gloire amène!

LE GRAND-PRÊTRE.

Le songe et le réveil: telle est la gloire humaine.

Le voilà ce héros, ce roi libérateur!

Égaré sur un trône, il rêva la grandeur.

Qu'en a-t-il conservé? la mémoire importune.

Près du bonheur extrême est l'extrême infortune;

Et nul homme, à l'abri de ces retours affreux,

Ne peut, avant sa mort, porter le nom d'heureux.

OEDIPE A COLONE,

TRAGÉDIE EN CINQ ACTES.

PERSONNAGES.

OEDIPE.
ANTIGONE.
POLYNICE.
THÉSÉE.
CRÉON.
LE CHOEUR.
ATHÉNIENS.
SOLDATS THÉBAINS.

OEDIPE A COLONE,

TRAGÉDIE.

ACTE PREMIER.

SCÈNE PREMIÈRE.

OEDIPE, ANTIGONE.

OEDIPE.

FILLE d'un père aveugle, ô ma chère Antigone!
Je n'irai pas plus loin; la force m'abandonne.
En quel lieu sommes-nous? n'est-il point habité?
N'y trouverai-je point, dans mon adversité,
Un secours nécessaire et quelque bienveillance?
Le plus faible tribut suffit à l'indigence :
L'habitude des maux les rend moins accablans.
Cherche un appui solide à mes pas chancelans.

ANTIGONE.

J'aperçois les débris d'un rocher solitaire.
Venez : asseyez-vous; reposez-vous, mon père.

OEDIPE.

Ah! j'en avais besoin. Demeure auprès de moi.

ANTIGONE.

Toujours; et de mon cœur c'est la plus douce loi.

OEDIPE.

Mais le nom de ce lieu?

ANTIGONE.

Moi-même je l'ignore.

Parmi les habitans aucun ne vient encore.

Je vois des oliviers, des pampres, des cyprès,

Une cité prochaine, ici quelques forêts.

Des filles de la nuit le temple respectable

S'élève, et sert d'entrée à ce bois formidable.

OEDIPE.

Quelle cité, ma fille, a frappé tes regards?

ANTIGONE.

Athènes, si j'en crois l'orgueil de ses remparts.

OEDIPE.

Athène! et c'est le bois des terribles déesses!

O ma fille! Apollon va remplir ses promesses.

Ici, près des remparts de l'auguste cité,

Il a marqué la fin de ma calamité.

Vous, qui ne punissez que les vrais parricides,

Accueillez votre OEdipe, ô chastes Euménides!

Je sais que les Thébains, que mes fils odieux

M'envîront le repos que j'espère en ces lieux:

Daignez donc me couvrir d'un regard tutélaire,

Et contre leurs efforts tournez votre colère.

ANTIGONE.

Que par son Antigone OEdipe consolé

D'un fatal souvenir ne soit plus accablé :
Qu'OEdipe, dans mes bras, vive heureux et tranquille !

OE DI PE.

O ma douce compagne et mon unique asile !
O d'un faible vieillard jeune et faible soutien !
Tes yeux furent mes yeux; mon exil fut le tien.
Les malheurs sur OEdipe ont épuisé leur rage,
Plus grands de jour en jour, mais moins que ton courage.
Des parens inhumains, des fils dénaturés,
Ont poursuivi mes jours aux larmes consacrés.
D'un père criminel fille innocente et pure,
Seule, seule pour moi tu sentis la nature.
J'ai des fils, des parens; je ne suis point proscrit :
Ah! de la main des Dieux ton bonheur est écrit.
Et ces Dieux, implorés par ma reconnaissance,
Ne m'auront pas en vain promis ta récompense.

ANTIGONE.

Je l'ai déjà, mon père; elle est auprès de vous :
Mais je vois des vieillards qui s'avancent vers nous.
L'humanité se peint sur leurs fronts vénérables,
Et sans doute à nos vœux ils seront favorables.
Tout mortel, à cet âge, instruit par le malheur,
Des mortels affligés sait plaindre la douleur.

SCÈNE II.

OEDIPE, ANTIGONE, LE CHOEUR.

LE CHOEUR.

Ciel! un aveugle assis sur cette roche aride!
Déplorable étranger, vierge au regard timide,
Que cherchez-vous tous deux en ce bois redouté?

ANTIGONE.

La pitié, des secours, et l'hospitalité.

OEDIPE.

Quel est le nom des lieux où le destin m'amène?

LE CHOEUR.

Vous êtes dans Colone, auprès des murs d'Athène.

OEDIPE.

Ma fille vous a fait un fidèle rapport.

LE CHOEUR.

D'un œil compatissant nous voyons votre sort.

OEDIPE.

Sans doute, parmi vous l'infortune est sacrée?

LE CHOEUR.

Thésée, un fils des Dieux, gouverne la contrée.

OEDIPE.

Et, digne d'un tel sang, ce prince est généreux?

LE CHOEUR.

Nous ne le vantons point; mais son peuple est heureux.

OEDIPE.

O monarque, en effet, né pour le rang suprême!

Ne peut-il un moment se rendre ici lui-même?

LE CHOEUR.

Vous serez satisfait; bientôt vous l'y verrez.
Aujourd'hui, visitant ces rivages sacrés,
Il vient au dieu des mers offrir un sacrifice.

OEDIPE.

Il entendra mes vœux.

LE CHOEUR.

Et leur sera propice.
Il soutient les mortels qui n'ont plus de soutien:
Mais vous, qui des héros désirez l'entretien,
Dites-nous quel pays, quel rang vous a vu naître?

OEDIPE.

O ma fille!

ANTIGONE.

Il se cache. A quoi bon le connaître?

OEDIPE.

Mon rang et mon pays?

LE CHOEUR.

Eh bien, vous hésitez?

ANTIGONE.

Ne vous suffit-il point de ses calamités?

OEDIPE.

Entre les Dieux et moi que mon secret repose.

LE CHOEUR.

Des maux que vous souffrez seriez-vous donc la cause?

OEDIPE.

Pourquoi concevez-vous des soupçons odieux?

LE CHOEUR.

Et pourquoi des secrets entre vous et les Dieux?

OEDIPE.

N'agravez point encor le tourment qui m'accable.

LE CHOEUR.

Sous ces tristes lambeaux cachez-vous un coupable?

OEDIPE.

Ah! ces tristes lambeaux sont les débris d'un roi.

LE CHOEUR.

De quelque dieu vengeur subissez-vous la loi?

OEDIPE.

Que ferai-je, Antigone?

ANTIGONE.

A peine je respire.

LE CHOEUR.

Votre nom? vos parens? quel était votre empire?

OEDIPE.

Croirai-je que mon nom pourra les désarmer?

ANTIGONE.

Hélas! à votre sort il faut vous conformer.

OEDIPE.

Forêts du Cithéron! vallon de la Phocide!
Infortune de Thèbe et du sang labdacide!

LE CHOEUR.

Vous êtes donc Thébain? du sang de Labdacus?

OEDIPE.

On vous aura parlé de ce fils de Laïus...

LE CHOEUR.

D'OEdipe! ô ciel!

OEDIPE.

C'est moi.

LE CHOEUR.

Vous, le coupable OEdipe?

OEDIPE.

Que de vos cœurs troublés la frayeur se dissipe!

LE CHOEUR.

Fuyez! des criminels ces lieux sont ennemis.

OEDIPE.

Et la pitié, l'accueil que vous m'aviez promis?

LE CHOEUR.

Imprudente pitié, promesse sacrilège!

OEDIPE.

Le malheur, les autels n'ont plus de privilège?

LE CHOEUR.

Votre malheur, des Dieux atteste le courroux,
Et ces autels sacrés s'élèvent contre vous.
Fuyez, ne bravez plus les saintes Euménides;
Leur nom glace d'effroi le sein des parricides.

ANTIGONE.

Ah! si l'infortuné ne peut vous émouvoir,
Les pleurs de son enfant seront-ils sans pouvoir?
De votre sang, du mien, ne brisez point les chaînes;
Oui, c'est le sang des Grecs qui coule dans nos veines.
Vénérables vieillards, j'invoque auprès de vous,
J'atteste, je conjure, en pressant vos genoux,

Tout ce qui doit parler à votre âme attendrie,
Le nom, le nom sacré de la douce patrie,
Les tombeaux paternels, le toit de vos aïeux,
Vos frères, vos enfans, vos épouses, vos dieux!

LE CHŒUR.

Antigone, à ces dieux nous devons nos alarmes;
Et nos cœurs vainement sont émus par vos larmes.
Que peuvent les humains contre un ciel irrité?

OEDIPE.

Outrage-t-on les Dieux par l'hospitalité?
O cité glorieuse et chère à l'infortune,
Athènes! désormais son aspect t'importune!
Ce n'est plus ce rivage autrefois renommé,
Et des rois supplians refuge accoutumé.

LE CHŒUR.

Vos mains n'ont-elles pas versé le sang d'un père?
N'avez-vous pas souillé le lit de votre mère?

OEDIPE.

Ah! déclaré coupable avant que d'être né,
Songez-vous qu'en naissant je fus abandonné?
Avant de me proscrire, entendez ma défense:
A la cour de Corinthe on nourrit mon enfance;
J'ignorais mes parens et jusqu'à mon pays:
Je rencontrai Laïus, et je le combattis;
De mes jours menacés défenseur légitime,
Sans la connaitre, hélas! j'immolai ma victime.
Au moment où le Sphinx est tombé sous mes coups,

La veuve de Laïus me choisit pour époux.

Savions-nous tous les deux ma naissance funeste?

Non : les autels d'hymen sanctifiaient l'inceste :

De la fatalité subissant les arrêts,

Au sein de la vertu j'ai commis des forfaits.

De Delphes, maintenant, aux rives de l'Attique

Je me rends, sur la foi du trépied prophétique ;

Apollon m'a guidé vers ces bois protecteurs ;

J'y laisserai ma cendre ; et de mes bienfaiteurs

Ce trésor, à son tour, protégeant les murailles

Doit leur assujettir le destin des batailles.

Ne prétendez donc plus, vieillards, qui m'écoutez,

M'effrayer par le nom des pâles déités :

De leurs flambeaux vengeurs je ne sens point la flamme ;

Le remords déchirant ne flétrit point mon âme :

Criminel devant vous, je suis pur à leurs yeux ;

Et leur auguste appui m'attendait dans ces lieux.

LE CHOEUR.

A décider sur vous le Roi seul peut prétendre,

OEdipe : en attendant qu'il vienne vous entendre,

Goûtez quelque repos dans ce lieu solennel.

Cueillez, fille si douce à son cœur paternel,

De l'arbre de Pallas les branches révérées ;

Plongez-les dans les eaux des fontaines sacrées ;

D'un aveugle chéri guidez les pas tremblans ;

L'olive dans les mains, et tous deux supplians,

Tous deux prosternez-vous sur les degrés du temple :

Puisse OEdipe y fléchir le ciel qui le contemple !

ANTIGONE.

Vos désirs sont remplis : vous, mon père, venez.

OEDIPE.

O filles de la nuit, devant vous prosternés,
Nous élevons vers vous notre voix gémissante;
Accueillez les soupirs de ma fille innocente;
Terminez mon exil : je vous offre des pleurs,
Une âme résignée, et trente ans de malheurs.

LE CHOEUR.

Recevez, chastes Euménides,
Les vœux qui vous sont présentés;
Redoutables divinités,
De larmes et de sang avides,
Calmez vos serpens irrités;
Éteignez vos flambeaux livides.
Que les Dieux à leurs ennemis
Gardent vos tourmens légitimes;
Mais ne prenez pas pour victimes
Des cœurs à la vertu soumis;
Et ne punissez pas des crimes
Que le destin seul a commis.

ACTE II.

SCÈNE PREMIÈRE.

OEDIPE, ANTIGONE, THÉSÉE, LE CHOEUR, ATHÉNIENS.

THÉSÉE.

Quels sont ces supplians, ô viëillards de Colone?

LE CHOEUR.

Le malheureux OEdipe et sa fille Antigone.

THÉSÉE.

Levez-vous, roi célèbre, et vous, fille des rois.

OEDIPE.

Est-il vrai? d'un héros j'entends la douce voix.

THÉSÉE.

Illustre infortuné, que ma pitié révère,
Je voudrais, corrigeant un destin trop sévère,
Vous offrir dans ma cour des soins consolateurs,
Et d'un fils de Cadmus honorer les malheurs.
Si pourtant vos désirs ont choisi ces retraites,
Si des Dieux immortels les volontés secrètes

26.

En ce lieu redoutable ont arrêté vos pas,
Aux Dieux, à vos désirs je ne résiste pas.
Vous n'ordonnerez rien qui me soit impossible.
J'appris de l'infortune à devenir sensible ;
Vous souffrez : mon devoir est de vous secourir.
Mortel, ainsi que vous, je naquis pour souffrir :
Jeune encor, j'ai des maux la longue expérience ;
J'ai traîné dans l'exil mon orageuse enfance.
L'éclat d'un jour plus pur n'éblouit point mes yeux :
Les humains ont l'espoir, l'avenir est aux Dieux.

OEDIPE.

Ah! le ciel vous devait cet empire en partage :
Un sage souverain mérite un peuple sage.
Je reconnais en vous le sang des immortels ;
Et c'est par ce chemin qu'on s'élève aux autels.
Mais, en un palais, moi, long-temps privé d'asile,
Moi, que je cherche encore une pompe stérile !
Je viens, de mes malheurs déposant le fardeau,
En des lieux sans éclat demander un tombeau.

THÉSÉE.

Vivez, vivez long-temps sur cette heureuse terre.

OEDIPE.

L'appui que vous m'offrez peut vous donner la guerre.
Les Thébains en leurs murs voudront me ramener.

THÉSÉE.

Et, vous-même, à l'exil pourquoi vous condamner?

OEDIPE.

Jadis ils m'ont banni : mes maux sont leur ouvrage.

THÉSÉE.

Pourquoi désirent-ils de réparer l'outrage?

OEDIPE.

Pour désarmer les Dieux, qui les ont menacés.

THÉSÉE.

Quels revers aux Thébains seraient donc annoncés?

OEDIPE.

Par votre peuple un jour Thèbes sera punie.

THÉSÉE.

Thèbes, par des traités, à mon peuple est unie.

OEDIPE.

Tout, excepté les Dieux, subit les lois du sort:
Tout naît, change, vieillit, et trouve enfin la mort.
Renversés par le temps, les empires s'écroulent;
Les siècles dévorés comme un instant s'écoulent;
Miné par une longue et mortelle langueur,
Le corps sent par degrés s'éteindre sa vigueur.
Ces palais somptueux, ces campagnes fertiles
Seront de vains débris, des sables inutiles.
Des intérêts communs unissent les humains;
Des intérêts divers ensanglantent leurs mains.
La fidélité meurt; de sa cendre attiédie
S'élèvent les soupçons, bientôt la perfidie;
Et l'impiété même, aux pieds des immortels,
Vient d'un serment parjure effrayer leurs autels.
Jusqu'ici nul motif, appelant la vengeance,
De vous et des Thébains ne rompt l'intelligence;
De resserrer vos nœuds tout semble prendre soin:

Mais, un jour, et ce jour peut-être n'est pas loin,
A l'antique amitié succèdera la haine;
Les Dieux vengeurs du crime et protecteurs d'Athène,
D'une guerre implacable allumant le flambeau,
Verront le sang thébain couler sur mon tombeau.
Si j'en crois Apollon, ma cendre triomphante
Parmi vos ennemis jettera l'épouvante;
D'Athènes désormais OEdipe est citoyen,
Et les débris d'OEdipe en seront le soutien.

LE CHOEUR.

Sous les regards sacrés des terribles déesses,
OEdipe, en arrivant, nous a fait ces promesses.

THÉSÉE.

Il suffit qu'en ce jour la céleste faveur
D'accueillir un héros m'ait gardé le bonheur.
Je ne réclame point une autre récompense.
Sans rejeter les dons que l'Olympe dispense,
Je sens que pour un homme, et surtout pour un roi,
Le respect du malheur est la première loi.
Héritier de Cadmus, votre audace intrépide
Avant moi descendit sur les traces d'Alcide.
Alcide, comme vous à l'exil condamné,
De ses propres parens se vit abandonné;
Des destins en courroux la longue jalousie
Lui fit payer bien cher l'Olympe et l'Ambroisie;
L'infortune, pour lui commençant au berceau,
Vint au sommet d'OEta lui creuser un tombeau:
Mais il vainquit le sort, qui lui faisait la guerre,

Qui poursuit les héros, et sourit au vulgaire.
Le bonheur des humains fut sa félicité;
Il recueillit vivant son immortalité.
Comme lui, sur le sort remportez la victoire :
La Grèce a consacré ces temps de votre gloire
Où, par l'heureux OEdipe arrachés au trépas,
Les Thébains à ses pieds déposaient des États.
Antigone vous reste; oubliez auprès d'elle
Les maux dont vous chargea la fortune infidèle;
C'est une longue nuit qui remplace un beau jour :
Habitez, protégez, consacrez ce séjour.
Et vous, de ses malheurs compagne aimable et chère,
Vous, ô fille héroïque, et digne d'un tel père,
Vous, qui serez un jour, dans la postérité,
L'honneur de votre sexe et de l'humanité,
OEdipe est sous ma garde; et, si Thèbes l'exile,
Au sein de mon empire il a le droit d'asile.
Mes amis désormais sont devenus les siens;
Et tous ses ennemis se déclarent les miens.
Vieillards, je vais me rendre au temple de Neptune :
D'OEdipe et de sa fille honorez l'infortune,
Remplissez les devoirs d'un peuple généreux,
Et que, toujours présent, mon nom veille sur eux.

(Il sort.)

SCÈNE II.

OEDIPE, ANTIGONE, LE CHŒUR.

ANTIGONE.

Dans un autre univers OEdipe enfin respire.
De la fatalité ne craignez plus l'empire,
Mon père : d'un héros les vertueux secours
Ont fléchi les destins, qui pesaient sur vos jours.
Vous ne rencontrez pas l'avare bienveillance
Qu'une plainte importune arrache à l'opulence,
Ni ces honteux bienfaits qu'un tyran dédaigneux
Accorde à la misère en détournant les yeux;
Mais la tendre pitié, l'hospitalité sainte,
L'amitié consolante et prévenant la plainte,
L'espoir et le sommeil, l'oubli des longs chagrins,
Un appui toujours sûr, des cieux toujours sereins.

OEDIPE.

O toi, qui prolongeais ma pénible existence,
Qui me tins lieu de tout, qui fus ma providence,
Tu ne seras donc plus mon unique soutien !
J'ai pu trouver un cœur aussi pur que le tien.
Et vous, Dieux immortels, dont Thésée est l'image,
En essuyant des pleurs il vous rend son hommage.
Que ce roi, que son peuple à jamais vous soient chers:
Des murs sacrés d'Athène écartez les revers.

LE CHOEUR.

Vieillard, chérissez nos asiles :
Cérès a dans nos champs fertiles
Versé les trésors de son sein ;
Et dans nos douces promenades
Bacchus, au milieu des Ménades,
Vient s'égarer, le thyrse en main.

Près des flots du riant Ilisse,
Les parfums dorés du Narcisse
Embaument nos vallons fleuris :
En nos grottes enchanteresses
Le chœur des neuf chastes déesses
Se mêle à la cour de Cypris.

Le long de cette aimable rive,
Athène voit mûrir l'olive
Sous l'œil bienfaisant de Pallas ;
L'olive sainte et pacifique,
Et qui, dans la course olympique,
Est le prix des nobles combats.

Neptune enrichit notre terre
Du coursier respirant la guerre,
Et guida nos légers vaisseaux.
Ils volent sur les flots humides,
Pareils aux jeunes Néréides
Rasant la surface des eaux.

ACTE III.

SCÈNE PREMIÈRE.

OEDIPE, ANTIGONE, LE CHOEUR.

ANTIGONE.

LES momens sont venus, ô peuples de l'Attique,
De déployer pour nous votre courage antique.

OEDIPE.

Eh quoi! prévoyez-vous quelques nouveaux dangers?

ANTIGONE.

Je viens d'apercevoir des soldats étrangers.

OEDIPE.

Ah! ce sont les Thébains, et j'en crois mes alarmes.

ANTIGONE.

Ils approchent: déjà l'on voit briller leurs armes.

OEDIPE.

Thésée, en peu d'instans, confondra leur fureur.

ANTIGONE.

Leur chef est-il Créon? N'est-ce point une erreur?

OEDIPE.

Le frère de Jocaste! ô puissance suprême!

ANTIGONE.

Il vient; il va paraître; et c'est Créon lui-même*.

SCÈNE II.

OEDIPE, ANTIGONE, CRÉON, LE CHOEUR,
SOLDATS THÉBAINS.

CRÉON.

O vous, sages vieillards, nés de sages aïeux,
Entouré de soldats si je m'offre à vos yeux,
Je ne viens point ici tenter aucun outrage,
Ni d'un peuple guerrier provoquer le courage.
Près du fils de Laïus, la cause des Thébains
Par une ville entière est remise en mes mains.
Dans ses murs aujourd'hui quand Thèbes vous rappelle,
De vous fléchir, OEdipe, elle a chargé mon zèle.
Moi-même, avec ardeur, j'ai brigué cet emploi.
Quelle honte, en effet, quelle douleur pour moi!
Amitié, nœuds du sang, intérêt, tout nous lie.
Quelle ville à ce point fut jamais avilie?
Celui qui fut son roi, dénué de secours,
Traînant de bords en bords ses misérables jours!
A l'insulte, au mépris près de lui condamnée,

---

* Un récit d'Antigone au lieu de tout ce dialogue.
(*Note de l'auteur sur cette scène.*)

Sa fille!... Qui l'eût dit, princesse infortunée,
Que, brillante d'attraits, et dans ces jours si doux
Où le flambeau d'hymen devait luire pour vous,
Au temps où du bonheur l'image enchanteresse
Dans un long avenir sourit à la jeunesse,
Seule, d'un père aveugle épousant le destin,
Vous iriez mendier un asile incertain?
Ah! rendez-vous, OEdipe, au dessein qui m'amène:
Venez, au nom des Dieux, des nymphes de l'Ismène,
Au nom d'un peuple ingrat, mais d'un peuple puni,
Réduit à supplier le roi qu'il a banni.
Le crime est odieux, le repentir l'efface:
Cessez de prolonger la commune disgrace;
Et, dans votre palais, monarque, de retour,
Au rang de vos aïeux remontez en ce jour.

OEDIPE.

Créon, près d'un banni le soin qu'on daigne prendre,
Comme il doit me flatter, a lieu de me surprendre.
Les Thébains repentans vous ont remis leurs droits:
Vous êtes, en effet, digne d'un pareil choix.
De leur ambassadeur connaissant l'éloquence,
Sans doute, ils ont compté sur peu de résistance.
Retournez auprès d'eux; portez-leur mes refus.

CRÉON.

Ils rappellent OEdipe.

OEDIPE.

Ils ne le verront plus.
Ah! tandis que pour moi l'exil avait des charmes,

Ils refusaient l'exil à mes vœux, à mes larmes.

De mon sort, par degrés, je dissipai l'horreur;

Une lueur d'espoir vint éclairer mon cœur;

Soudain se réveilla leur injuste furie:

Dans l'Univers entier je me vis sans patrie.

Pour fléchir les Thébains je n'ai rien oublié;

Des Thébains endurcis rien n'émut la pitié:

Vous osez me l'offrir, lorsque je la déteste!

Perfides, loin de moi votre pitié funeste!

Loin de moi ce palais où, par vous ramené,

Votre esclave royal languirait enchaîné!

C'est ici, car je vois le motif qui vous presse,

Ici que vous attend ma cendre vengeresse.

Ma fille est tout pour moi; mes fils doivent périr.

De ces remparts thébains, qu'ils veulent conquérir,

De ces champs, où la guerre avec eux va descendre,

Ils n'auront que le champ où dormira leur cendre.

Vous, prince ambitieux, parent dénaturé,

Ne déshonorez plus un rivage sacré;

Né vous arrêtez pas dans l'air que je respire;

Vous périrez sujet: ma fille aura l'empire;

Et, courbés à leur tour sous les Dieux offensés,

Les Thébains me rendront les pleurs que j'ai versés.

CRÉON.

Je n'ai donc entrepris qu'une démarche vaine!

Loin de vous apaiser, j'irrite votre haine!

De Thèbes, désormais, tout vous est odieux!

Je ne vous presse plus d'abandonner ces lieux.

Vous le voulez ; restez : mais cessez de prétendre
Que loin de son pays, dans un âge si tendre,
Ignorant l'hyménée et ses chastes douceurs,
Cette princesse encor se nourrisse de pleurs.
Son front chéri du ciel demande une couronne :
Elle suivra mes pas, puisque Thèbes l'ordonne.
C'est languir trop long-temps sous un ciel étranger.

ANTIGONE.

Par ta pitié cruelle oses-tu m'outrager ?
Ne parle plus d'hymen, de Thèbes, de couronne.
Au malheureux OEdipe arracher Antigone !
Que ferait un vieillard qui, jusques aujourd'hui,
Exilé, vagabond, n'eut que mon faible appui,
Qui m'aime, qui m'est cher, dont l'image adorée
Me retrace des Dieux la majesté sacrée ?
Et pour qui, désormais, faut-il l'abandonner ?
Pour toi ! pour les Thébains qui l'ont pu détrôner !
L'espères-tu, dis-moi, qu'ingrate à sa tendresse
Je pourrai sur ces bords délaisser sa vieillesse ?
Mais un trône m'attend ? va, j'aime mieux mon sort :
Je ne veux point d'un trône où s'assied le remord.
OEdipe est avec moi ; je suis trop fortunée :
Il me tient lieu de rang, de grandeur, d'hyménée ;
Vivante pour lui seul, je trouve dans ses bras
Un père, une patrie, un trône et des États.

CRÉON.

Suivez-nous. Ces vieillards ne sauraient vous défendre.

ANTIGONE.

A quoi tend ce discours? qu'oseriez-vous prétendre?

CRÉON.

Aux ordres des Thébains nous devons obéir.

ANTIGONE.

Dans les bras paternels viendrez-vous me saisir?

CRÉON.

Soldats! séparez-les.

OEDIPE.

Dieux puissans!

LE CHOEUR.

Téméraire!

OEDIPE.

Ma fille, prends ma main.

ANTIGONE.

Je ne le puis, mon père.

OEDIPE.

Où vas-tu?

ANTIGONE.

Les cruels, ils entraînent mes pas?

LE CHOEUR.

Quoi! vous voyez ce temple, et vous ne tremblez pas!

OEDIPE.

Arrachez-moi la vie, ou laissez-moi ma fille.

(On emmène Antigone.)

CRÉON.

Après tant de forfaits, tu n'as plus de famille.

OEDIPE.

Ma fille, ma compagne et mon unique bien,
De ton vieux père aveugle où sera le soutien?

LE CHŒUR.

Accourez, habitans: Athène est méprisée.

OEDIPE.

Si tu ne crains le ciel, redoute au moins Thésée.

CRÉON.

Enlevé de ces lieux tu vas nous suivre aussi.
Ton protecteur est loin.

LE CHŒUR.

Non, Thébains, le voici.

SCÈNE III.

OEDIPE, THÉSÉE, CRÉON, LE CHŒUR,
SOLDATS THÉBAINS, SOLDATS ATHÉNIENS.

THÉSÉE.

Des armes! des guerriers! quel transport vous agite?
D'où viennent ces clameurs, cette alarme subite?
Pourquoi troubler des vœux que j'offre au nom de tous?
Quel est cet étranger que je vois parmi vous?

OEDIPE.

Le perfide Créon, qui m'enlève Antigone.
Il brave des vieillards que la force abandonne.
Thèbes lui commanda cet exploit important.

THÉSÉE.

Qu'un de vous coure au temple, et qu'on s'arme à l'instant.

Vous, ravisseur impie, et qui sur cette terre

Au milieu de, la paix venez porter la guerre,

Audacieux Thébain, je devrais vous unir

Aux brigands que les Dieux m'ont chargé de punir!

Antigone est par vous réduite en esclavage;

Vous subirez son sort; je vous garde en ôtage:

Qui fait couler des pleurs en répand à son tour.

Quel était votre espoir? répondez sans détour.

De Thèbe ou de Créon dois-je aujourd'hui me plaindre?

M'a-t-on cru sans pouvoir ou capable de craindre?

Non: vous outragez seul, en vos témérités,

L'infortune, le ciel et la foi des traités.

Thèbes de vos efforts punira l'insolence,

Alors qu'elle apprendra qu'usant de violence,

Des ennemis d'OEdipe émissaire odieux,

Créon sur ce rivage, à l'aspect de nos Dieux,

Portant sur le malheur une main sacrilége,

Osa des supplians braver le privilége.

CRÉON.

N'écoutez point, Thésée, un injuste courroux.

La fille de nos rois doit vivre parmi nous.

Vos peuples sont vaillans; mais je sais que la Grèce

Autant que leur courage estime leur sagesse.

Vous régnez en ces lieux; je suis donc assuré

Que le crime en ces lieux ne peut être honoré,

Qu'on n'y sait point aimer ceux que le ciel déteste,

Chérir le parricide, et protéger l'inceste.

OEDIPE.

Ajoute le mensonge à tes lâches fureurs;
En forfaits médités érige mes malheurs.
Mon cœur fut-il coupable aux champs de la Phocide?
Pour défendre mes jours je devins parricide.
Deux guerriers inconnus me présentaient la mort:
Jour cruel! piége horrible où m'attendait le sort!
Je trouvai dans vos murs et le crime et la gloire;
Je vous sauvai: l'inceste a payé ma victoire.
Mais, oses-tu, barbare, avec tant de noirceur
Réveiller mon opprobre et celui de ta sœur?
Jocaste chez les morts descendit la première;
Mes mains ont de mes yeux arraché la lumière;
Le destin fut coupable, OEdipe s'est puni:
Il mourait lentement, et vous l'avez banni.
Par les soins de Thésée il commence à renaître;
Thésée est un héros; tu l'as dû méconnaître.
Il me rendra ma fille, et son auguste front
N'aura pas vainement rougi de mon affront.

THÉSÉE.

Étranger, ce discours a de quoi vous confondre.

CRÉON.

Dans les remparts de Thèbe on saura lui répondre.

THÉSÉE.

Sous les remparts d'Athène, il faut, avant ce temps,
Répondre avec le glaive à ses fiers combattans.
Si vos Thébains ont cru, cachés dans ces retraites,

Nous tendre impunément des embûches secrètes,
C'est tout mon peuple armé qui marche avec son roi.
Vous, demeurez OEdipe, et n'ayez point d'effroi.
Attendez votre fille un moment prisonnière :
Avant que le soleil ait fini sa carrière,
Thésée, ainsi que vous, plus que vous outragé,
Aura cessé de vivre, ou vous aura vengé.

(On laisse OEdipe avec le Chœur.)

SCÈNE IV.

OEDIPE, LE CHŒUR.

LE CHŒUR.

Fils de Cadmus, une ingrate patrie
N'a pas encore épuisé son courroux :
On vous arrache une fille chérie ;
Mais un héros vient de s'armer pour vous.
Combattra-t-il en faveur d'Antigone
Auprès du temple où le fils de Latone,
Son arc en main, lève un front radieux ?
Conduira-t-il nos guerriers intrépides
Près du rivage où les saints Eumolpides
Chantent Cérès et la mère des Dieux !

Les boucliers retentissent,
Frappés par les boucliers ;
Heurtés du front des coursiers,

27.

Les coursiers fougueux bondissent;
Les guerriers mourans frémissent,
En tombant sous les guerriers.

Une poussière brûlante
Saillit du pied des remparts;
Les chars attaquent les chars;
Et leur faux étincelante
Fond dans la plaine sanglante
Sur les bataillons épars.

De nos héros protège la vaillance,
O souverain des Dieux et des mortels!
Prends, ô Pallas! ton égide et ta lance;
Défends ton peuple, et défends tes autels!
Dieu du trident, sors des gouffres de l'onde;
Phébus, Diane, ô Dieux flambeaux du monde,
O Dieux chasseurs, épuisez vos carquois!
Bellone et Mars, conduisez nos armées;
Que la victoire aux ailes enflammées
Du haut des cieux descende à votre voix!

ACTE IV.

SCÈNE PREMIÈRE.

OEDIPE, ANTIGONE, THÉSÉE, LE CHOEUR.

OEDIPE.

Antigone, en mes bras c'est bien toi que je presse?

ANTIGONE.

Le vainqueur de Créon vous rend à ma tendresse.

THÉSÉE.

J'ai rempli mes sermens : Créon et ses soldats
Déjà loin de nos murs précipitent leurs pas.
Les Thébains n'ont trouvé qu'une fuite sanglante,
Non ce que prétendait leur audace insolente.
Ils ont bravé le ciel ; mais le ciel irrité
A vengé l'infortune et l'hospitalité.

OEDIPE.

Je ne puis vous offrir que ma reconnaissance.

THÉSÉE.

C'est de vous que Thésée attend sa récompense.

OEDIPE.

Et que peut désormais un vieillard malheureux?

THÉSÉE.

Vous pouvez d'un seul mot exaucer tous mes vœux.

OEDIPE.

Comment?

THÉSÉE.

J'ai vu prier aux autels de Neptune
Un Thébain, comme vous soumis à l'infortune,
Comme vous élevé dans le suprême rang,
Et qui vous est uni par les liens du sang.
Il adréssait au dieu du trident redoutable
Des larmes, des remords, offrandes d'un coupable.

OEDIPE.

Des remords! je le plains.

THÉSÉE.

Je viens de le revoir,
Près de ces lieux encor traînant son désespoir.

OEDIPE.

Ce Thébain, quel est-il?

THÉSÉE.

Votre fils Polynice.

OEDIPE.

Polynice! grands Dieux! qu'il parte; qu'il périsse.

THÉSÉE.

Pardonnez, mais pour lui je dois vous implorer.

OEDIPE.

Vous! pour lui? Que veut-il? qu'ose-t-il espérer?

THÉSÉE.

Qu'à vos pieds un moment vous daignerez l'admettre.

OE D I P E.

Ciel ! à mes ennemis voulez-vous me soumettre ?

T H É S É E.

Non ! de tous leurs efforts je veux vous garantir.
Je vous parle d'un fils armé de repentir.

A N T I G O N E.

Ah ! qu'il vienne, qu'il tombe aux genoux de son père.

OE D I P E.

D'un fils ! il ne l'est plus.

A N T I G O N E.

Il est encor mon frère.

OE D I P E, après un silence.

Eh bien ! je l'entendrai ; qu'il paraisse à mes yeux.

T H É S É E.

Habitans de Colone, abandonnons ces lieux.
D'un pareil entretien réservons le mystère
Aux sombres déités de ce bois solitaire.
Approchez, Polynice ; il vous reste une sœur ;
Dans votre désespoir goûtez quelque douceur :
Puissiez-vous obtenir qu'OEdipe vous pardonne !
Vous, OEdipe, écoutez le frère d'Antigone ;
Et, quelques attentats que ce prince ait commis,
Songez qu'il se repent, et qu'il est votre fils.

(Il s'en va avec le Chœur.)

SCÈNE II.

OEDIPE, ANTIGONE, POLYNICE.

POLYNICE.

Quel état! voilà donc et mon père et mon juge!
Proscrit! aveugle! errant de refuge en refuge!
Sur un front demi-nu qu'ont sillonné les ans
Quelques cheveux épars et blanchis par le temps!

ANTIGONE.

Mon frère, vous voyez le malheur qui l'opprime.

POLYNICE.

Je suis plus malheureux : il est exempt de crime.
OEdipe, c'est un fils qui vient vous implorer :
Au sein de la vertu je puis encor rentrer;
Et Jupiter lui-même, écoutant l'indulgence,
Laisse aux pleurs du remords désarmer sa vengeance.
Sur les bords du Céphise, auprès de ces remparts,
Un temple s'est offert à mes premiers regards;
Tremblant, j'ai supplié le dieu qu'on y révère
D'imprimer mon pardon sur les lèvres d'un père;
Mais Neptune en courroux ne m'a point exaucé,
Et je n'y trouve, hélas! qu'un silence glacé.
Compagne d'un héros, vous de qui la tendresse
A, par des soins pieux, consolé sa vieillesse;
Vous, de qui j'ose encor, sous la honte abattu,
Envier le bonheur, et surtout la vertu;

Au nom de l'amitié qui charmait notre enfance,
Que vos pleurs innocens coulent pour ma défense.
En se mêlant aux pleurs d'un enfant criminel,
Seront-ils sans pouvoir sur un cœur paternel?
Ah! peut-être, au pardon je ne dois plus prétendre;
Mais, que la voix d'un père au moins se fasse entendre.

OEDIPE.

Va, tu n'aurais jamais entendu cette voix,
Si de mon seul désir j'avais suivi les lois.
J'obéis à ma fille, au monarque d'Athène.
Mais, que viens-tu chercher? quel nouveau soin t'amène?
Tous ces maux que tu plains, c'est toi qui les as faits.
Dis, parle; que veux-tu?

POLYNICE.

Les réparer.

OEDIPE.

Jamais.

POLYNICE.

Pour ce devoir sacré Polynice respire:
Ne désapprouvez pas le projet qui m'inspire.
Mon frère est couronné; le sceptre est dans ses mains:
Séduits par ses trésors, les volages Thébains,
Sans respecter en moi les droits de la naissance,
Ont de l'usurpateur reconnu la puissance.
Banni des mêmes lieux dont vous fûtes banni,
Et trop sûr qu'un forfait n'est jamais impuni,
J'ai couru dans Argos étaler mon outrage:
Adraste veut pour moi signaler son courage;

Brûlant de me revoir au sein de mes États,
Il offre à mes désirs sa fille et des soldats;
Conduite par sept chefs, une armée intrépide
Demande à s'élancer des champs de l'Argolide.
Apollon nous promet des triomphes certains,
Si vous daignez d'un mot protéger nos destins.
Jusqu'à quand, vous et moi, laissons-nous un impie
Jouir d'une couronne indignement ravie?
O mon père, unissons nos droits et nos malheurs!
A ce roi d'un moment faisons payer nos pleurs.
Les Thébains reverront OEdipe au rang suprême:
C'est à lui de régner sur eux et sur moi-même.

OEDIPE.

Les Thébains! peut-il être un destin plus affreux
Que de régner par toi sur toi-même et sur eux?
Si j'en crois tes discours, Étéocle est un traître.
Tu peux t'en étonner? va, ton frère a dû l'être.
Il usurpe ton rang... tu l'avais usurpé.
Il te trompe... Eh! dis-moi, ne m'as-tu pas trompé?
Quand tu régnais, ingrat, tes fureurs despotiques
M'ont arraché du sein de mes dieux domestiques.
Qui t'a donné le droit d'oser verser des pleurs?
Tu gémis... non sur moi, sur d'injustes malheurs.
Sur la misère affreuse où tu plongeas ton père:
Tu gémis de te voir détrôné par un frère.
D'opprobre et de douleur par vous rassasié,
Des étrangers par vous mendiant la pitié,
Je suis mort dès long-temps pour mes deux fils coupables.

Ma fille, s'enchaînant à mes jours déplorables,
Épousa mon exil et mon adversité;
Travaux, dangers, mépris, elle a tout supporté.
Je vis pour Antigone. Eh! vivrais-je sans elle?
Je dois mon existence à son généreux zèle;
Elle est toujours ma fille, et vous fûtes mes fils.
Mais je serai vengé; mais vous serez punis:
Sur vos coupables fronts si long-temps suspendue
La foudre est toute prête, et va percer la nue.
Va tenter les combats; cours à Thèbes, va, cours;
Ton espoir est fondé sur d'impuissans secours:
Au pied des murs thébains la sentence est écrite;
Elle attend Polynice: allez, race proscrite;
Tous deux dans votre sang vous tomberez plongés,
L'un de l'autre sujets, l'un par l'autre égorgés.
Tous deux je vous dévoue aux noires Euménides;
Leurs serpens abreuvés du sang des parricides,
D'un père au désespoir vengeant les pleurs amers,
Vous poursuivront tous deux jusque dans les enfers.
Mais, tes vœux sont remplis, et tu viens de m'entendre:
Va retrouver ce roi qui t'a nommé son gendre;
Dis-lui quel héritage OEdipe furieux
Laisse, avant son trépas, à des fils odieux.

POLYNICE.

O trop fatal voyage! auspices exécrables!
Non: je ne reçois point ces adieux redoutables.
Moi, sur un trône impur, loin de vous exilé,
Traînant l'horrible poids dont je suis accablé,

Abandonné du ciel et maudit par un père,
J'irais... Non; vainement votre courroux l'espère.
Fermez-moi votre cœur; repoussez de vos bras
Votre enfant malheureux qui s'attache à vos pas;
J'y demeure enchaîné : qu'Étéocle m'opprime;
Plus de trône pour moi; mais surtout plus de crime.

OEDIPE.

Qui? moi! te recevoir?

POLYNICE.

Ah! sinon comme un fils,
Du moins comme un esclave à vos ordres soumis.

OEDIPE.

Ingrat! si tu sentais un remords véritable!

POLYNICE.

Au nom de ce remords, compagnon du coupable,
De ce tourment affreux plus grand que vos malheurs...

ANTIGONE.

Mon père! il se repent; je vois couler ses pleurs.

OEDIPE.

Ma fille!

ANTIGONE.

Rendez-vous, rendez-vous à nos larmes;
D'un pardon généreux goûtez encor les charmes.

OEDIPE.

Doit-il donc partager le prix de ta vertu?

ANTIGONE.

Oui, mon père. A vos pieds il gémit abattu;
Je m'y jette avec lui : si vous m'aimez encore,

La grâce de mon frère est le prix que j'implore.

OEDIPE.

Antigone! ma fille! ô pénibles combats!

ANTIGONE.

Ah! dites mes enfans; ne nous séparez pas.

OEDIPE.

Polynice!

POLYNICE.

Mon père!

OEDIPE.

Aime notre Antigone.

Viens, sois encor mon fils; ton père te pardonne.,

ANTIGONE.

O bonheur!

POLYNICE.

Un coupable en vos bras paternels!

OEDIPE.

Un fils. O des humains arbitres éternels,
Étendez jusqu'à lui votre main tutélaire;
Adoptez ma clémence et non pas ma colère;
Et n'exaucez jamais les souhaits imprudens
.D'un père au désespoir qui maudit ses enfans!

ANTIGONE.

Le ciel, las de punir, nous est donc favorable!

POLYNICE.

Le ciel tonne sur nous. Est-il inexorable?

OEDIPE.

Grands Dieux, je vous entends; vous l'ordonnez; je pars.

SCÈNE III.

OEDIPE, ANTIGONE, POLYNICE, THÉSÉE, LE CHOEUR.

THÉSÉE.

Je viens auprès de vous, suivi de ces vieillards,
OEdipe; ces éclairs, ces foudres sans orages
D'un grand événement sont toujours les présages.

LE CHOEUR.

OEdipe, expliquez-nous ces signes redoutés.

OEDIPE.

Thésée, enfans d'OEdipe, et vous, peuple, écoutez.

LE CHOEUR.

Quel feu brille en ses traits!

THÉSÉE.

Quelle voix solennelle!

OEDIPE.

OEdipe va mourir, et la foudre l'appelle.

POLYNICE.

Mourir!

ANTIGONE.

Mon père!

THÉSÉE.

OEdipe!

LE CHOEUR.

O ciel!

OE DI P E.

Séchez vos pleurs.

Ne déshonorez pas la fin de mes malheurs.
Coupable, infortuné, mais trop cher Polynice,
Aux filles de la nuit prépare un sacrifice ;
Pénètre dans leur temple ; embrasse leurs genoux ;
Ton père a pardonné ; désarme leur courroux.
Antigone, mon guide, ah ! si le Roi lui-même
Doit seul être témoin de mon instant suprême,
Ah ! du moins, à mon tour, je guiderai tes pas
Non loin des lieux secrets marqués pour mon trépas.
O clarté douce et pure, et si long-temps perdue,
O lumière des cieux, tu m'es enfin rendue !
Mercure et Proserpine ont ouvert les chemins :
C'est par ici, marchons. Vous, amis des humains,
Vous, derniers protecteurs d'OEdipe et d'Antigone,
Chœur des sages vieillards révérés dans Colone,
Jouissez à jamais d'un heureux avenir ;
Oubliez mes revers ; gardez mon souvenir.
Sur la terre d'exil si la vertu plaintive
D'un destin tyrannique est un moment captive,
Triomphante elle échappe à des fers odieux,
Et, libre en expirant, renaît au sein des Dieux.

(Ils s'en vont tous, excepté le Chœur.)

SCÈNE IV.

LE CHŒUR.

O roi des mânes funèbres,
O vous, reine des ténèbres,
Et toi, gardien redouté;   '
Noires sœurs, mort secourable,
Asile du misérable,
Sommeil de l'éternité!

Ouvrez les royaumes sombres;
Accueillez parmi les ombres
La victime du malheur:
Battu par un long orage,
Du moins qu'OEdipe au rivage
Puisse aborder sans douleur.

Pourquoi vivons-nous encore?
Heureux celui qu'une aurore
A vu naître et voit mourir!
Sous le dais, sous la chaumière,
Ouvrir l'œil à la lumière,
C'est commencer à souffrir.

Nul jour n'est digne d'envie:
Chargé du poids de la vie,

L'homme se plaint au berceau ;
Il gémit dans la jeunesse ;
Et les pleurs de sa vieillesse
Vont se tarir au tombeau.

ACTE V.

SCÈNE PREMIÈRE.

ANTIGONE, LE CHOEUR.

ANTIGONE.

Je reviens en ce lieu par les ordres d'un père,
J'y cherche, mais en vain, Polynice mon frère.

LE CHOEUR.

Il offre encor ses vœux aux filles de la Nuit.

ANTIGONE.

Soudain le temple ouvert se referme à grand bruit.
Est-ce mon frère, ô ciel! que j'aperçois dans l'ombre,
Les cheveux hérissés, le front pâle, l'œil sombre,
Avec de longs sanglots précipitant ses pas?

SCÈNE II.

ANTIGONE, POLYNICE, LE CHOEUR.

POLYNICE.

C'est trop long-temps souffrir : achevez mon trépas.

ANTIGONE.

Polynice!

POLYNICE.

Ma sœur, ah! si tu peux m'entendre,
Viens, ouvre-moi tes bras; ma sœur, viens me défendre.

ANTIGONE.

Tu l'appelles, mon frère? elle est auprès de toi,
Ses bras te sont ouverts.

POLYNICE.

Je t'entends! je te voi!
Ton aspect de mes maux calme la violence;
Les filles de l'enfer respectent ta présence.

ANTIGONE.

Elles t'ont répondu?...

POLYNICE.

Par un oracle affreux.

ANTIGONE.

Sans daigner accepter ton encens et tes vœux?

POLYNICE.

Elles n'exaucent pas les vœux d'un cœur impie.
C'est par le châtiment que le crime s'expie.

ANTIGONE.

O mon frère!

POLYNICE.

Abandonne un frère infortuné;
Suis l'exemple des dieux qui m'ont abandonné:
Ne leur adresse plus tes plaintes téméraires.
A la sombre lueur des lampes funéraires,

J'entrais d'un pied timide en ce lieu révéré
Où les rayons du jour n'ont jamais pénétré.
Aux marches de l'autel des terribles déesses
Déjà courbant mon front voilé par les prêtresses,
Humblement prosterné, j'offrais en criminel
Des larmes, de l'encens, le pardon paternel.
O prodige! à l'instant où, d'une voix contrainte,
Je parlais d'espérance, en éprouvant la crainte,
Mon encens rejeté s'est perdu dans les airs;
Une effrayante voix, qui sortait des enfers,
A glacé tous mes sens par ces mots formidables:
« Les pères sont clémens; les Dieux sont équitables;
« Tu serviras d'exemple aux fils dénaturés;
« Retourne aux champs thébains de ton sang altérés. »
Sur le livre vengeur j'ai vu les Euménides
Inscrire Polynice au rang des parricides;
Leurs flambeaux, leurs serpents ministres de fureur,
Embrasaient à la fois et déchiraient mon cœur:
Aux autels arraché par des mains invisibles,
Je fuyais en criant sous les fouets inflexibles;
Et les portes d'airain, se fermant après moi,
M'ont vomi loin du temple, et m'ont poussé vers toi.

ANTIGONE.

O trop funeste sort! malheureux Polynice!

POLYNICE.

Étéocle! il faut donc mériter mon supplice!

ANTIGONE.

Non; fuis les champs thébains; demeure auprès de moi;

Mettons la Grèce entière entre le crime et toi.

POLYNICE.

La peine, un glaive en main, suit les pas du coupable :
Les Destins ont dicté l'arrêt irrévocable.

ANTIGONE.

Des Destins menaçans que l'arrêt soit trompé !

POLYNICE.

OEdipe fugitif leur est-il échappé ?

ANTIGONE.

OEdipe à la vertu resta du moins fidèle.

POLYNICE.

Malgré mon repentir je suis séparé d'elle.

ANTIGONE.

Par ce père expirant...

POLYNICE.

Il me pardonne en vain.

ANTIGONE.

Dirai-je par ta sœur ?

POLYNICE.

J'ai flétri son destin.

ANTIGONE.

Par le Ciel qui te voit...

POLYNICE.

C'est le Ciel qui m'opprime.

ANTIGONE.

Par ce fatal oracle...

POLYNICE.

Il me condamne au crime.

ANTIGONE.

Au nom de tes sermens...

POLYNICE.

Les Dieux m'ont dégagé.

ANTIGONE.

Cruel! tu vas périr.

POLYNICE.

Je périrai vengé.

ANTIGONE.

D'un frère!

POLYNICE.

D'Étéocle.

ANTIGONE.

Arrête!

POLYNICE.

Le perfide!

Ses horribles conseils m'ont rendu parricide.
Je veux punir sur lui jusqu'à mes attentats.
Il vit heureux! tranquille! il règne en mes états!
Et moi, de mes amis trahissant le courage,
Je pourrais, à des pleurs confiant mon outrage,
Prince indigne du jour, et dans l'ombre caché,
Laisser le sceptre aux mains qui me l'ont arraché!
Je cours à la victoire.

ANTIGONE.

A ta perte.

POLYNICE.

N'importe.

Céder m'est impossible, et mon destin l'emporte.
Tu n'as point mérité ce destin rigoureux;
Je vais finir mes jours; que les tiens soient heureux.
Seulement, ô ma sœur, exauce ma prière;
Accorde à Polynice une grace dernière.

ANTIGONE.

Si ce n'est pas un crime, et si j'ai ce pouvoir...

POLYNICE.

Non: ce n'est pas un crime, et c'est même un devoir.
Que mon corps ne soit point privé de sépulture;
Dans un frère coupable honore la nature.
Adieu. Si tu n'as pu terminer mes malheurs,
Du moins sur mon tombeau je sentirai tes pleurs.

(Il sort.)

SCÈNE III.

ANTIGONE, LE CHŒUR.

ANTIGONE.

Inutiles efforts! il fuit! il m'abandonne!
Grands Dieux! avec OEdipe enlevez Antigone;
Et, si deux fils ingrats vous ont trop offensés,
Que mes vœux innocens ne soient point repoussés.
De tous leurs attentats je veux payer la dette;
Du crime et de la mort que mon sang les rachette;
Redemandez ma vie, et ne poursuivez plus
Le reste infortuné des enfans de Cadmus.

LE CHŒUR.

Thésée auprès de vous s'empresse de se rendre.

ANTIGONE.

C'est la mort de mon père, hélas! qu'il vient m'apprendre.

SCÈNE IV.

ANTIGONE, THÉSÉE, LE CHŒUR.

THÉSÉE.

Ce martyr étonnant de la fatalité,
Qui fut vainqueur du crime et de l'adversité,
Dont les maux sont finis, dont la gloire commence,
Entre sa fille et moi s'approchait en silence
Des bords où le Céphise, entouré de cyprès,
Morne et silencieux coule au sein des forêts,
Lieux où Pyrithoüs, des héros le modèle,
M'a juré pour la vie une amitié fidèle.
C'est là que le vieillard, suivant l'arrêt des Dieux,
Bénit son Antigone, et lui fait ses adieux.
Pur, et sanctifié dans les eaux salutaires,
Il reçoit de ma main les habits funéraires;
Tous deux nous parcourons, pleins d'une sainte horreur,
Ces bois religieux qu'habite la terreur :
Le jour fuyait; la nuit de ses ailes pesantes
Couvrait des noirs cyprès les têtes imposantes;
A travers les rameaux, la foudre à longs éclats

En nuage de feu marchait devant nos pas :
Je contemplais OEdipe, admirant en moi-même
Un émule d'Alcide à son heure suprême ;
Mais, bientôt il s'arrête : « Allons, voici l'instant,
« Voici l'endroit, dit-il, où ma gloire m'attend.
« Du secret de ce lieu premier dépositaire,
« A votre successeur apprenez ce mystère ;
« Et, lorsque de ses jours le flambeau s'éteindra,
« Qu'il en instruise encor le roi qui le suivra.
« Tel est l'ordre du Ciel : il veut que, d'âge en âge,
« De l'éclat de vos murs ce secret soit le gage.
« Adieu. J'eus une fille ; elle a besoin d'appui :
« Elle fut ma compagne ; elle est seule aujourd'hui.
« Vous lui conserverez un asile fidèle ;
« Ce qu'elle a fait pour moi, vous le ferez pour elle. »
Ainsi parlait OEdipe ; et mes embrassemens
S'unissaient à mes pleurs, consacraient mes sermens.
D'un habitant des cieux la voix s'est fait entendre :
« OEdipe, il faut partir ; pourquoi te faire attendre ?
« L'Olympe te réclame. » A ces mots solennels,
J'ai reçu du héros les adieux éternels.
Il a quitté la terre : une céleste flamme
De son sein prophétique a passé dans mon ame ;
Et, loin de l'Univers moi-même transporté,
Je respirais l'Olympe et l'immortalité.
D'un demi-dieu mourant la vénérable tête
S'élevait rayonnante au sein de la tempête.
Il n'est plus. A vos yeux je viens de dévoiler

Tout ce qu'il m'est permis d'oser vous révéler.
Espérez, Antigone, un avenir prospère :
Thésée existe encore ; ayez encore un père :
Et nous, plaçant OEdipe entre les immortels,
A son nom protecteur élevons des autels.

ANTIGONE.

Thésée, à mes chagrins vous mêlez quelques charmes ;
Mais d'un père exilé j'ai recueilli les larmes :
De sa gloire aujourd'hui si les Dieux sont témoins,
J'ai des frères encor' qui réclament mes soins.
Faites-moi reconduire aux lieux qui m'ont vu naître.
Le céleste courroux s'adoucira peut-être.
Mes frères sont armés ; que le glaive inhumain
S'apaise au nom d'OEdipe et tombe de leur main.
Je veux placer entr'eux les larmes d'Antigone,
Partager leur péril et non pas leur couronne,
Et, si le sort jaloux choisissait un vainqueur,
Compagne du vaincu, partager sa douleur.

THÉSÉE.

Je vous seconderai, fille et sœur généreuse.
Qui jamais plus que vous mérita d'être heureuse !
Fléchissez les Destins : que les Dieux satisfaits
Daignent à vos vertus égaler leurs bienfaits !

ÉLECTRE,

TRAGÉDIE NON TERMINÉE.

PERSONNAGES.

ORESTE.

ÉGISTHE.

ISMÉNOR.

CLYTEMNESTRE.

ÉLECTRE.

CHRYSOSTHÉMIS.

LE CHOEUR DU PEUPLE DE MYCÈNES.

GRECS, AMIS D'ORESTE.

ÉLECTRE,

TRAGÉDIE.

~~~~~~~~~~~~~~~~~~~~~~~~~~~~~~~~~~~~~

ACTE PREMIER.

SCÈNE PREMIÈRE.

ÉLECTRE.

Bel ornement des cieux, lumière douce et pure,
Quand tes premiers rayons raniment la nature,
Je reviens chaque jour t'apporter mes sanglots;
Et quand la sombre nuit ramène le repos,
Je veille en accusant le meurtre et l'adultère;
Je baigne en vain de pleurs ma couche solitaire.
Mon père, aux champs troyens a triomphé du sort;
Une épouse, un tyran lui donnèrent la mort:
Il tomba, comme un chêne atteint par la tempête
Tombe au sein des forêts que dominait sa tête.
Oh! qui consolera mes stériles douleurs?
Proserpine et Pluton, dieux sombres, dieux vengeurs,
Némésis vénérable, Euménides sacrées,
Craintes des oppresseurs et contr'eux implorées,

Électre vous appelle : aide, pitié, secours!
A des sujets tremblans je n'aurai point recours;
Un seul espoir me luit, un‑seul appui me reste:
Vers sa plaintive sœur guidez mon cher Oreste,
Et que d'un trône impie Égisthe renversé
Rende au fils de son roi le sang qu'il a versé.

SCÈNE II.

ÉLECTRE, LE CHŒUR.

LE CHŒUR.

Fille innocente, hélas! d'une coupable mère,
Esclave en ce palais où régnait votre père,
Votre courroux, Électre, est un juste courroux:
Mais de ces vains transports quel fruit espérez-vous?
Quand vos cris perceraient au fond du sombre abîme,
Pensez-vous qu'à des pleurs il rende sa victime?
En sa douleur timide imitez votre sœur;
Voyez Chrysosthémis souffrir avec douceur;
Voyez Oreste, enfin, gémissant en silence,
Préparer loin de nous et mûrir sa vengeance.

ÉLECTRE.

Oreste! ah! que fait-il? qui peut le retenir?
Ses lettres m'annonçaient un plus doux avenir.
Près des plaisirs d'un trône, aux champs de la Phocide,
Aurait-il oublié cette cour homicide,
Du grand Agamemnon les mânes en courroux,

Électre dans les fers, sans amis, sans époux,
Seule, et, sous les lambeaux de l'obscure misère,
Mangeant le pain sanglant des bourreaux de son père ?

LE CHŒUR.

Non ; de votre destin ne désespérez pas :
Non ; Strophius admit Oreste en ses États.
Aux remparts de Crissa ce roi sage et fidèle
Se garde pour Électre, et veille encor sur elle.
Jupiter à vos maux ne ferme point ses yeux.

ÉLECTRE.

Tu vois, tu règles tout, Roi du monde et des cieux :
Rends Oreste à mes pleurs, Oreste à ma tendresse.
L'assassin règne encor ; que le vengeur paraisse :
Il est temps de frapper. Cet astre qui nous luit
Pour la troisième fois a dissipé la nuit,
Depuis que du tyran la présence abhorrée
Ne souille point Mycène, un moment délivrée.
Mais les fêtes du crime appellent son retour :
Il revient célébrer cet exécrable jour
Où le sang le plus pur scellait des nœuds impies,
Où les flambeaux d'hymen étaient ceux des furies.
Ah ! c'était peu de voir Agamemnon périr,
Sans pouvoir le défendre, et sans pouvoir mourir :
O honte ! ô désespoir d'Électre consternée !
Malheureuse ! il me faut contempler, chaque année,
Ces jeux du parricide et de la trahison,
Qu'Égisthe ose appeler festins d'Agamemnon.
Huit ans, l'usurpateur défia son supplice ;

Ma mère.... est-ce bien là le nom de sa complice?
Bravant d'un peuple ému les yeux accusateurs,
Ma mère sacrifie aux dieux libérateurs;
Elle offre, au lieu d'encens, le souvenir du crime,
Dans le fond du tombeau ressaisit sa victime,
Courbe un front parricide au pied des immortels,
Et d'un vœu sacrilège insulte à leurs autels.
Et je pourrais subir un joug aussi funeste!
Écouter l'oppresseur jurant la mort d'Oreste!
Entendre d'un air calme, en étouffant mes cris,
Ma mère m'accuser d'avoir sauvé son fils!
Si devant les forfaits la vertu doit se taire,
Honorer l'assassin, respecter l'adultère,
Des mânes paternels méconnaître la voix,
Désormais la nature a donc perdu ses droits!
On verra s'éclipser la pudeur immortelle,
Et les temples des Dieux périront avec elle.

SCÈNE III.

ÉLECTRE, CHRYSOSTHÉMIS, LE CHOEUR.

CHRYSOSTHÉMIS.

Osez-vous, chère Électre, aux portes du palais
Faire ainsi retentir des éclats indiscrets?
Je pleure comme vous: si de la délivrance
Le moindre avant-coureur charmait mon espérance,

Je braverais sans peine un utile danger;
Mais nous pouvons nous perdre et non pas nous venger.
Conservant dans son âme une douleur contrainte,
On cède; et le respect n'est souvent que la crainte.

ÉLECTRE.

Fille du roi des rois est-ce vous qui parlez?
Avec ses assassins vous qui dissimulez?
Dois-je aussi, trahissant ses mânes vénérables,
Délaisser la victime, adopter les coupables?
Pour me le conseiller quel temps choisissez-vous?
Le jour où Clytemnestre égorgea son époux.
Ah! vous n'obtiendrez pas d'effroi pusillanime
De ce cœur indompté que la vengeance anime.
Qu'ils règnent; mais du moins, sous leurs pompeux lambris
Que d'Électre captive ils entendent les cris;
Que ma douleur pieuse empoisonne leur joie;
Je veux les fatiguer des pleurs où je me noie.
Qu'au palais de mon père, et près de son cercueil,
Des festins somptueux ils étalent l'orgueil;
Loin d'eux à ces festins leur esclave préfère
Le pain de la pitié qu'on jette à sa misère.
A leur table insolente allez courber le front:
Flattez les meurtriers; mes pleurs me suffiront:
Des pleurs sont mes trésors, des pleurs ma nourriture.
Ils ne me verront pas, outrageant la nature,
Infidèle à mon père, indigne de mon nom,
Boire avec eux dans l'or le sang d'Agamemnon.

CHRYSOSTHÉMIS.

Ces reproches amers qu'excuse ma tendresse,
Est-ce à Chrysosthémis qu'Électre les adresse?
A moi qui sur mon cœur sens vos larmes couler,
Qui voudrais les tarir, qui viens les consoler?
Ah! croyez-en plutôt une sœur qui vous aime:
Vos tyrans, chère Électre, ont le pouvoir suprême;
Ils s'apprêtent encore à vous persécuter.

ÉLECTRE.

Contre moi désormais que pourraient-ils tenter?

CHRYSOSTHÉMIS.

Dans les noirs souterrains d'un cachot solitaire,
Ils veulent vous priver du jour qui nous éclaire.

ÉLECTRE.

Quand?

CHRYSOSTHÉMIS.

Du cruel Égisthe on attend le retour.

ÉLECTRE.

Ah! je vais être heureuse: il revient en ce jour.

CHRYSOSTHÉMIS.

Heureuse! en ce cachot! pouvez-vous y prétendre?

ÉLECTRE.

Oui, de ne plus les voir, de ne plus les entendre.

CHRYSOSTHÉMIS.

L'espoir consolateur vous serait enlevé.

ÉLECTRE.

Non, non, Chrysosthémis, Électre a conservé
De Mycène et d'Argos l'espérance et la joie.

Dans ce moment terrible où le vainqueur de Troie
En implorant le Ciel achevait de mourir,
Près de son jeune fils l'instinct m'a fait courir ;
Aux longs gémissemens de son malheureux père,
Il voulait se sauver sur le sein de sa mère ;
Ses cris, ses faibles cris demandaient, dans mes bras,
Sa mère... qui peut-être ordonnait son trépas.
Mais tous les dieux d'Argos veillaient pour sa défense ;
Au fidèle Isménor je remis son enfance,
Et ce glaive royal, autrefois redouté,
Que des mains de mon père on avait écarté,
Qui le rendit vainqueur aux rives du Scamandre,
Et qui doit le venger, n'ayant pu le défendre.
Rivage de Crissa, m'as-tu donc envié
Le dépôt précieux que je t'ai confié ?
Héritier des héros, ta jeunesse est oisive,
Quand Électre est aux fers, quand Mycène est captive ;
Tes aïeux du berceau s'élançaient aux combats
Leur glaive est-il encor trop pesant pour ton bras !

CHRYSOSTHÉMIS.

Ses périls sont plus grands quand Électre l'appelle.
Puisse-t-il les dompter ! qu'une douleur nouvelle
Ne couvre point de deuil et vous et votre sœur !
Vous savez qu'Hélénus, ce fils de l'oppresseur,
Hélénus, digne sang d'Égisthe et de Thyeste,
Dans les champs phocéens poursuit les jours d'Oreste.
Que le destin propice exauce votre espoir !
Adieu. Je vais remplir un funèbre devoir.

ÉLECTRE.

Où portez-vous ces dons?

CHRYSOSTHÉMIS.

Au tombeau de mon père.

ÉLECTRE.

Ces dons viennent de vous!

CHRYSOSTHÉMIS.

Non.

ÉLECTRE.

De qui?

CHRYSOSTHÉMIS.

D'une mère.

ÉLECTRE.

Qu'entends-je! Agamemnon par elle est honoré!
Agamemnon! grands Dieux! lui qu'elle a massacré!

CHRYSOSTHÉMIS.

Elle craint.

ÉLECTRE.

Savez-vous le dessein qui l'anime?

CHRYSOSTHÉMIS.

Elle aspire sans doute à fléchir sa victime.

ÉLECTRE.

Qui peut causer sa crainte?

CHRYSOSTHÉMIS.

Un songe de la nuit.

C'est tout ce que je sais.

ÉLECTRE.

Un songe la poursuit?

CRYSOSTHÉMIS.

Je vais remplir son ordre.

ÉLECTRE.

Ah! si je vous suis chère,
Au nom des dieux d'Argos, au nom de votre père,
D'un roi quė vous pleurez, que vous devez chérir,
Ma sœur, ne servez pas ceux qui l'ont fait périr;
N'allez pas l'outrager sous le monument sombre;
Dans le lit du tombeau laissez dormir son ombre.
Jetez, Chrysosthémis, ces présens exécrés...
Mais non; respectez l'air, l'air que vous respirez;
Et que, pour Clytemnestre enfouis sous la terre,
Ils ornent quelque jour son cercueil adultère.
Agamemnon vous voit: les vœux de son courroux,
De l'Olympe entendus, retomberaient sur vous;
Agamemnon trahi maudirait sa famille;
Avec ses meurtriers il confondrait sa fille!
Est-ce à lui d'accueillir les dons des assassins?
Est-ce à vous d'en souiller vos innocentes mains?
Non, non, présentez-lui de plus dignes offrandes;
Portez-lui vos cheveux arrondis en guirlandes;
Ajoutez-y les miens, ou du moins leurs débris,
Ma ceinture indigente, et ces lambeaux flétris,
Présent humble, il est vrai, mais pur et légitime,
Dépouille du malheur et non trésor du crime.
Nous offrirons l'encens et les dons précieux,
Quand Oreste vainqueur purifîra ces lieux;
De mon père vengé par un grand sacrifice

Le tombeau deviendra l'autel de la justice;
Et nous invoquerons ses mânes révérés
Parmi les immortels dans Mycène adorés.

CHRYSOSTHÉMIS.

Je me rends, chère Électre, à ce vœu noble et tendre;
Mon père vous inspire, il m'a semblé l'entendre:
Courons le consoler dans la nuit du trépas.

ÉLECTRE.

Je reconnais ma sœur. Accompagnez nos pas,
Sujets d'Agamemnon, gémissantes familles,
Sages vieillards, et vous, leurs épouses, leurs filles,
Venez tous; appelons par nos chants solennels
La foudre qui repose au sein des immortels.
Infaillible à frapper, mais tardive à descendre;
Qu'elle s'éveille au cri de cette auguste cendre;
Et que notre vengeur nous soit enfin rendu,
Égal aux demi-dieux dont il est descendu!

LE CHŒUR.

Ombre plaintive, ombre chère et sanglante,
Roi des héros, célèbre en ces combats,
Où tous les Grecs sur Pergame insolente
Vengeaient l'affront de Ménélas.

En descendant de ton char de victoire,
Privé d'honneurs tu fus enseveli;
Et ces vingt rois, compagnons de ta gloire,
Laissent tes mânes dans l'oubli!

Quand l'oppresseur, que tout ce peuple abhorre,
Fier de son crime et vainqueur des destins,
Après quinze ans, va t'outrager encore,
    En de sacriléges festins.

Après quinze ans Mycène désolée,
N'a pas encore épuisé ses douleurs;
Entends sa voix, et sur ton mausolée
    Reçois le tribut de ses pleurs.

ACTE II.

SCÈNE PREMIÈRE.

ORESTE, ISMÉNOR.

ISMÉNOR.

REJETON de ce roi dont la valeur altière
Sous le murs d'Ilion guida la Grèce entière,
Oreste, enfin le ciel exauce votre espoir.
Contemplez vos états. Ici vous pouvez voir
Et cette Argos antique, et la forêt profonde
Où mugit d'Inachus la fille vagabonde.
Là vous apercevez le temple de Junon,
La place lycéenne où s'élève Apollon,
Mycène prolongeant son enceinte opulente,
Et des fils de Pélops la demeure sanglante.
C'est en ces mêmes lieux qu'Électre votre sœur,
Arrachant votre enfance aux mains de l'oppresseur,
Déposa dans mes mains sa fragile espérance,
Et le fer paternel gardé pour la vengeance.
Dans le sang d'Hélénus vos mains l'on consacré;
Le piège que pour vous ils avaient préparé,

A vu s'ensevelir son espoir homicide,
Et cette urne contient les cendres du perfide.
C'est le premier garant de la faveur des Dieux.
Que du cruel Égisthe elle abuse les yeux;
Et que d'Agamemnon le glaive inexorable
Joigne au coupable fils un père plus coupable.
Remplissez vos destins; le jour est arrivé,
Le jour qu'au châtiment les Dieux ont réservé.

ORESTE.

Vous, le plus généreux des amis de mon père,
O fidèle Isménor dont la main tutélaire,
Des premiers jours d'Oreste écartant le danger,
Transporta mes destins sous un ciel étranger;
Je m'abandonne à vous : votre active prudence
Protégea, conduisit, éclaira mon enfance.
Mais hélas! en quels lieux m'avez-vous amené?
Ici le roi des rois dans le piége traîné,
Périt devant l'autel de ses dieux domestiques;
Voilà ce noir palais, les voilà ces portiques
Par l'ombre paternelle appelé si long-temps.
Je reviens donc laver ces rivages sanglans.
J'ai puni du tyran le barbare émissaire;
Le tyran désormais est mon seul adversaire :
Courons en le frappant justifier les Dieux.

ISMÉNOR.

Il est absent : bientôt il reverra ces lieux.
Il célèbre aujourd'hui la fête de son crime.

ORESTE.

Que la fête commence; il sera la victime.

ISMÉNOR.

Oui, sans doute, et le Ciel vous promet son trépas;
Mais cachez votre nom, vos desseins et vos pas.
Nos amis, dans ce bois rassemblés en silence,
Attendent les instans marqués pour la vengeance.
Le trépas d'Hélénus est partout inconnu;
Le bruit de votre mort au tyran parvenu,
Déja, grace à mes soins, flatte un moment sa rage;
Marchez comme la foudre, entouré d'un nuage;
Jusqu'aux bords du cercueil que l'ennemi trompé
Vous reconnaisse au coup dont il sera frappé.

ORESTE.

Des femmes! des vieillards! un chant funèbre et tendre!
Aux hymnes que de loin leur voix nous fait entendre,
Mycène a de son roi gardé le souvenir.

ISMÉNOR.

Oui: n'osant le venger, on ose au moins gémir.

ORESTE.

Une femme s'avance: elle marche entourée
D'une foule pieuse et comme elle éplorée;
C'est elle qui préside à ces tristes concerts;
Ses regards sont voilés; ses mains portent des fers.
Du palais de Tantale une autre, à l'instant même,
Descend avec l'éclat qui suit le rang suprême.

SCÈNE II.

ORESTE, ISMÉNOR, CLYTEMNESTRE, ÉLECTRE, LE CHOEUR.

CLYTEMNESTRE.

Agamemnon!

ORESTE.

Grands Dieux!

ÉLECTRE.

Ombre d'Agamemnon!

ORESTE.

Toutes deux de mon père ont prononcé le nom.

CLYTEMNESTRE.

Pardonne.

ÉLECTRE.

Venge-toi.

ORESTE.

Quelle est cette captive?

ISMÉNOR.

Près du remords puissant c'est la vertu plaintive :
L'une voudrait fléchir, l'autre appelle un vengeur ;
L'une... fut votre mère, et l'autre est votre sœur.

ORESTE.

Électre, ô ciel!

ISMÉNOR.

Électre.

ORESTE.

Elle a sauvé ma vie.
Électre dans les fers! tarder serait impie :
Ah! délivrons ma sœur de ces liens honteux.

ISMÉNOR.

C'est les rendre éternels, et vous perdre tous deux.
Non; pour qu'elle soit libre il faut qu'Égisthe expire.
Satisfaites d'abord les dieux de votre empire;
Offrez-leur tour à tour un encens solennel;
Présentez-vous ensuite au tombeau paternel:
Par des libations honorez l'ombre auguste,
Son glaive dans la main, jurez-lui d'être juste;
Et, ces devoirs remplis, vous pourrez revenir
Commander en ces lieux, délivrer et punir.

(Il sort avec Oreste.)

SCÈNE III.

CLYTEMNESTRE, ÉLECTRE, LE CHŒUR.

CLYTEMNESTRE.

De quels chants tout-à-coup mon oreille est frappée!
Ainsi toujours Électre, à me nuire occupée,
Étale, en m'outrageant, ses fastueux regrets,
Et d'un peuple sans frein caresse les excès!
Égisthe peut d'un mot combler votre disgrace;
Je vois que son absence enhardit votre audace:
Craignez à son retour un juste châtiment.

ÉLECTRE.

Ne puis-je regretter mon père impunément?

CLYTEMNESTRE.

Votre père! et vous seule étiez-vous sa famille?
Ne reconnaissait-il qu'Électre pour sa fille?
Il fut dénaturé; j'ai prévenu les Dieux;
Et maudit soit le jour, à jamais odieux,
Où je connus l'hymen, où sa chaîne abhorrée
Aux filles de Tindare unit les fils d'Atrée!
L'affront de Ménélas n'a pesé que sur moi:
A la Grèce, à l'Asie, Hélène a fait la loi;
Hélène reconquise, à Sparte révérée,
De son époux trahi règne encore adorée.
Si mon front a ployé sous un joug oppresseur,
Mère, j'ai dû venger ma fille et votre sœur:
L'Aulide dès long-temps m'avait justifiée;
La triste Iphigénie y fut sacrifiée;
Son sang fut répandu par la main de Calchas
Pour acheter les vents et dix ans de combats.
Votre père ordonna ce meurtre sacrilége.
Avait-il des forfaits le sanglant privilége?
Doux noms, liens sacrés, vous disparûtes tous;
En cessant d'être père, il cessa d'être époux;
Il fut mon devancier dans le chemin du crime;
Et c'est lui qui m'apprit à choisir la victime.

ÉLECTRE.

O pudeur! on sait trop qu'un roi victorieux
Sous le glaive adultère expira dans ces lieux;

On sait trop qu'une épouse... et vous en faites gloire!
Quand mon père n'est plus, vous frappez sa mémoire!
Vous appelez forfait l'excès de son malheur!
C'est vous qui l'accusez du meurtre de ma sœur!
Vous! La vengeance impie, un orgueil homicide,
N'ont point versé le sang qui fuma dans l'Aulide,
Mais les cris de vingt rois, mais le camp révolté,
Mais la voix de Calchas et du Ciel irrité.
Si mon père d'un crime avait été capable,
Épouse, étiez-vous juge et bourreau du coupable?
Les Dieux, se réservant le soin de se venger,
Vous chargeaient de le plaindre et non de l'égorger?
Oseriez-vous enfin vous offrir pour modèle?
Ne redoutez-vous pas qu'à vos leçons fidèle,
Et des mêmes raisons colorant sa fureur,
Des cendres de mon père il ne sorte un vengeur?

CLYTEMNESTRE.

Vous l'appelez du moins: votre désir funeste
Ne suit, n'entend, ne voit, ne respire qu'Oreste.

ÉLECTRE.

Oreste! il est errant, sans trône, sans pays;
Oreste! il est mon frère; il était votre fils.

CLYTEMNESTRE.

Ai-je encor le plaisir et le droit d'être mère?

ÉLECTRE.

Un mot vous a rendu ce sacré caractère:
Vous cachez avec peine un impuissant regret.

CLYTEMNESTRE,

Oui, vous me l'arrachez cet horrible secret;
Mon forfait me poursuit: sensible et criminelle,
La nature punit mon outrage envers elle.
Faut-il vous dévoiler tous les tourmens d'un cœur
Qui se débat en vain sous le remords vainqueur?
Vous pleurez sans effroi, mais il est d'autres larmes.
Un songe, hier encore, augmenta mes alarmes:
C'était dans ces momens où la naissante nuit
Remplace un jour douteux qui baisse et qui s'enfuit;
Quand le premier sommeil sur la terre en silence
Vient effrayer le crime et calmer l'innocence,
Il me semblait d'Io parcourir les forêts,
Lieu sombre, lieu terrible, où parmi les cyprès
Agamemnon repose au fond d'un mausolée:
J'y vois son ombre errante et d'un crêpe voilée,
Mais la couronne en tête, et dominant encor,
Sur le tombeau royal planter un sceptre d'or;
J'y vois Égisthe... hélas! j'ai dû le reconnaître,
Toucher, saisir le sceptre, et soudain disparaître.
Quand mes cris l'appelaient, ô prodige nouveau!
A la place du sceptre un naissant arbrisseau
Sortit avec effort du milieu des ruines;
Des flots de sang humain fumaient dans ses racines:
Étendant tout-à-coup ses rameaux attérés,
Ce faible rejeton, grandissant par degrés,
Bientôt roi des forêts, levant sa tête altière,
D'un ombrage imposant couvrit Mycène entière;

Et, sous ce vaste abri, le peuple de ces lieux,
L'encensoir à la main, remerciait les dieux.

ÉLECTRE.

Ah! ma mère, écoutez leur volonté suprême:
Ce naissant arbrisseau, c'est Oreste lui-même.
Accordez un appui, maintenant précieux,
A ses jeunes rameaux, qui toucheront les cieux.
Celui d'Oreste un jour pourra vous être utile
Contre Égisthe et le crime: il sera votre asile.

CLYTEMNESTRE.

Vous insultez, Électre, à mes sens interdits.
Que me proposez-vous!

ÉLECTRE.

De rappeler un fils,
D'être encore une mère et d'oser le paraître;
De ployer sous les Dieux, de les fléchir peut-être.
Ayez pitié d'Oreste, et ne le craignez pas:
Vous savez quel péril environne ses pas;
Hélénus le poursuit; Mycène le réclame:
Si le poids de la haine a fatigué votre ame,
Oh! combien pour un fils errant, persécuté,
Il est dur de haïr le sein qui l'a porté!
Mon frère n'aura pas cet horrible courage.
Moi-même, sous vos yeux subissant l'esclavage,
J'étoufferai ces cris, ces transports douloureux
Qu'un excès d'injustice arrache au malheureux:
Vous n'entendrez de moi que le doux nom de mère,
Si vous aimez encor, si vous sauvez mon frère.

Rendez-vous : que ce cœur amolli tout entier,
Ose avec la vertu se réconcilier ;
Du Ciel et des humains obtenez votre grace ;
Et si, du sein des morts, un époux vous menace,
Pour imposer silence à ses mânes sanglans,
Entre son ombre et vous rassemblez vos enfans.

CLYTEMNESTRE.

Non, je ne puis franchir la barrière du crime.
Il ne me reste plus, sous le poids qui m'opprime,
Que de stériles pleurs, des remords superflus,
Et l'amer souvenir d'un bonheur qui n'est plus.
Ce fils, de qui l'enfance eut pour moi tant de charmes,
Cet Oreste, l'objet de mes secrètes larmes,
Qui de mes derniers jours dut être le soutien,
A l'épouse d'Égisthe Oreste n'est plus rien :
Il faut, en gémissant, subir ma destinée.
Adieu : le Ciel ramène une horrible journée ;
Égisthe est près d'ici ; ces lieux vont le revoir,
Évitez son aspect ; je cours le recevoir.
Désormais inégale au poids du diadême,
Puissé-je auprès d'Égisthe, échappant à moi-même,
Bannir de mes chagrins l'insupportable nuit,
Et trouver un moment le repos qui me fuit !

ÉLECTRE.

Trouve-t-on le repos auprès de son complice ?
Ne vous en flattez pas : il est dans la justice.
Allez rejoindre Égisthe ; et je vais, loin de vous,

Pleurer sur son tombeau mon père et votre époux.

(Tous s'en vont, excepté le chœur.)

SCÈNE IV.

LE CHOEUR.

Songe effrayant, songe homicide!
Les malheurs du sang Pélopide
Souilleront de nouveau ces lieux ;
Bientôt les artisans du crime
Seront unis à leur victime :
Voilà ce qu'annoncent les Dieux.

Du roi chef des rois de la Grèce
La voix terrible et vengeresse
Pousse encor un cri souverain :
Ce cri prolongé dans l'Averne,
Éveille au fond de sa caverne
Érinnys aux cent pieds d'airain.

Entre Thémis et la puissance
L'horrible déité s'avance;
Le fer luit du sein des tombeaux :
Il arme sa main forcenée;
Et d'un parricide hyménée
Le sang éteindra les flambeaux.

ACTE III.

SCÈNE PREMIÈRE.

ÉGISTHE, CLYTEMNESTRE.

ÉGISTHE.

Laissez-nous dans ces lieux, habitans de Mycène :
Et vous, à qui je dois ma grandeur souveraine,
En ce jour solennel, goûtez, ainsi que moi,
A l'abri du péril un bonheur sans effroi.

CLYTEMNESTRE.

En ce jour !

ÉGISTHE.

L'ennemi de mon pouvoir suprême,
Oreste, ce fléau d'Égisthe et de vous-même,
Qu'aux rives de Crissa poursuivait Hélénus...

CLYTEMNESTRE.

Oreste !

ÉGISTHE.

C'en est fait : Oreste ne vit plus.

CLYTEMNESTRE.

Mon fils !

ÉGISTHE.

D'un nom si doux Clytemnestre l'appelle?

. . . .

. . . .

NATHAN LE SAGE,

DRAME EN TROIS ACTES, ET EN VERS,

IMITÉ DE L'ALLEMAND DE LESSING.

PERSONNAGES.

SALADIN, sultan.

NATHAN, négociant juif.

OLIVIER DE MONTFORT, templier.

DOM TREMENDO, patriarche de Jérusalem.

FRÈRE BONHOMME, moine.

ZOÉ, crue fille de Nathan.

BRIGITE, gouvernante de Zoé.

Suite du Patriarche.

La scène est à Jérusalem, sous le règne de Saladin.

On voit d'un côté la maison de Nathan, de l'autre des palmiers, une colline, et, dans le lointain, un monastère sur le mont Thabor.

NATHAN LE SAGE,

DRAME.

~~~~~~

ACTE PREMIER.

———

SCÈNE PREMIÈRE.

NATHAN, BRIGITE.

BRIGITE.

Que le ciel soit loué! que béni soit ce jour!
Quoi, Nathan, mon cher maître, est enfin de retour?

NATHAN.

J'ai visité de Tyr le fastueux rivage:
Ai-je été trop tardif pour un si long voyage?
Chaque jour, chaque nuit, combien j'ai regretté
Ma patrie et le toit par ma fille habité!

BRIGITE.

Ne voyagez donc plus; c'est assez d'opulence.
O Nathan, peu s'en faut que, durant votre absence,
Ce toit de vos aïeux...

NATHAN.

N'ait été consumé:

De cet évènement je viens d'être informé.
Dieu veuille que ta voix n'ait plus rien à m'apprendre!

BRIGITE.

La maison tout entière allait tomber en cendre.

NATHAN.

On l'aurait reconstruite.

BRIGITE.

Et Zoé n'était plus.

NATHAN.

Ces détails effrayans ne me sont pas connus.
Zoé, dis-tu, Zoé m'allait être ravie!
Ah, malheureux! peut-être elle a perdu la vie.

BRIGITE.

Eh! non, non.

NATHAN.

Dis-tu vrai? ne me trompes-tu pas?

BRIGITE.

Non; car j'aurais du moins partagé son trépas.

NATHAN.

Pourquoi troubler ainsi ma tendresse inquiète?
Sa vie est donc?....

BRIGITE.

Certaine.

NATHAN.

Et sa santé?

BRIGITE.

Parfaite.

NATHAN.

Ma Zoé, mon enfant!

BRIGITE.

Ces noms sont-ils les siens?

NATHAN.

Ma Zoé, mon trésor! le premier de mes biens!

BRIGITE.

Peut-il être en effet compté parmi les vôtres?

NATHAN.

La nature et le sort m'ont donné tous les autres:
Ce n'est qu'à la vertu que je dois celui-ci.

BRIGITE.

Il est vrai. Toutefois, souvenez-vous aussi
Que l'on pourrait avoir un droit plus légitime;
Qu'au temps où les Français ont assiégé Solime,
Dans le fort du combat, plusieurs jeunes enfans
Pêle-mêle emportés, chrétiens et musulmans,
Furent mis en dépôt sur le mont Solitaire
Où Philippe en partant bâtit un monastère.

NATHAN.

Oui, que l'on voit d'ici : l'hospice du Thabor.
Je n'ai rien oublié.

BRIGITE.

Souvenez-vous encor
Qu'alors certains écrits prouvaient leur origine.

NATHAN.

Ces écrits sont perdus : Zoé fut orpheline;
J'ai dû la recueillir, et mon droit est sacré.

BRIGITE.

Ce que l'on croit perdu n'est souvent qu'égaré.

NATHAN.

Tu penses qu'il fallait lui fermer mon asile?

BRIGITE.

Depuis peu nous avons un patriarche habile :
Il est notre voisin; il sait parler, agir.

NATHAN.

Des bienfaits découverts ne font jamais rougir.

BRIGITE.

Et Zoé! quelle foi, s'il vous plaît, est la sienne?
Pour moi, bonne Française et meilleure chrétienne,
J'ai resté près de vous; mais...

NATHAN.

T'en repens-tu?

BRIGITE.

Non;

Car vous fûtes toujours si généreux, si bon!
Vous n'êtes cependant, quoique l'on vous admire...

NATHAN.

Qu'un juif. Oui, c'est bien là ce que tu voulais dire.

BRIGITE.

Vraiment, c'est grand dommage.

NATHAN.

Oh! sans doute. Et pourquoi
Ne vois-je pas encor ma fille auprès de moi?

BRIGITE.

C'est qu'elle sommeillait. Elle est un peu troublée.
D'un péril qui n'est plus trop souvent accablée,
Elle pense en dormant être au milieu des feux :

Tranquille, cette nuit elle entr'ouvrait les yeux,
En s'écriant: « Il vient: voilà, voilà mon père;
« J'entends sa douce voix. » Si Zoé vous est chère
La pauvre enfant vous aime, et jusques aujourd'hui
Elle n'a respiré que pour vous et pour lui.

NATHAN.

Pour lui, dis-tu? qui, lui?

BRIGITE.

     Mais, lui... qui l'a sauvée.

NATHAN.

O bonheur! Et qui donc? qui me l'a conservée?

BRIGITE.

C'est un jeune Français, un de ces chevaliers
Qui rendent si fameux le nom de Templiers.
L'ame de Saladin, pour lui seul adoucie,
A ce chrétien captif avait laissé la vie.

NATHAN.

Que de ressorts cachés! quel étonnant destin!
Un chevalier français qu'épargne Saladin!

BRIGITE.

Oui, sans doute, un Français, un Templier, vous dis-je.

NATHAN.

Dieu! pour sauver Zoé tu faisais un prodige!

BRIGITE.

Sans ce brave chrétien...

NATHAN.

     Cet homme est bien heureux!
Ne tardons plus; cherchons ce mortel généreux;

Je veux le voir, Brigite. Ah! conduis-moi de grace.

BRIGITE.

Où donc?

NATHAN.

    A ses genoux, pour que je les embrasse;
J'ai besoin de le voir. J'étais loin de ces bords;
Mais vous avez sans doute épuisé mes trésors;
Et, pour récompenser ce bienfaisant courage,
Donné mes biens entiers et promis davantage?

BRIGITE.

Donné, promis: c'est bon; mais quand l'aurions-nous pu?
Il est venu, Dieu sait comment il est venu;
Il est parti, Dieu sait quel séjour il habite.
Le jour de l'incendie il accourut bien vite;
Dans les torrens de flamme on le vit s'engager,
Sans daigner seulement s'informer du danger:
C'est un guerrier français : il est né magnanime.
Envoyé par son Dieu pour sauver la victime,
De Zoé solitaire il entendit les cris.
Quand les toits embrasés s'écroulaient en débris,
Quand déja l'on pleurait son inutile zèle,
On le vit tout-à-coup s'élancer avec elle,
Poser d'un bras nerveux son précieux fardeau,
Et, du plus grand sang froid secouant son manteau,
Échapper à nos yeux dans la foule étonnée.

NATHAN.

Échapper, me dis-tu? la première journée!

BRIGITE.

Comment! durant trois jours après lui j'ai couru;
Enfin sous ces palmiers il a pourtant paru.
De mes courses bientôt je me suis repentie;
Et tout autre à ma place eût quitté la partie.
Moi, le matin, le soir, je ne le quittais pas;
Je l'ai prié, pressé d'accompagner mes pas,
De remplir de Zoé la timide espérance,
De recueillir les pleurs de sa reconnaissance.
Il avait beau me fuir, et souvent m'insulter:
Ses refus outrageans n'ont pu me rebuter.
Mais, depuis plusieurs jours, toute recherche est vaine;
Dix fois, sous les palmiers, sur le mont, dans la plaine,
Partout j'ai démandé si quelqu'un l'avait vu:
On ignore partout ce qu'il est devenu.
Sur cela de Zoé la tête se dérange;
Car cette chère enfant s'imagine qu'un ange,
Oui, qu'un ange, le sien, le gardien de ses jours,
Est venu lui prêter de célestes secours.

NATHAN.

Un ange!

BRIGITE.

Ce départ confirme sa pensée.

NATHAN.

Brigite a combattu cette erreur insensée?

BRIGITE.

Mais pas trop.

NATHAN.

C'est à moi d'éclaircir tout ceci.
Un ange!

BRIGITE.

Est-ce un grand mal? Mais enfin la voici.

SCÈNE II.

NATHAN, ZOÉ, BRIGITE.

ZOÉ.

O mon père, c'est vous que le ciel me renvoie!
Après tant de chagrin j'aurai donc quelque joie.
Embrassez votre fille, et ne la quittez plus.
Vos accens jusqu'à moi sont déjà parvenus.
Votre voix cette nuit déja s'est fait entendre.

NATHAN.

La tienne me ranime : elle est sensible et tendre.

ZOÉ.

Quels fleuves, quels déserts n'avez-vous pas franchis!
Et les monts jusqu'à vous n'ont pas porté mes cris,
Les cris de votre fille aux feux abandonnée,
Et loin de vos secours à mourir condamnée?
Un ange protecteur, aussi jeune que beau,
Et qui, dit-on, sur moi veilla dès mon berceau,
Vit des sommets du ciel votre fille expirante;
Il entendit rugir la flamme dévorante;
D'un chevalier du Temple il prit le vêtement;

Il s'élança pour moi des champs du firmament,
Traversa tous les cieux, descendit dans Solime,
Et sur son aile blanche enleva la victime.

BRIGITE.

L'ange est un Templier; l'aile blanche...

NATHAN.

Un manteau.

Brigite en mon absence a brouillé son cerveau.

BRIGITE.

Grace à vous, votre fille a fort peu de croyance.
Laissez en paix son ange : il est, sans conséquence,
Admis du musulman, du juif et du chrétien.

NATHAN.

Non, l'imposture nuit; l'erreur n'est bonne à rien.
De l'oubli des bienfaits pourquoi faire une étude?
Pourquoi sanctifier jusqu'à l'ingratitude?
Supposons-le, ma fille; un ange est ton appui :
Eh bien, tu lui dois tout; tu ne peux rien pour lui.
Va, ne renonce point à la reconnaissance;
Va, le prix du bienfait est en notre puissance :
Offrons tous mes trésors à ton libérateur;
Mais ce n'est point assez : conserve-lui ton cœur.
Zoé, c'est un jeune homme avec l'ame d'un ange.
Jusque-là tout est simple; et tu veux de l'étrange,
Du miracle? Eh bien, soit. Peux-tu donc oublier
Qu'il est Européen, Français et Templier?
Dieu ne l'a-t-il donc pas tiré de sa patrie
Pour qu'il vînt te sauver au fond de la Syrie?

Ne l'a-t-il point conduit sur les bords du Jourdain?
N'a-t-il pas désarmé le bras de Saladin?
Quand vit-on devant Dieu s'abaisser plus d'obstacles?
Quel miracle est plus grand, s'il vous faut des miracles?

ZOÉ.

Souvent, sous les palmiers, il s'offrait à nos yeux;
Mais il a disparu.

NATHÁN.

Pour remonter aux cieux?

BRIGITE.

Eh! laissez-lui son ange.

NATHAN.

Eh! laisse-là ton zèle.

Viens, Zoé; par erreur ne deviens pas cruelle.
Écoute : si cet ange à qui tu dois tes jours,
Était abandonné, malade, sans secours?

ZOÉ.

Malade! lui! mon sang s'est glacé dans mes veines.

NATHAN.

Les veilles, les besoins, le poids secret des peines,
La chaleur du climat, tout l'aura consumé.
Au ciel de l'Occident il est accoutumé :
Sur la terre étendu, sans un ami...

ZOÉ.

Mon père!

NATHAN.

Sans or pour acheter l'amitié mercenaire,
Il ne possède rien dans son état cruel,

Que je sauve à mon tour celui qui m'a sauvée.

NATHAN.

Ah! d'un si noir tableau ton ame est soulevée!
Ton bienfaiteur souffrir! non, Zoé, non, jamais,
Si tu sens le besoin de payer ses bienfaits;
C'est Dieu qui les inspire et qui les récompense.

ZOÉ.

Oui, consolez mon cœur, soyez ma providence.
Déjà l'évènement répond à votre espoir;
Cet appui, ce sauveur, je viens de le revoir;
C'est lui; tenez, c'est lui, debout sur la colline,
Les regards étendus sur la plaine voisine.
Un palmier me le cache. Ah! s'il tournait les yeux!
C'est que je pense à lui; mais lui!

BRIGITE.

                      Vraiment, tant mieux.
Car, s'il nous aperçoit, il va prendre la fuite.

ZOÉ.

Il descend.

NATHAN.

              Viens, rentrons. Va le trouver, Brigite;
A ce brave jeune homme annonce mon retour.
Va, dis-lui que Nathan veut le voir en ce jour;
Dis-lui bien de presser l'heure douce et prospère
Où nous lui rendrons grace, où la fille et le père

Jouiront du bonheur de tomber à ses pieds.

(Ils sortent.)

SCÈNE III.

MONTFORT, BRIGITE.

MONTFORT.

Vous me suivez toujours!

BRIGITE.

Toujours vous me fuyez!

MONTFORT.

Que voulez-vous encor? qu'avez-vous à me dire?

BRIGITE.

Que la jeune Zoé vous attend et soupire.
Elle a versé des pleurs; vous étiez loin d'ici:
Vous voilà de retour; le père l'est aussi.

MONTFORT.

Qu'est-ce à dire? le père.

BRIGITE.

Oui, ce juif honnête homme,

Riche, bon, généreux; c'est Nathan qu'il se nomme.

MONTFORT.

Vous l'avez dit cent fois: Nathan, je m'en souviens.

BRIGITE.

Le Sage; c'est le nom qu'il reçoit chez les siens.

MONTFORT.

Peut-être chez les siens qui dit riche, dit sage.
Mais, que veut-il de moi?

BRIGITE.

Vous rendre son hommage,

Du sauveur de sa fille embrasser les genoux,

L'offrir à vos regards, s'acquitter envers vous,

Déposer à vos pieds une immense fortune.

MONTFORT.

Femme, retirez-vous; ce discours m'importune.

Quand j'expose mes jours, ce n'est point pour de l'or.

BRIGITE.

Ce que vous avez fait...

MONTFORT.

Je le ferais encor.

Allez : ne troublez point ma douce solitude.

Sans trésor, il est vrai, mais sans inquiétude,

Je viens près des palmiers goûter quelque loisir;

Je rêve sous leur ombre, et c'est mon seul plaisir.

Adieu.

BRIGITE.

Je n'ose pas insister davantage:

Je crois qu'il est encor revenu plus sauvage.

(Elle sort.)

SCÈNE IV.

MONTFORT, F. BONHOMME.

F. BONHOMME, à part.

C'est lui. Voyons.

MONTFORT, à part.

Ce moine a de secrets desseins.

31.

F. BONHOMME, à part.

Dur métier!

MONTFORT, à part.

De quel œil il regarde mes mains!

F. BONHOMME.

Chevalier!

MONTFORT.

Je n'ai rien; j'en suis fâché, mon père.

F. BONHOMME.

Je suis frère servant.

MONTFORT.

Soit. Je n'ai rien, mon frère.

F. BONHOMME.

Dieu vous saura toujours gré de l'intention:

(A part.)

Mais... par où commencer? la méchante action!

MONTFORT.

Vous voulez me parler?

F. BONHOMME.

Eh! mais vraiment sans doute;

En secret toutefois.

MONTFORT.

Aucun ne nous écoute.

F. BONHOMME.

Voyez-vous le sultan?

MONTFORT.

Une fois je l'ai vu.

F. BONHOMME.

Oh! vous le reverrez: vous en êtes connu.

C'est bien dommage, au fond, qu'avec tant de lumières
Il n'ait pas pris encor du goût pour nos mystères.
Affable, humain, parfait, s'il devenait chrétien!

MONTFORT.

Quant à moi, j'aurais cru qu'il ne lui manquait rien.

F. BONHOMME.

Pardon, si près de vous je fais une démarche
Singulière à mon sens; mais, dit le patriarche...
Avez-vous aperçu le patriarche?

MONTFORT.

Non.

F. BONHOMME.

Le patriarche dit qu'il a toujours raison;
Il veut qu'on obéisse et, surtout, que l'on croie.
Je suis un pauvre moine, et c'est lui qui m'envoie.

MONTFORT.

Et vers moi, s'il vous plaît, pourquoi vous envoyer?

F. BONHOMME.

Oh! vous l'allez savoir. Vous êtes chevalier:
Il a fondé sur vous une grande espérance.
Dom Tremendo prétend que, si votre vaillance
Veut remplir un décret par le Ciel arrêté,
Vous pouvez, d'un seul coup, sauver la chrétienté;
Qu'envers un infidèle aucun bienfait ne lie.
Il parle de Judith, des murs de Béthulie,
De Débora, d'Aod; car il est fort savant,
Connaît bien l'Écriture, et la cite souvent.

MONTFORT.

Au fait.

F. BONHOMME.

Il faut, dit-il, qu'un jour Saladin meure.
Ce jeune chevalier peut le voir à toute heure...

MONTFORT.

Un crime?...

F. BONHOMME, à part.

Bien! fort bien! il n'acceptera pas.

MONTFORT.

Et votre patriarche a compté sur mon bras?

F. BONHOMME.

N'allez pas me trahir. Foi de frère Bonhomme,
Je le trouve un grand saint, mais un bien méchant homme.
De goûts, d'avis, d'humeur nous différons parfois:
Il est de Salamanque, et je suis Champenois.

MONTFORT.

Sait-il que Saladin fut toujours magnanime?

F. BONHOMME.

Il s'en doute fort peu.

MONTFORT.

Sait-il quelle victime
Il lui plut d'épargner?

F. BONHOMME.

Vous. Il ne sait pourquoi.
Il ne comprend pas bien...

MONTFORT.

Sans peine je le croi.

Un sentiment sublime a de quoi le surprendre.

Vous lui raconterez ce qu'il ne peut comprendre.

F. BONHOMME.

Je vous écoute.

MONTFORT.

Un mois s'est à peine écoulé

Depuis qu'en combattant, par le nombre accablé,

Je fus conduit captif au soudan de Syrie.

A ses yeux, dans sa cour, j'allais perdre la vie;

Le col nu, le front calme, et d'un œil sans effroi

Je contemplais le fer déja levé sur moi.

Ma jeunesse, un maintien que n'ont pas les esclaves

Frappent son ame altière : un brave aime les braves.

Fixant bientôt sur moi des regards attendris,

Il crie : « Assad! mon frère! arrêtez. » A ces cris

Vers les yeux du grand homme on se tourne en silence :

On attend ses décrets. Tout-à-coup il s'élance

Jusqu'à moi; dans mes bras il arrive éperdu;

Écarte avec sa main le glaive suspendu;

Tremblant, baigné de pleurs, et d'une voix humide :

« Jeune Français, dit-il, toi que rien n'intimide!

« J'ai vu par tes chrétiens mes états ravagés;

« Par tes mêmes chrétiens mes enfans égorgés

« Ont péri loin de moi, loin de leur tendre mère :

« N'importe. En te voyant j'ai cru revoir mon frère.

« Dès long-temps, mon Assad a rejoint ses aïeux :

« Va, c'est lui qui te sauve; il revit à mes yeux :

« Va, jeune homme, ce front où se peint le courage

« Ne m'aura pas en vain présenté son image.

« Ses traits, ses traits chéris, dont je te vois paré,

« D'un chrétien qui me hait font un être sacré.

« Conserve-les long-temps, et bénis sa mémoire.

« Tu vivras. »

F. BONHOMME.

Le grand prince!

MONTFORT.

Aussi grand que sa gloire.

Ce fer, qu'il m'a laissé, lui percerait le sein!

Un chevalier français n'est pas un assassin.

Je veux bien lui cacher ce complot homicide;

Car le dieu qu'il imite à ses destins préside.

Si votre patriarche invoque une autre main,

Si même des guerriers attaquaient Saladin,

Quand je reconnaîtrais la bannière chrétienne,

Ce manteau, cette croix n'ont rien qui me retienne:

De mon cœur seulement je recevrais la loi;

Et c'est mon bienfaiteur qui doit compter sur moi.

F. BONHOMME.

Me voilà soulagé: j'avais bien des alarmes.

MONTFORT.

Vous pleurez?

F. BONHOMME.

Ce n'est rien.

MONTFORT.

Ne cachez point vos larmes;

Elles vous font honneur, homme simple et pieux:

Vous n'êtes point savant, mais vous en valez mieux.
Adieu. Je vais finir ma course solitaire.

F. BONHOMME.

Et moi, content de vous, je rentre au monastère.
Dans peu, le patriarche entendra mon récit.
Je conçois à quel point ce que je vous ai dit
A dû vous inspirer l'horreur et la surprise;
Mais on sert quelquefois des maîtres qu'on méprise;
Et, contraint d'obéir, on gémit sans témoin.
Adieu. Dans ce couvent que vous voyez de loin
Songez que vous avez un serviteur fidèle.
Dom Tremendo croira que j'ai manqué de zèle;
Car il ne comptait point sur un cœur généreux.
Je n'ai pas réussi: je m'en vais bien heureux!

ACTE II.

SCÈNE PREMIÈRE.

SALADIN.

« Pourquoi marcher, dit-on, sans suite, sans escorte?»
Pourquoi pas? «Mais l'usage!» On s'y fera. Qu'importe?
« Un sultan! quel abus!» je ne sais point de loi
Qui me force à traîner une cour après moi.
Régner, régner toujours, s'ennuyer par décence,
Se condamner sans cesse à la magnificence:
Voilà les vrais abus. Mes sujets sont soumis;
Parmi les musulmans je n'ai que des amis;
Quelle main peut d'ailleurs changer les destinées?
Celui qui nous fait naître a compté nos journées.
Des traces d'incendie! ah! oui, c'est la maison
De ce juif estimé pour sa droite raison.
Excepté les chrétiens, tout Solime le vante.
Est-il vrai que sa fille, une fille charmante,
Jusqu'ici de Moïse ait ignoré la loi?
Qu'elle révère un dieu, mais n'ait point d'autre foi?
Eh bien, un dieu suffit: la nature l'atteste;
Notre cœur le révèle; il faut un dieu. Le reste...
Le père est juif pourtant. Cet homme est singulier.

SCÈNE II.

SALADIN, NATHAN.

NATHAN, à part.

C'est donc à moi de voir ce jeune templier!
Oui; s'il a de Brigite épuisé la constance,
Mes efforts plus' heureux vaincront sa résistance.

SALADIN, à part.

Je ne me trompe pas; c'est bien lui; c'est Nathan.

NATHAN, à part.

J'entends du bruit. O ciel! j'aperçois le sultan.
Fuyons. On est toujours assez près de son maître.

SALADIN.

Demeure. Que crains-tu? je voudrais te connaître.
Ton nom est Nathan?

NATHAN.

Oui.

SALADIN.

Le sage Nathan?

NATHAN.

Non.

SALADIN.

C'est le peuple du moins qui t'a donné ce nom.

NATHAN.

Le peuple! il peut errer.

SALADIN.

Quelquefois il est juste.

NATHAN.

Mais si par raillerie il donne un titre auguste,
Ou si le riche avare est un sage à ses yeux?

SALADIN.

Tu me prouves déja que l'on t'a jugé mieux.
Tu chéris la raison; tu parais la connaître :
Cela seul fait le sage.

NATHAN.

   Et chacun pense l'être.

SALADIN.

D'un ton moins réservé réponds à mon accueil.
L'excès de modestie est un excès d'orgueil.
Je te crois honnête homme : en toi j'ai confiance.

NATHAN.

Je saurai mériter toujours la préférence :
Tu seras satisfait des qualités, du prix.

SALADIN.

Du prix? que me dis-tu?

NATHAN.

    Tu peux avoir appris
Qu'en voyage long-temps...

SALADIN.

    Laisse-là ton voyage.
Tu réponds en marchand; Saladin parle au sage.

NATHAN.

Commande. Que veux-tu?

SALADIN.

    Chaque peuple a sa loi,

Ses dogmes, ses martyrs, ses prophètes, sa foi.
Éclairé par l'étude et par l'expérience,
Sans doute, tu connais la meilleure croyance?

NATHAN.

Saladin, je suis juif.

SALADIN.

Et je suis musulman.
Mais, né dans la Syrie et né fils d'un sultan,
Sans trop examiner les dogmes de nos prêtres,
J'ai cru ce qu'autrefois avaient cru mes ancêtres.
Un sage avec lenteur doit tout approfondir.
Dis-moi quel fut ton choix; je veux aussi choisir:
Ne flatte Mahomet, ni Jésus, ni Moïse;
En homme libre et franc réponds à ma franchise.
Te voilà tout-à-coup rêveur, silencieux!
Ta réponse n'est pas écrite dans mes yeux.
Je le vois, ma demande a surpris ton oreille:
Les sultans ne font pas de question pareille;
Je le sais: néanmoins, tu l'avoûras, Nathan,
La question n'est pas indigne d'un sultan.
Allons, réfléchis, pense avant de me répondre.

NATHAN, à part.

Il est vrai: la demande a lieu de me confondre.
J'ai cru, moi, qu'il allait m'emprunter de l'argent,
Et c'est la vérité qu'il faut donner comptant!
Singulière monnaie! elle a pu sembler belle
Lorsqu'on l'appréciait à sa valeur réelle;
Mais depuis bien long-temps elle a fort peu de cours,

Et son poids est, surtout, ignoré dans les cours.

SALADIN, à part.

Il est embarrassé.

NATHAN, à part.

Quel fut mon choix? qu'importe?
Alors qu'il veut entrer, l'ami frappe à la porte;
Le prince apparemment prend d'assaut la maison.
Comment unir ensemble et prudence et raison?
Être juif, rien que juif, c'est bien fort pour un sage:
N'être pas juif du tout, c'est bien plus f_ort.

SALADIN.

Courage.

NATHAN, à part.

Pourquoi pas musulman? me dira-t-il soudain?

SALADIN.

Eh bien, Nathan?

NATHAN.

De grâce, un moment, Saladin.

(à part.)

L'adresse est nécessaire en affaires semblables.
Fort bien : dans l'Orient, on aime encor les fables;
C'est le meilleur moyen d'éclairer des enfans,
Des hommes, des vieillards et, surtout, des sultans.

SALADIN.

Es-tu prêt?

NATHAN.

Je le crois.

SALADIN.

Réponds sans plus attendre.

NATHAN.

Tous les chefs des états puissent-ils nous entendre!

SALADIN.

Voilà parlér en sage, en homme sûr de soi.
Quelle est donc ta réponse?

NATHAN.

                 Un moment. Pèrmets-moi
De te conter d'abord une histoire authentique,
Une histoire morale, et d'un auteur antique.

SALADIN.

Pourquoi pas? à coup sûr tu la conteras bien.

NATHAN.

Bien, non; mais à l'auteur je ne changerai rien.

SALADIN.

Modeste avec orgueil; c'est ton vice ordinaire.

NATHAN.

Un père avait trois fils qu'il aimait comme un père:
Il avait hérité d'un effet précieux,
D'une bague, trésor chéri de ses aïeux:
C'était un diamant d'un éclat admirable.
Un don rendait surtout la bague inestimable:
Elle faisait aimer son heureux possesseur:
Se faire aimer, c'est là le premier bien du cœur.
Dans ces épanchemens de naïve tendresse
Que, lorsqu'on n'est point père, on appelle faiblesse,
Sous le sceau du secret souvent il a promis
La bague de famille à chacun de ses fils;
Mais la vieillesse arrive; il faut choisir. Que faire?

Il consulte un habile et discret lapidaire,
Et fait tailler par lui deux autres diamans
Au modèle donné de tous points ressemblans,
Et si fort qu'ils trompaient jusqu'aux regards du père:
Il ne reconnaît plus la bague héréditaire.
Son cœur est soulagé du poids qui l'accablait:
Chacun de ses enfans sera donc satisfait.
En secret tour-à-tour le vieillard les appelle,
Les bénit, leur remet la bague paternelle,
Lève les mains au ciel, qu'il invoque pour eux,
Et meurt heureux lui-même, en laissant trois heureux.

SALADIN, après un silence.

La suite de l'histoire; et qu'en veux-tu conclure?

NATHAN.

La suite se devine: éclats, débats, rupture;
Enfin devant le juge on vint plaider ses droits,
Juge intègre et vieilli dans l'étude des lois.
On parla longuement pour éclaircir l'affaire.
Plus on l'éclaircissait et moins elle était claire.
La bague existait bien, mais comment la trouver?
Tous les trois affirmaient; nul ne pouvait prouver.
Saladin voudra bien me pardonner, j'espère,
Si je n'y vois pas mieux que le juge et le père.

SALADIN.

Est-ce là me répondre? Eh! Nathan, les objets
Sont si fort différens.

NATHAN.

Les mêmes à-peu-près.

Des deux parts nulle preuve et constante et réelle.

Tradition partout qu'on croit partout fidèle.

Ce qu'à l'historien nous ajoutons de foi

Est pour nous certitude, et devient notre loi.

Mes parens n'ont pas cru ce qu'ont cru tes ancêtres.

Faut-il, pour nos rabbins, abandonner tes prêtres?

Ou bien dois-je abjurer la foi de mes aïeux,

Parce que les sultans n'ont point pensé comme eux?

On peut persécuter, mais non forcer à croire.

Le cœur est toujours libre.

SALADIN.

Achève ton histoire.

NATHAN.

Chacun des trois, nommant ses frères imposteurs,

Jurait de les punir, d'employer des vengeurs,

Poignard, flamme, poison, tout ce qui peut détruire;

Car il est plus aisé d'égorger que d'instruire.

SALADIN, après un silence.

Mais le juge?

NATHAN.

Le juge! il leur dit: « Écoutez;

Ici, devant mes yeux, si vous ne présentez

Ce père, seul arbitre et témoin nécessaire,

Je ne puis débrouiller ce pénible mystère.

Pensez-vous que la bague à l'instant va parler?

Mais que dis-je? un seul fait peut tout me révéler:

La bague paternelle est facile à connaître,

Par le sublime don de faire aimer son maître;

Vous en convenez tous. Reste donc à savoir
Quelle bague a reçu ce merveilleux pouvoir ;
Quel frère dans vos cœurs obtient la préférence.
Vous n'en aimez aucun ; j'entends votre silence ; .
De vos seuls intérêts je vous vois occupés ;
Vous êtes donc tous trois et trompeurs et trompés.
Par trois bagues en vain vous étonnez ma vue ;
La bague primitive est sans doute perdue :
Alors, voulant cacher la perte à ses enfans,
Le bon père aura fait tailler trois diamans. »

SALADIN.

Bien, fort bien, à merveille.

NATHAN.

     « Ayez plus de prudence :
Recevez mon avis et non pas ma sentence.
Du sang qui vous unit respectez mieux les droits.
Une bague est échue à chacun de vous trois ;
Chacun de vous la tient d'un père respectable.
Croyez tous trois avoir la bague véritable.
Se peut-il qu'un vieillard qui vous a tous chéris
Ait, en faveur d'un seul, deshérité deux fils ?
D'un brillant exclusif, par un choix sacrilège,
A-t-il voulu fonder l'éternel privilège ?
Imitez envers vous son tendre attachement ;
Aimez-vous comme il fit, tous trois également,
Et prouvez cet amour par votre bienfaisance.
Consolez la douleur ; secourez l'indigence,
Dans son asile obscur cherchez l'adversité,

Et de votre manteau couvrez sa nudité.
Quand des trois diamans la céleste puissance
Aura de père en fils versé son influence,
Un juge plus habile, après mille et mille ans,
Devant ce tribunal citera vos enfans. »
Ainsi parla le juge équitable et modeste.

SALADIN.

Sage! ils t'ont bien nommé, chaque mot me l'atteste.

NATHAN.

Si le sultan croyait pouvoir juger enfin?
Si ce mortel promis se trouvait Saladin?

SALADIN.

Moi, grand Dieu! moi, Nathan? les mille et mille années
De bien long-temps encor ne seront terminées.
Saladin n'aura pas l'audace de juger:
Et sur le tribunal un autre doit siéger.
Cet utile entretien m'a plu, je le confesse;
Je goûte ton esprit; j'estime ta sagesse.
Que de gens, par la haine et l'orgueil séparés,
Vivraient fort bons amis, s'ils s'étaient rencontrés!
Sans croire à ton messie, à sa terre promise,
Puisque ton cœur est bon, je suis de ton église.

NATHAN.

Sans être convaincu que l'ange Gabriel
Ait apporté jadis une plume du ciel,
Sans compter avec toi par les ans de l'hégire,
Je révère ton ame, et bénis ton empire.

32.

SALADIN.

Nathan, sois mon ami. Viens, donne-moi ta main.

NATHAN.

Oui, j'aimerai toujours l'ami du genre humain.

SALADIN.

Je ne m'étonne plus si, depuis son enfance,
Tu n'as pas à ta fille enseigné de croyance.

NATHAN.

Un autre dans la suite exercera ces droits.

SALADIN.

Qui?

NATHAN.

Peut-être un époux.

SALADIN.

A-t-elle fait un choix?

NATHAN.

En faveur d'un chrétien je la crois décidée.

SALADIN.

D'un chrétien, me dis-tu? d'où lui vient cette idée?

NATHAN.

Va, ce jeune chrétien ne t'est point odieux:
C'est celui qui trouva grace devant tes yeux;
La grace a rejailli sur moi, sur ma famille:
Tu conservas ses jours; il a sauvé ma fille.

SALADIN.

Lui!

NATHAN.

Dans un incendie.

SALADIN.

A-t-il eu ce bonheur?

Comme son regard fier annonce sa valeur!

Mon frère, mon Assad, dont il offre l'image,

Aurait eu, comme lui, ce généreux courage.

NATHAN.

Quoi! de ton frère Assad il rappelle les traits!

SALADIN.

C'est lui-même. Autrefois, la fille d'un Français

Devint, m'avait-on dit, l'épouse de mon frère;

Et même il adopta la foi de l'étrangère.

Un soupçon m'est venu, peut-être sans raison.

NATHAN.

Moi, j'en sais davantage, et j'ai plus d'un soupçon:

Mais rien n'est mûr encor; il faut que je m'adresse,

Pour savoir un secret qui, je crois, t'intéresse,

A ce dom. Tremendo.

SALADIN.

C'est un méchant chrétien.

NATHAN.

Malgré lui quelquefois un méchant fait du bien.

SALADIN.

Puisses-tu réussir! il est beau d'y prétendre.

Mais je veux quelquefois vous voir et vous entendre,

Toi, ton aimable fille, et ce jeune Français.

Adieu. Je dois donner l'exemple à mes sujets.

Voici pour eux, Nathan, l'heure de la prière:

Je vais offrir mes vœux à l'équitable père

Qui, sans haine et sans choix, de ses dons bienfaisans
Fit un partage égal entre tous ses enfans.

(Il sort.)

SCÈNE III.

NATHAN, MONTFORT.

NATHAN.

Souvent un homme illustre est l'ombre de sa gloire :
Mais avec tant d'éclat ne pas s'en faire accroire !
Passer sa renommée ! un vainqueur ! un sultan !
C'est que le vrai héros n'est pas un charlatan.
Allons, préparons-nous : le Templier s'avance.
En effet, c'est Assad. Oh, quelle ressemblance !
Si jeune, il paraît triste, et soupire tout bas !
Bon : l'écorce est amère, et le fruit ne l'est pas.
J'aime assez ce regard ; il est fier et sensible.
A mes vœux, chevalier, seriez-vous inflexible ?

MONTFORT.

Vous m'êtes inconnu.

NATHAN.

Je vous dois tout pourtant ;
Et je viens m'acquitter d'un devoir important.

MONTFORT.

J'ai deviné, je pense, et vous êtes le père...

NATHAN.

De la jeune Zoé, qu'une main tutélaire
Sauva d'un grand péril.

MONTFORT.

Je suis homme et chrétien;
Je n'ai rien fait pour vous; vous ne me devez rien.
Et mói-même, en ce temps, accablé d'infortune,
Succombant sous le poids d'une vie importune,
Je voulais, aux dépens de mes jours malheureux,
Sauver... même une juive.

NATHAN.

Atroce et généreux!
Le bienfaiteur modeste affecte ce langage.
Par un dédain féroce il échappe à l'hommage.
Permettez-moi du moins de vous interroger.
N'êtes-vous point captif, à Solime étranger?
Pour vous prouver l'excès de ma reconnaissance
Puis-je?...

MONTFORT.

Rien.

NATHAN.

Je suis riche.

MONTFORT.

Un juif dans l'opulence
N'en vaut pas mieux pour moi.

NATHAN.

Fermez-lui votre cœur;
Mais ne refusez pas ce qu'il a de meilleur:
Disposez de mes biens.

MONTFORT.

De vos biens? pour quoi faire?

Mes désirs sont remplis, car j'ai le nécessaire;
Les fruits de ces palmiers servent à me nourrir,
Et ce manteau suffit, du moins, pour me couvrir.
Une tache peut-être a blessé votre vue?
Oui: lorsque je sauvai votre fille éperdue,
Cet endroit fut brûlé.

NATHAN.

　　　　　Que cet endroit est beau!
Qu'il plaît à mes regards! pardon: sur ce manteau
Une larme est tombée.

MONTFORT.

　　　　Et plus d'une peut-être.

NATHAN.

Je l'ai pensé.

MONTFORT.

　　　Quel trouble en mon ame il fait naître!

NATHAN.

Prêtez-moi ce manteau, généreux Templier:
Oui, daignez à ma fille un moment l'envoyer.

MONTFORT.

Et que prétendez-vous?

NATHAN.

　　　　　　Que sa bouche le presse;
Qu'elle verse à son tour des larmes de tendresse
Sur cette tache heureuse où tombèrent mes pleurs.

MONTFORT.

Il m'attendrit; je cède à ses accens vainqueurs.
O Nathan, le travail vous donna l'opulence;

Mais le Ciel vous donna cette douce éloquence.

NATHAN.

Il mit dans votre cœur la sensibilité;
Et, si Brigite en vain vous a sollicité,
La vertu la plus pure a fait votre rudesse;
Vous avez craint ma fille et sa tendre jeunesse,
L'éloignement d'un père et jusqu'à vos bienfaits.

MONTFORT.

Ainsi devrait penser un chevalier français.

NATHAN.

Un chevalier français, et non pas tous les hommes?
Ah! la bonté du cœur nous fait ce que nous sommes.
Il est des gens de bien sous différens climats;
Pourriez-vous en douter?

MONTFORT.

                Non, je n'en doute pas;
Mais les signes divers marqués par la nature
Les distinguent entr'eux.

NATHAN.

                La couleur, la figure?

MONTFORT.

Il est certains pays dont le sol généreux
En grands hommes fertile...

NATHAN.

                En sont-ils plus heureux?
Songez donc qu'au grand homme il faut beaucoup de place.
Des cèdres rassemblés dans un petit espace
Se nuisent l'un à l'autre et gênent leurs rameaux.

Les grands hommes souvent furent de grands fléaux :
Mais, quant aux gens de bien, la nature féconde,
Pour s'aider, pour s'unir, les sema dans le monde.
Ah! l'orgueil est à plaindre; il ne sait point aimer.
Dans l'homme son égal l'homme doit s'estimer.
Voyez au mont Thabor si la branche hautaine
Qui s'élève et grandit sur la cime du chêne
Pour la branche d'en bas affecte des mépris :
Nés sous un même ciel, d'un même suc nourris,
Le tronc et les rameaux sont enfans de la terre.

MONTFORT.

Mais quel peuple, Nathan, sanctifia la guerre?
Quel peuple le premier, dans son orgueil cruel,
Se nomma peuple élu, peuple chéri du ciel;
Et toujours asservi, mais dominant ses maîtres,
Voulut leur imposer le dieu de ses ancêtres?
C'est le juif qui, trompant musulman et chrétien,
Osa dire avant eux : Le seul Dieu, c'est le mien.
J'ai droit de mépriser ce peuple et sa croyance.
Au pied de ses autels naquit l'intolérance.
Ainsi, par les humains les humains sont proscrits;
Par le glaive sanglant les dogmes sont écrits;
Au nom du meilleur Dieu, l'Occident sacrilège
Vint des temples chrétiens venger le privilège.
Ici même, aujourd'hui, c'est pour le meilleur Dieu...
Moi je suis templier; vous êtes juif; adieu.
Je vous laisse : oubliez ce que je viens de dire.

NATHAN.

L'oublier! vous voulez en vain me le prescrire;
Et c'est de ce moment que je m'attache à vous.
Mon peuple! votre peuple! Eh! sont-ils donc à nous?
Fûmes-nous consultés en recevant la vie?
Qui de nous peut choisir son peuple et sa patrie?
Nos parens à leur gré font un juif, un chrétien;
Différence de mots. Dieu fait un homme. Eh bien!
Laissons se disputer Jérusalem et Rome.
Si dans vous, templier, mon cœur trouvait un homme
Qui d'un titre nouveau voulut se contenter?....

MONTFORT.

Vous le trouvez, Nathan; vous pouvez y compter.
Vous trouvez plus encore; un ami: je veux l'être.
Malheur à l'insensé qui peut vous méconnaître.

NATHAN.

Je puis donc à Zoé porter un peu d'espoir?

MONTFORT.

Épargnez-moi, Nathan: voudra-t-elle me voir?

NATHAN, apercevant Zoé à la fenêtre.

Mais déja, ce me semble, elle vient nous entendre.
Ma fille, auprès de nous tu peux enfin descendre.
Vous ne m'avez pas dit votre nom, chevalier?
C'est un point délicat que j'allais oublier.

MONTFORT.

Olivier de Montfort.

NATHAN.

Montfort!

MONTFORT.

Oui.

NATHAN.

De Valence?

MONTFORT.

Il est vrai.

NATHAN.

Votre père a vu le jour en France?

MONTFORT.

Pourquoi ces questions?

NATHAN.

Pourquoi cet embarras?

MONTFORT.

Quelquefois on croit voir...

NATHAN.

Ce qu'on ne cherchait pas.
Vous avez un secret; demeurez-lui fidèle.
Voici ma fille, adieu. Je vous laisse auprès d'elle.
Je ne veux point gêner les mouvemens heureux
D'un cœur reconnaissant et d'un cœur généreux.
Je porte avec orgueil le beau nom de son père:
Vous, son libérateur, soyez pour elle un frère.

(Il sort.)

SCÈNE IV.

MONTFORT, ZOÉ.

MONTFORT.

Un frère! ah! plus encor. Mais, Zoé, vous tremblez!
Zoé, ne fuyez point, calmez vos sens troublés.

ZOÉ.

C'est vous!

MONTFORT.

Moi.

ZOÉ.

Vous! si tard!

MONTFORT.

Ce reproche m'enchante.

Que ses regards sont doux! que sa voix est touchante!

ZOÉ.

Ces regards, cette voix vous ont cherché long-temps:
Vous étiez occupé de soins plus importans;
Et, même, à vous revoir je n'osais plus prétendre.
Vous ne répondez pas?

MONTFORT.

J'aime mieux vous entendre.

ZOÉ.

Braver les feux! la mort! un chevalier chrétien
Le peut... pour une juive... et quelquefois pour rien.

MONTFORT.

Brigite a répété... Quel était mon délire!

ZOÉ.

Ce qu'elle a répété, vous avez pu le dire.

MONTFORT.

Je suis vaincu, puni : c'est assez vous venger.
Juste ciel ! à ce point j'osais vous affliger !
Je ne mérite pas le pardon que j'implore.

ZOÉ.

Ne vous grondez pas tant ; c'est m'affliger encore.

MONTFORT.

Ah ! votre ame est sensible autant que votre voix.
Vous me pardonnez donc ?

ZOÉ.

          Oui, puisque je vous vois.
Vous allez me trouver bien simple et bien naïve ;
Mais Brigite est chrétienne, elle est persuasive.
D'après tous ses discours, je croyais bonnement,
Et cette vision m'agitait en dormant...
Vous riez ?

MONTFORT.

    Achevez.

ZOÉ.

         Que, durant l'incendie,
Celui dont les secours m'avaient sauvé la vie...
Était... vous allez rire... était mon ange... à moi.

MONTFORT.

A cet ange gardien vous n'avez plus de foi,
Et votre ame, en dormant, n'en est plus agitée ?

ZOÉ.

Non, mon ange gardien ne m'eût jamais quittée.

MONTFORT.

Quoi! même en la sauvant je ne la voyais pas!
J'ignorais quel trésor j'arrachais au trépas!
Ai-je compté sans elle un jour digne d'envie?
Non; c'est en ce moment que je connais la vie;
Et, loin d'elle égaré...

ZOÉ.

J'avais un sort plus doux:
Vous étiez loin de moi; j'étais auprès de vous,
Quand le vent du désert, soufflant avec furie,
De sables enflammés inondait la Syrie;
Quand la pluie et la foudre et les noirs aquilons
Des monts retentissans fondaient sur les vallons,
Je disais, il me fuit: au moins a-t-il au monde
Des secours, un asile, un cœur qui lui réponde.
Mais il veille sur moi; je ne l'ai point perdu;
Paisible dans le ciel dont il est descendu,
Sans-doute il quitterait sa patrie immortelle,
Pour me placer encor sous l'abri de son aile.
De ses regards sauveurs mes pas sont entourés.
Cent fois, dans les instans au repos consacrés,
Livrant mon ame entière à votre bienfaisance,
De mon soutien chéri j'ai rêvé la présence.
Cent·fois de ma fenêtre, au moment du réveil,
Quand l'air frais du matin, quand les feux du soleil
Venaient sourire au ciel et consoler la terre,

J'ai vu, sous les palmiers, dans le champ solitaire,
Briller le manteau blanc de mon libérateur.
Mes yeux, suivant partout cet astre bienfaiteur,
Ont gravi sur le mont, ont parcouru la plaine.
Quand des derniers rayons la lumière incertaine
Rougissait par degrés les sommets du Thabor,
Après vous, sur vos pas, mes yeux couraient encor.
Quand la nuit s'étendait sur la voûte étoilée,
Seule, aux palmiers, aux vents, à l'ombre, à la vallée,
A la colline absente adressant mes adieux,
Pour vous voir plus long-temps je regardais les cieux.

MONTFORT.

O pure et douce ivresse! ô candeur ingénue!
Pour punir un ingrat qui vous a méconnue,
C'est vous qui de ses torts daignez le consoler!
Zoé! de mon bonheur voulez-vous m'accabler?
Ah! mon cœur ignorait jusques à l'espérance;
Tu m'as guidé, grand Dieu! des rives de la France:
Ta bonté désarmait le bras de mon vainqueur,
Pour sauver par mon bras cet objet enchanteur.
Achève, et que Zoé ne me soit plus ravie;
Zoé, le charme unique et l'ame de ma vie.
Que Saladin me compte au rang de ses sujets;
Qu'il conserve un empire où règnent ses bienfaits;
Moins grand, mais plus heureux, je ne veux d'autre empire
Que le toit qu'elle habite et l'air qu'elle respire.
Et vous, exaucez-moi; vous, daignez confirmer
Ces vœux d'un cœur brûlant que je viens de former.

Vous avez sur mes jours une entière puissance.
Le vertueux Nathan vous donna la naissance;
Qu'il soit aussi mon père, et que des nœuds chéris...

ZOÉ.

Le sauveur de sa fille est devenu son fils.
N'exigez pourtant pas que ma bouche prononce:
C'est à Nathan qu'il faut demander la réponse.

MONTFORT.

Souffrez donc que je cède à mon empressement.
Pour ne vous plus quitter, je vous quitte un moment.
Puisse un père accueillir l'hommage le plus tendre!
Au fortuné Montfort puisse-t-il faire entendre
Ce nom sacré de fils, ce nom tant souhaité,
Aussi cher à mon cœur qu'il fut peu mérité!

ACTE III.

SCÈNE PREMIÈRE.

MONTFORT, NATHAN.

MONTFORT.

Sa grace, sa beauté, sa candeur ingénue
Ont porté dans mon ame une ivresse inconnue.
Je ne vois que Zoé: toujours, oh! oui, toujours
Auprès d'elle, avec vous, s'écouleront mes jours.
N'est-il pas vrai, Nathan?

NATHAN.

Vous la verrez sans cesse.
Vous lui devez, Montfort, toute votre tendresse.

MONTFORT.

O mon père!

NATHAN.

Un tel nom...

MONTFORT.

Vous en êtes surpris?

NATHAN.

Cher et brave jeune homme!

MONTFORT.

Et non pas votre fils!

NATHAN.

Mon ami.

MONTFORT.

Votre fils!

NATHAN.

Mon bienfaiteur.

MONTFORT.

Encore!

Et votre fils, Nathan, ce fils qui vous implore,
Aura-t-il vainement embrassé vos genoux?

NATHAN.

Un moment, chevalier; arrêtez; levez-vous.

MONTFORT.

On peut rester sans honte aux genoux de son père.

NATHAN.

Levez-vous, quelle ardeur! quel bouillant caractère!
Et cette croix, Montfort, ces vœux d'un chevalier?

MONTFORT.

Zoé, d'un seul regard, m'a fait tout oublier.
M'opposez-vous des vœux dictés par l'imprudence,
Que, sans le concevoir, bégaya mon enfance?

NATHAN.

Non. Mais dois-je répondre à ceux de votre amour,
Sans savoir quel Montfort vous a donné le jour?

MONTFORT.

Eh! qu'importe?

33.

NATHAN.

Oh! beaucoup, beaucoup, je vous assure.

MONTFORT.

Ainsi vous repoussez la voix de la nature!

Vous divisez, Nathan, deux cœurs faits pour s'aimer.

NATHAN.

Je ne divise point, mais je veux m'informer.

Montfort, ce nom de père, il m'est doux de l'entendre.

A l'accepter de vous si je pouvais prétendre,

En comblant vos desirs, je serais trop heureux.

Mais je me suis chargé d'un devoir rigoureux :

Je veux jusqu'à la fin le remplir avec zèle;

Et je cours sans tarder où ce devoir m'appelle.

(Il sort.)

SCÈNE II.

MONTFORT, ZOÉ, BRIGITE.

BRIGITE.

Eh bien, Nathan vous quitte, et vos vœux sont remplis.

MONTFORT.

J'implorais à ses pieds le tendre nom de fils :

Je n'ai pu l'obtenir.

ZOÉ.

De Nathan! de mon père!

MONTFORT.

Oui, si je veux l'en croire, il est bon qu'il diffère.

BRIGITE.

Et quel est son prétexte?

MONTFORT.

Un devoir important.

BRIGITE.

Vous saurez son secret. Jurez auparavant
D'aimer toujours Zoé, de la prendre pour femme,
De faire son bonheur, et de sauver son ame.

MONTFORT.

Mais son père, avant tout, voudra-t-il consentir?...

BRIGITE.

Il y sera forcé: j'ose le garantir.

MONTFORT.

Il y sera forcé! j'ai peine à te comprendre.
Forcé, dis-tu? son père?

BRIGITE.

Eh oui: forcé de rendre
Ce qui n'est point à lui. Pourquoi dissimuler?
C'est là le grand secret que Nathan veut céler:
Sa Zoé n'est point juive.

MONTFORT.

Elle est...

BRIGITE.

Elle est chrétienne.

MONTFORT.

Fort bien. Sa piété fait honneur à la tienne:
Tu sais donc convertir?

BRIGITE.

Ne ferais-je pas bien? .
Mais vous n'entendez pas : elle est d'un sang chrétien.

MONTFORT.

Nathan, le bon Nathan, lui cacha sa naissance?

BRIGITE.

Jamais de ses parens elle n'eut connaissance.
On ne sait point leur nom, leur foi, ni leur destin;
Mais elle est bien chrétienne, et rien n'est plus certain;
Car c'est chez les chrétiens que Nathan l'a trouvée;
Et c'est par un chrétien que Dieu l'a conservée.

ZOÉ.

Brigite aurait bien dû renfermer ce secret;
Et son excès de zèle est au moins indiscret.
Restez ici, Montfort; je vais chercher mon père;
Son cœur n'est point changé; c'est en lui que j'espère.
A lui seul est le droit de choisir mon époux.
Si Nathan m'aime encor, Nathan sera pour vous.

(Elles sortent.)

SCÈNE III.

MONTFORT.

Quel étrange secret m'a confié Brigite!
J'en tirerai parti: la chose le mérite.
Nathan peut-il forcer la fille d'un chrétien?
Mon bon religieux saurait... Il ne sait rien.
Mais, le voici, je pense; il est en compagnie.

Quel est ce court vieillard à mine rebondie?
Il a l'air de se plaindre et de gronder tout bas,
Et ses nombreux valets semblent compter ses pas.
De pompeux vêtemens, une allure hautaine!
Un regard dédaigneux, hypocrite avec peine!
Oh! c'est le patriarche; il n'en faut point douter.
Sans lui nommer personne, on peut le consulter.

SCÈNE IV.

MONTFORT, DOM TREMENDO, F. BONHOMME,
SUITE.

DOM TREMENDO, bas à frère Bonhomme.

Oui, vous avez manqué de courage et d'adresse.

F. BONHOMME.

Il est vrai; j'ai tremblé, j'ai rougi.

DOM TREMENDO.

Pauvre espèce!

MONTFORT, à part.

Ils sont fort occupés; différons un moment.

F. BONHOMME.

Je n'ai pas eu le don de mentir saintement.

DOM TREMENDO.

A quoi vous sert le froc?

F. BONHOMME.

Oh! la mauvaise honte!

DOM TREMENDO.

Sottise.

F. BONHOMME.

Vous plaît-il de régler notre compte ?
Pour trois commissions...

DOM TREMENDO.

D'un succès malheureux.

F. BONHOMME.

Trois écus parisis.

DOM TREMENDO.

Tenez.

F. BONHOMME.

C'est encor deux :
Car un et deux font trois.

DOM TREMENDO.

Pas toujours.

F. BONHOMME, à part.

Il m'effraie.

DOM TREMENDO.

C'est un de temps en temps.

F. BONHOMME.

C'est trois, quand on nous paie.

DOM TREMENDO.

Oui, c'est trois, j'en conviens, lorsqu'on a réussi.
Tant tenu, tant payé. L'Église en use ainsi.
Devenez plus habile : en rendant un service,
Qui sait ? frère Bonhomme aurait un bénéfice ;
Mais il tremble, il rougit ; il ne sait point mentir.
Oh ! nous n'en ferons rien ; rien, pas même un martyr.

F. BONHOMME.

Tant mieux.

MONTFORT, s'approchant de dom Tremendo.

A vos regards puis-je un instant paraître?

DOM TREMENDO.

La croix! le manteau blanc! tout jeune! ah! c'est peut-être...
Oui, c'est le Templier.

F. BONHOMME.

C'est lui, mon révérend.

DOM TREMENDO.

Écoutez, observez, voyez comme on s'y prend.

F. BONHOMME.

Bon.

DOM TREMENDO, à Montfort.

Nous vous chérissons; Saladin vous honore;
C'est le secret du ciel qui nous protège encore.
De la cause de Dieu vous serez le soutien,
La fleur des chevaliers, l'honneur du nom chrétien.

MONTFORT.

Je demande...

DOM TREMENDO.

Ah! voyons.

MONTFORT.

Ce qui manque à mon âge:
Des conseils.

DOM TREMENDO.

C'est parler en jeune homme bien sage;
Mais il faudra les suivre.

MONTFORT.

           Aussi tel est mon vœu.

En pensant avec vous, en raisonnant un peu...

DOM TREMENDO.

Penser est dangereux; raisonner, inutile;
Croire, c'est ce qu'il faut: croire est bien plus facile.

MONTFORT.

Me commanderiez-vous de croire aveuglément?

DOM TREMENDO.

La raison quelquefois est bonne assurément.
Employez la raison dans les choses vulgaires;
Mais, hors du temporel, dans toutes les affaires
De Dieu, de son Église, elle est hors de saison.

F. BONHOMME.

Que de gens sont damnés pour avoir eu raison!

DOM TREMENDO.

Ah! pas mal.

MONTFORT.

        Est-il vrai? c'est un malheur étrange.

DOM TREMENDO.

Rien n'est plus vrai. Si Dieu vous envoyait un ange;
Et tout ministre saint, confesseur de la foi,   '
Est un ange; si Dieu, qui vous adresse à moi,
D'une grande action vous déclarait capable,
On ne vous verrait point, par un orgueil coupable,
Opposer la raison à ce maître divin
Qui créa la raison dont vous êtes si vain.
Un jour sur ce point là nous reviendrons, j'espère.

Il vous faut des conseils. Sur quel sujet?

MONTFORT.

Mon père,

Je suppose qu'un juif appelle son enfant
Une fille, un objet aimable, intéressant,
A l'ingénuité joignant une ame active,
A la beauté qui plaît la grâce qui captive:
Si la nature entr'eux ne forme aucun lien,
Et si c'est, en un mot, la fille d'un chrétien;
Si, trouvée, enlevée aux jours de son enfance,
Elle ignore sa foi, ses parens, sa naissance....?

DOM TREMENDO.

Vous me faites frémir en me parlant ainsi.
Voyons, expliquez-vous: qu'est-ce que tout ceci?
Procédons dans un ordre et clair et méthodique:
Mon fils, la chose est grave. Est-elle hypothétique?
Ou bien, si c'est un fait arrivé récemment,
Et qui peut-être encore arrive en ce moment?

MONTFORT.

Cela doit être égal. Quelle est votre pensée?

DOM TREMENDO.

Égal! erreur, mon fils! Hérésie insensée!
De la fière raison voyez donc les excès:
Quand il s'agit du ciel et de ses intérêts,
Égal! eh non, vraiment: c'est chose nécessaire
Que de savoir du moins sur quoi l'on délibère.
Certes, il ne faut pas grande réflexion
Pour un pur jeu d'esprit, pour une fiction;

Mais, si ce n'était pas une simple hypothèse;
Si le cas arrivait dans notre diocèse;
Alors... Oh! nous verrions...

MONTFORT.

Alors? eh bien?

DOM TREMENDO.

Alors

On poursuit, on dénonce, on appréhende au corps...

MONTFORT.

Ciel!

DOM TREMENDO.

Le juif prévenu de ces délits énormes.

MONTFORT.

De grace...

DOM TREMENDO.

Point de grace : un procès dans les formes.

MONTFORT.

Si...

DOM TREMENDO.

L'on fait un exemple utile et signalé.

MONTFORT.

Il faut d'abord...

DOM TREMENDO.

Il faut que le juif soit brûlé.

MONTFORT.

Brûlé!

DOM TREMENDO.

Des saints canons tel est l'arrêt suprême
Contre tout juif, impur et frappé d'anathême,
Qui commet envers Dieu l'effroyable attentat

De corrompre un chrétien, d'en faire un apostat.

DOM MONTFORT.

Brûlé!

DOM TREMENDO.

Remarquez bien qu'à l'égard de l'enfance
Tout, de la part du juif, est censé violence.

MONTFORT.

Si l'enfant périssait, quand un zèle attentif
S'intéresse...

DOM TREMENDO.

J'entends : mais on brûle le juif.

MONTFORT.

Brûlé! pour avoir eu l'ame honnête et bien née!
Pour avoir secouru la jeune infortunée!

DOM TREMENDO.

Zèle impie, indiscret! pourquoi la secourir?
Il était plus humain de la laisser mourir:
Sa mort valait bien mieux que sa perte éternelle.
Dieu ne veillait-il pas? sa bonté paternelle,
Sans le secours du juif, pouvait la conserver.

MONTFORT.

Eh bien! malgré le juif, il peut donc la sauver.

F. BONHOMME.

C'est embarrassant.

DOM TREMENDO.

Paix.

MONTFORT.

Un peu plus d'indulgence.

S'il n'éleva l'enfant dans aucune croyance,
Si, lui laissant le choix d'un système adoptif...

DOM TREMENDO.

Oh! c'est alors surtout que l'on brûle le juif,
Oui! des enfans chrétiens c'est ainsi qu'on dispose!
Passe pour juive encor : c'est croire à quelque chose.
Tout en brûlant le juif, on aurait pu... mais rien!
Ne rien croire du tout! nous l'empêcherons bien.
Adieu.

MONTFORT.

Ce que j'ai dit vaut-il qu'on s'en occupe?
Un problême!

DOM TREMENDO.

A résoudre. Oh! je ne suis poins dupe.
Je prétends que le juif soit cité devant moi.
Élever des enfans qui n'ont ni foi ni loi!
Un bel auto-da-fé nous en fera justice.
Il faut qu'en tous les points le traité s'accomplisse:
J'en ai l'original écrit sur parchemin,
Bien scellé, bien signé: Philippe et Saladin.
Je devine les noms qu'on ne veut pas m'apprendre;
Le sultan me verra; je lui ferai comprendre
Qu'un aussi grand scandale anéantit les mœurs;
Qu'un sultan qui permet de pareilles horreurs
Compromet son salut, ses intérêts, sa gloire;
Qu'un trône est renversé dès qu'on peut ne rien croire;
Qu'il y va de ses jours, et qu'à moins d'être un sot
Qui veut régner en paix veut un peuple dévot.

(Il sort avec F. Bonhomme et la suite.)

SCÈNE V.

MONTFORT, SALADIN.

MONTFORT.

En qualité de moine, il est impitoyable :
C'est bien, si diable y a, le pontife du diable.
Mais Saladin pensif vient d'un autre côté,
Seul... et qu'a-t-il besoin d'un éclat emprunté ?
Sultan, ton prisonnier...

SALADIN.

Toi ! ce nom m'humilie.
Je puis te rendre libre, ayant sauvé ta vie ;
Tu l'es dès ce moment, jeune et brave chrétien ;
Mais j'envie aux Français un cœur tel que le tien.
Voilà bien mon Assad ! c'est son image entière ;
C'est sa voix, son courage, et sa franchise altière :
Tel que je l'ai connu, je le retrouve en toi.
Je puis te dire : Assad, qu'as-tu fait loin de moi ?
Quel dieu conservateur te rend à ma tendresse ?
Quel souffle a rafraîchi ces fleurs de ta jeunesse ?
Du long sommeil d'Assad quels lieux furent témoins ?
Dans ce rêve enchanteur tout n'est pas rêve au moins.
Le temps fuit : j'ai vieilli ; mais les rides de l'âge
N'ont point sur mon Assad étendu leur outrage.
Aux jours de mon printemps je l'ai vu se flétrir ;
Mon automne embelli le verra refleurir.

Le veux-tu?

MONTFORT.

Mais ta loi...

SALADIN.

Tu vivras dans la tienne,

Libre aux bords du Jourdain comme aux bords de la Seine.

Je ne demande point de raisins au pommier,

De datte au sycomore et d'olive au palmier.

MONTFORT.

Sans cela, serais-tu si bon, si magnanime?

SALADIN.

C'est toi que la bonté, toi que la gloire anime.

MONTFORT.

Moi!

SALADIN.

N'as-tu pas sauvé la fille de Nathan?

Une fille charmante!

MONTFORT.

On t'a dit vrai, sultan:

Elle charme, elle est belle; et j'ai sauvé sa vie.

J'accours, à la lueur d'un horrible incendie,

Chez Nathan: c'est ce juif que je ne connais pas.

Le hasard, qui souvent paraît guider nos pas,

Veut que mon action tourne à son avantage.

SALADIN.

Ton action est belle, et le hasard bien sage:

Il guide donc les pas d'un chevalier chrétien!

Le hasard t'a conduit chez un homme de bien.

MONTFORT.

Trop souvent le même homme a différentes faces.

SALADIN.

Attachons-nous au fond et non pas aux surfaces.
D'un examen stérile à quoi bon te charger?
Jouis, et bénis Dieu, qui sait tout arranger.
Mais, jeune homme, je crains cette rigueur extrême.
Je ne suis pas toujours d'accord avec moi-même,
Et j'ai bien quelquefois mes différens côtés.

MONTFORT.

Mais tu n'as pas du moins des dehors affectés,
L'étalage imposteur d'une sagesse austère.

SALADIN.

A qui donc en veux-tu? pourquoi tant de mystère?
Des soupçons sur Nathan! qui pourrait t'en donner?

MONTFORT.

Lui? J'ai droit de me plaindre et de le soupçonner.
Il était loin d'ici. Cette fille si belle,
Cette Zoé... tu sais ce que j'ai fait pour elle;
Français et Templier, j'ai rempli mon devoir.
J'avais, depuis ce temps, refusé de la voir.
Que je rougis!

SALADIN.

De quoi? d'avoir été sensible
Pour une juive? toi! le scrupule est risible.
J'ignorais que le cœur eût des opinions.

MONTFORT.

Je rougis de céder à des impressions

Dont j'avais si long-temps méprisé la puissance ;
D'avoir été vaincu sans faire résistance.
Par un discours flatteur le père me séduit,
Me parle de Zoé, près d'elle me conduit.
Cet instant me soumet au pouvoir d'une femme ;
Une seconde fois j'ai traversé la flamme :
Mon cœur a tout senti, ma bouche a tout osé :
J'ai demandé sa main ; Nathan m'a refusé.

SALADIN.

Refusé !

MONTFORT.

    Pas encor ; mais il procède en forme.
Il faut, auparavant, qu'il pense, qu'il s'informe.
Il veut y réfléchir. Eh ! n'a-t-il pas raison ?
Moi-même, quand le feu consumait sa maison,
Quand j'entendais les cris de sa fille expirante,
Avant de m'élancer dans la fournaise ardente,
J'ai réfléchi long-temps, comme il fait aujourd'hui ;
Je me suis à loisir informé comme lui.
Nathan est bien heureux d'avoir tant de prudence.

SALADIN.

Ta plainte est trop amère : allons, de l'indulgence ;
Montre au moins pour son âge un peu plus de respect.
Je vois dans tout ceci le vieillard circonspect,
Mais non le sot crédule ou le lâche hypocrite.
Crois-tu donc qu'il voudra te faire israélite ?

MONTFORT.

Je ne répondrais pas que ce fût son projet ;

Mais certains préjugés, sucés avec le lait,
Deviennent nos tyrans jusque dans la vieillesse.
Et qu'importent les ris d'une feinte sagesse?
En riant de ses fers, cesse-t-on d'en porter?

SALADIN.

Cette remarque est mûre et bonne à méditer.

MONTFORT.

Si le sage Nathan, si ce parfait modèle,
A l'esprit de sa secte aveuglément fidèle,
Frondant nos préjugés, mais esclave des siens,
Détournait de leur foi les filles des chrétiens;
Si, les faisant chercher dès leur plus tendre enfance,
Il trompait à loisir leur crédule innocence,
Que dirais-tu, sultan?

SALADIN.

Mais, je n'en croirais rien.

MONTFORT.

Je saurai me venger.

SALADIN.

Sois tranquille, chrétien.

MONTFORT.

Ce reproche m'accable, et je sens sa puissance.
Si je savais comment dans cette circonstance
Assad en eût agi?

SALADIN.

Pas beaucoup mieux, je crois.
Il se fût emporté peut-être autant que toi.
A lui tant ressembler qui donc a pu t'instruire?

34.

Comme toi, par un mot, il savait me séduire.
Si contre mon Nathan tu n'es point prévenu,
Son caractère encor ne m'était pas connu.
Mais il est mon ami; tu l'es aussi sans doute:
Ne restez pas brouillés sans vous entendre. Écoute:
Laisse-moi prendre au moins quelques renseignemens.
Tes moines tracassiers, dans leurs emportemens,
Voudraient, contre ce juif, armer l'Asie entière.
Un chevalier n'est pas chrétien à leur manière:
Prompt à rendre service, et lent à se venger...

MONTFORT.

Plus loin qu'il ne fallait j'ai pensé m'engager:
Du vieux dom Tremendo si l'âpre caractère
Ne m'avait effrayé...

SALADIN.

Comment, dans ta colère,
Sans m'avoir consulté, tu t'adresses d'abord
Au patriarche?

MONTFORT.

Eh! oui. C'est un premier transport;
J'en rougis à tes yeux; je me sens bien coupable,
Si ton Assad en moi n'est plus reconnaissable.

SALADIN.

Ta crainte et ta pudeur me l'ont déja rendu.
Celui qui sait rougir aime encor la vertu.

SCÈNE VI.

SALADIN, MONTFORT, NATHAN, ZOÉ,
BRIGITE, DOM TREMENDO, F. BONHOMME.

NATHAN, à Saladin.

Permets.

SALADIN.

Nathan lui-même, et sa fille, je pense.

MONTFORT.

C'est elle.

SALADIN.

Que d'attraits! quelle aimable innocence!
Que son père est heureux! Zoé, plus je vous vois...
Pardonnez-moi ces pleurs; je fus père autrefois.

ZOÉ.

Je n'éprouvai jamais d'émotion plus tendre.

DOM TREMENDO.

Je dénonce Nathan.

SALADIN.

Nathan!

NATHAN.

Daigne m'entendre.

DOM TREMENDO.

Je réclame vengeance.

SALADIN.

Un patriarche!

NATHAN.
                          Et moi,
Je réclame justice.

SALADIN.
          Et tu l'auras. Pourquoi
Dénoncez-vous Nathan?

DOM TREMENDO.
                    Zoé n'est point sa fille:
Elle ignore son nom, son pays, sa famille,
Son Dieu.

SALADIN.
     Qui vous l'a dit?

DOM TREMENDO.
                    Ce jeune Templier
Sait bien tout le secret.

SALADIN.
               Est-il vrai, chevalier?
De qui le tenez-vous?

BRIGITE.
     Pardon.

NATHAN.
                    De vous, Brigite?

SALADIN.
Et vous, d'un tel secret qui vous avait instruite?

NATHAN.
Moi-même.

BRIGITE.
     Trop de zèle...

NATHAN.

Est souvent dangereux
Le tien n'aura pourtant que des effets heureux.

SALADIN.

Mais adoptive ou non, cette Zoé si chère,
Pourquoi crains-tu, Nathan, de l'unir...

NATHAN.

A son frère.

SALADIN, MONTFORT, ZOÉ, BRIGITE.

Se peut-il ?

NATHAN.

Je le crois. Votre nom, votre sort,
Chevalier, quels sont-ils ?

MONTFORT.

Olivier de Montfort ;
Tel est mon nom. Ces lieux ont vu mourir mon père.

NATHAN.

Ne l'ont-ils point vu naître ?

MONTFORT.

On le disait. Ma mère
Déposa mon enfance au sommet du Thabor,
Dans l'hospice sacré que l'on habite encor.
Elle revit bientôt les rives de la France.
Par elle transporté dans les murs de Valence,
De là, près de Philippe à la cour amené,
J'y devins orphelin, sans être abandonné ;
Mais, né d'une Française, au fond de la Syrie,
L'instinct me commandait de revoir ma patrie.

Admis, depuis six mois, parmi les Templiers,
Je suivis l'étendard des jeunes chevaliers
Qui, dans les derniers temps, vinrent sur ce rivage
Illustrer sans succès un injuste courage.
Je fus pris au combat par un gros d'ennemis.
Saladin sait le reste.

SALADIN.

Aujourd'hui, j'en frémis :
D'après ce que j'entends, j'ai pu commettre un crime.

NATHAN.

On t'avait dit qu'Assad épousa dans Solyme...

SALADIN.

Une jeune Française.

DOM TREMENDO.

Et mourut bon chrétien.

F. BONHOMME.

Ah! comme il était sage! et comme il voyait bien!

SALADIN.

Mais, du nom de sa femme avait-on connaissance?

NATHAN.

On l'appelait Montfort; elle était de Valence.

SALADIN.

Enfans, enfans chéris, que je presse en mes bras,
Seriez-vous, tous les deux, fils de mon frère?

MONTFORT.

Hélas!

DOM TREMENDO.

Ce moine peut donner quelque nouvel, indice.

F. BONHOMME.

Quinze ans déja passés, le soir, en notre hospice,
Une dame française amena deux enfans :
Une fille, un garçon : le garçon de quatre ans,
La fille de six mois. Servant du monastère,
Je n'ai pu du secret être dépositaire.
Leurs noms et leurs destins ne me sont pas connus ;
Le gardien savait tout ; mais ce gardien n'est plus.

NATHAN.

Frappé de certains bruits, au bout de deux années,
J'allai voir ces enfans ; mais de leurs destinées
Tout vestige à l'hospice était anéanti ;
Et le jeune Olivier lui-même était parti.
Étonné qu'on l'eût seul amené dans la France,
D'une bonne action je conçus l'espérance :
Au sein de ma maison je recueillis la sœur,
Zoé, qui sur mes jours versa tant de douceur,
Zoé qui fut ma fille.

ZOÉ.

Et qui veut toujours l'être.

SALADIN.

Ah ! que la vérité se fasse mieux connaître.
Nulle preuve !

DOM TREMENDO.

Un instant. Nous en avons, je croi.
Quand j'ai quitté Montfort, ce juif était chez moi ;

Il venait m'informer de sa fausse démarche.

J'ai répondu qu'au temps du dernier patriarche

On avait de l'hospice, et par un ordre exprès,

Porté chez ce prélat le dépôt des secrets;

Qu'il avait lui, le juif, tenté la Providence,

Commis par des bienfaits le péché d'imprudence,

Par des soins réprouvés blessé nos saintes lois;

Que le grand Saladin protégerait nos droits;

Qu'un juif ne doit jamais adopter que des juives.

Enfin, j'ai devant lui fouillé dans nos archives.

En ce coffret d'ébène un papier s'est trouvé.

Au dos est en français : Olivier et Zoé.

Plus bas en syrien, d'un petit caractère,

On lit: « De cet écrit respectez le mystère.

« D'un enfant que l'on pleure il fera le destin;

« Remettez, sans l'ouvrir, la lettre à Saladin. »

Les cachets sont entiers. Daignez les rompre, et lire.

SALADIN.

C'est la main de mon frère! à peine je respire.

« O Frère bien aimé, cet écrit précieux

  « N'affligera point ta grande ame.

« Delphine de Montfort a dessillé mes yeux:

« Persuadé par elle, en la prenant pour femme,

« Ton Assad a quitté la foi de ses aïeux.

  « En attendant que sur la terre

   « La paix descende, enfin, des cieux;

« Nous sauvons deux enfans des périls de la guerre.

« Peut-être dans Solyme ils trouveraient la mort.

« L'un d'eux est notre fils, Olivier de Montfort ;

« Zoé, seul rejeton d'une auguste famille,

    « Des fils ravis à ton amour

    « Pourra te consoler un jour :

« Zoé n'est point Zoé, mais Selima ta fille. »

TOUS.

Ciel !

SALADIN.

Selima ! rends-moi mes enfans malheureux ;

Viens tarir tous les pleurs que j'ai versés pour eux.

Montfort, je te la donne. Assad, ô mon cher frère,

Tu me conservais donc le bonheur d'être père !

ZOÉ.

Olivier !

MONTFORT.

Selima ! vous n'êtes point point ma sœur.

NATHAN.

Mes désirs sont comblés : ce n'était qu'une erreur.

F. BONHOMME.

C'est pourtant bien dommage ; elle n'est pas chrétienne.

NATHAN.

Sultan, reprends ta fille.

SALADIN.

        Elle est aussi la tienne.

NATHAN.

J'habitais avec elle ; il faut nous séparer.

ZOÉ.

Jamais.

SALADIN.

Avec nous trois tu viendras demeurer.

BRIGITE.

Et moi donc?

ZOÉ.

Viens aussi.

BRIGITE.

Puis-je vivre loin d'elle?

SALADIN.

Venez, aimez-la bien, mais calmez votre zèle.

DOM TREMENDO.

Le bon cœur!

SALADIN.

Et, Nathan, que dites-vous du sien?

DOM TREMENDO.

On n'est pas, quoique juif, un plus homme de bien.

SALADIN.

Ainsi, vous l'absolvez du péché d'imprudence?

DOM TREMENDO.

Ah! du Dieu des Chrétiens je vois la providence.

SALADIN.

Souffrez, dom Tremendo, qu'il soit le Dieu de tous.
Le soleil qu'il créa luit pour vous et pour nous.
Célébrons cependant cette heureuse journée;
Par un banquet d'amis qu'elle soit terminée.
Là, sans vouloir du ciel régler les intérêts,

Soyons, en nous aimant, dignes de ses bienfaits.
Le reste, à Saladin passez quelque hérésie,
Le reste est habitude, intérêt, fantaisie.
Sur ce point délicat si l'on veut s'accorder,
L'État doit tout permettre, et ne rien commander.

TABLE

DES PIÈCES CONTENUES DANS LE PREMIER VOLUME.

———

Lightning Source UK Ltd.
Milton Keynes UK
UKHW021150050119
334854UK00008B/1414/P